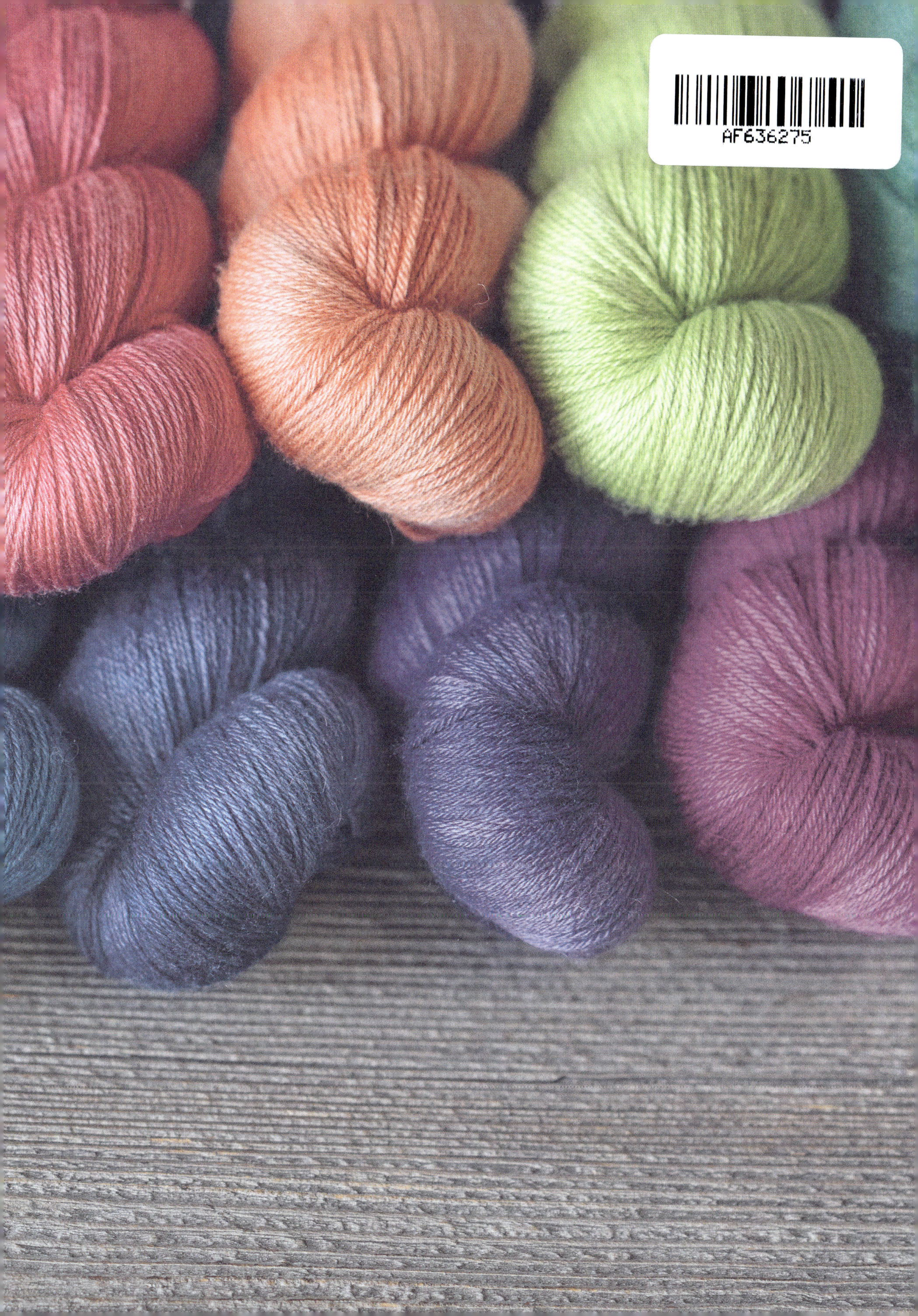

Babette Ulmer

Stricken MIT HANDGEFÄRBTEN GARNEN

Farbenfrohe Pullis, Jacken, Tücher und Accessoires

Mit Locoporella Garnen

CV

Inhalt

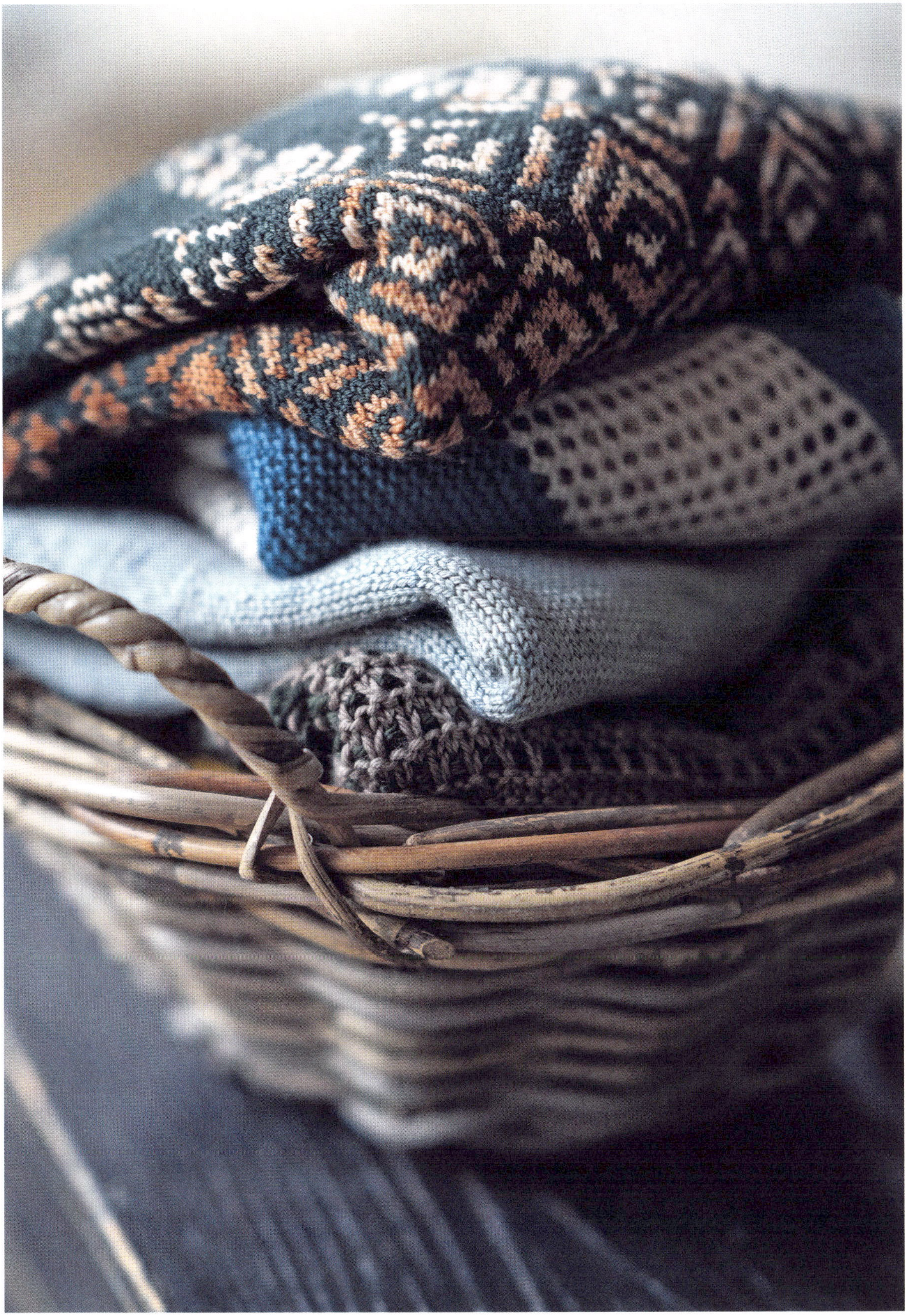

Vorwort

Ein Buch nur mit handgefärbten Garnen? Aber ja! Einfach, weil sie so schön sind! Sie haben etwas ganz Eigenes, sind durch die Färbung nicht einheitlich, nicht gleich und daher wird jedes gestrickte Teil noch mehr zum Unikat. Wer einmal mit diesen Garnen gearbeitet hat, kommt davon nicht mehr los. Handgefärbte Garne inspirieren nicht nur durch ihren wunderbaren Griff, sondern vor allem durch ihre bezaubernde Farbigkeit. Und wenn es dann noch eine so herrliche Palette an Farbnuancen gibt, kann man sich kaum mehr entscheiden, was man zuerst stricken möchte.

Die Vielzahl an unterschiedlichen Modellen in diesem Buch zeigt die große Bandbreite an Möglichkeiten, für die sich handgefärbte Garne eignen: Es werden sowohl klassische Sockengarn-Lauflängen wie auch dünnere und dickere Garne verwendet. Zudem stellt die erfahrene Strickdesignerin Babette Ulmer mit den Modellen viele effektvolle Muster und Designelemente vor, die die handgefärbten Garne der Marke ‚Locoporella' aus der Werkstatt von Annette Krupka besonders gut zur Geltung bringen.

Was beim Arbeiten mit handgefärbten Garnen zu beachten ist, wie man sie vom Strang zum Knäuel wickelt und wie man die fertigen kleinen Kostbarkeiten anschließend pflegt, wird ausführlich beschrieben. Außerdem gewährt uns Annette Krupka einen spannenden Einblick in ihre Färbewerkstatt.

Aus der Kooperation von Babette Ulmer und Annette Krupka entstand eine farbenfrohe Auswahl an Pullis, Jacken, Tüchern & Accessoires. Freuen Sie sich auf die warmen, harmonischen Farbnuancen der Locoporella-Garne und die abwechslungsreichen Modelle! Das Stricken ist bereits eine Freude und die fertigen Modelle sind eine gutgelaunte und tragbare Bereicherung Ihrer Garderobe. Und durch die unterschiedlichen Schwierigkeitsgrade der Entwürfe ist wirklich für jeden etwas dabei!

Abkürzung
M = Masche(n)

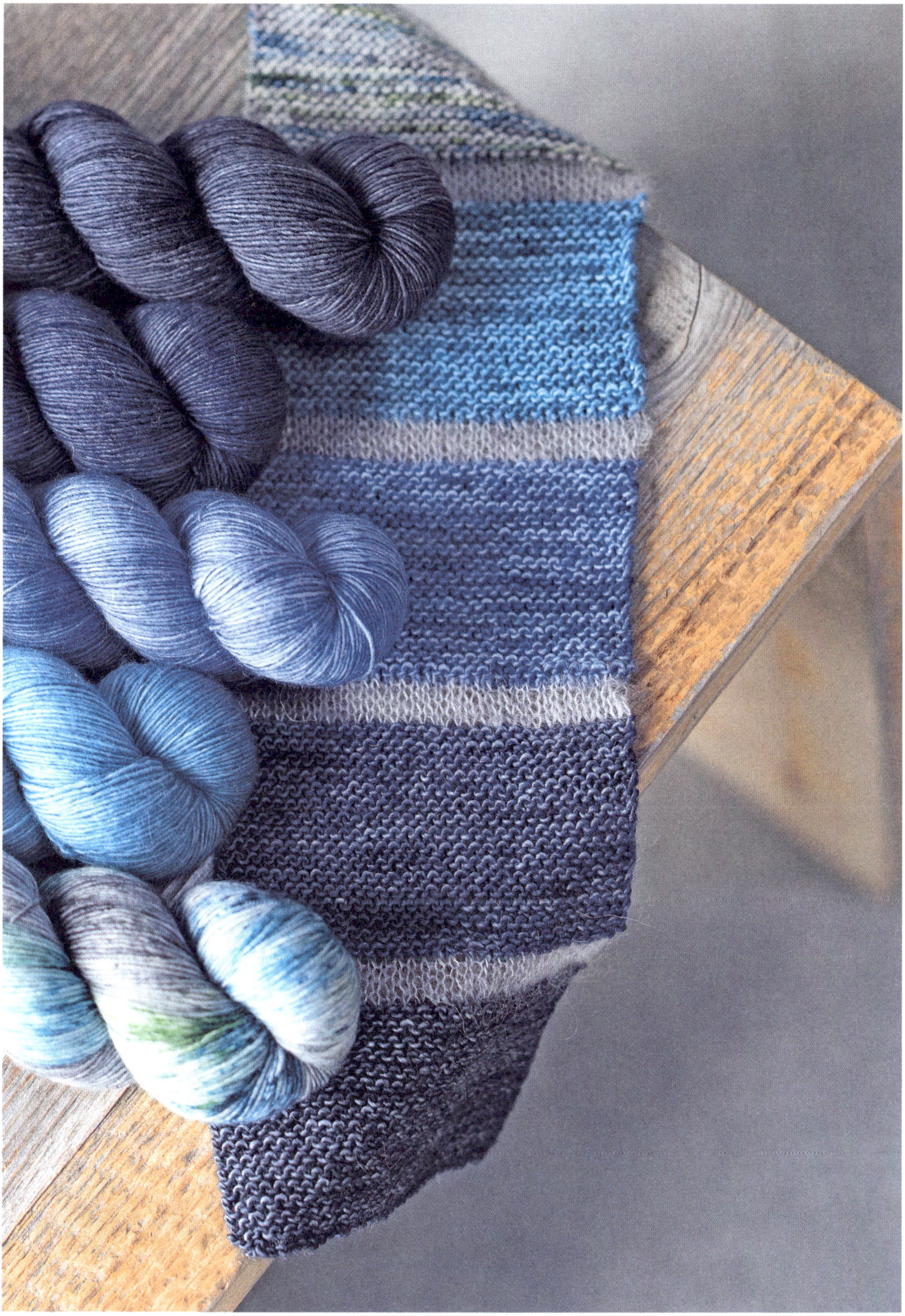

Über die Autorinnen

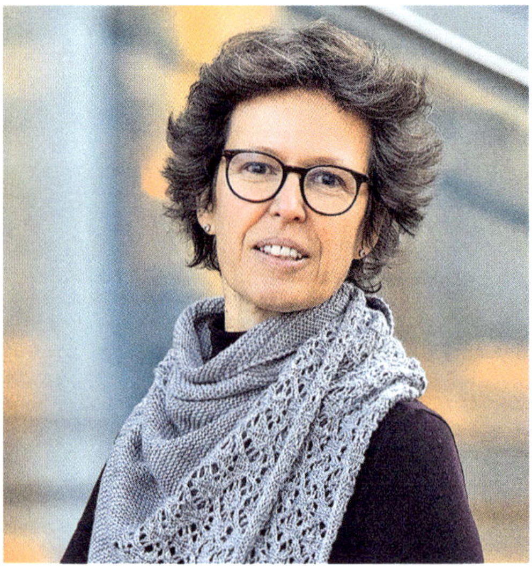

Stricken gehört seit der Teenagerzeit zu ihrem Alltag dazu: **Babette Ulmer** studierte Modedesign mit Schwerpunkt Maschen und hat ihr Hobby zum Beruf gemacht. Nach mehreren Jahren Berufserfahrung ist sie seit 2001 selbstständig. Sie arbeitet für verschiedene Firmen in der Handarbeitsbranche, entwirft Modelle und schreibt Anleitungen sowie seit 2007 zahlreiche bekannte Buchtitel, darunter „Stricken lernen. Der Schritt für Schritt Grundkurs", oder auch „Pullover stricken lernen".

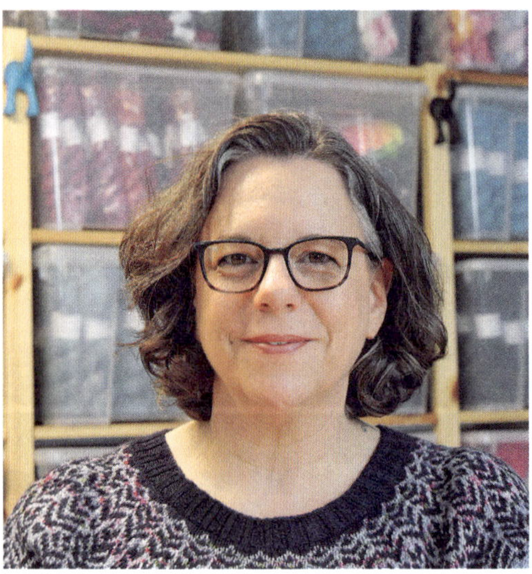

Ebenfalls seit ihrer Jugend leidenschaftlich allem Textilen verfallen arbeitete **Annette Krupka** zunächst bis zur Firmengründung als Informatikkauffrau und Patentmanagerin. Fasziniert von der Farbigkeit handgefärbter Garne, mit denen sie erste Projekte strickte, versuchte sie sich bald selbst im Handfärben. Innerhalb desselben Jahres stand für sie fest: Ich gründe eine Färberei! Unter ihrem Lable Locoporella („loco por ella" aus dem Spanischen für „verrückt nach ihr") vertreibt sie ihre handgefärbten Garne im eigenen Online-Shop www.locoporella.de.

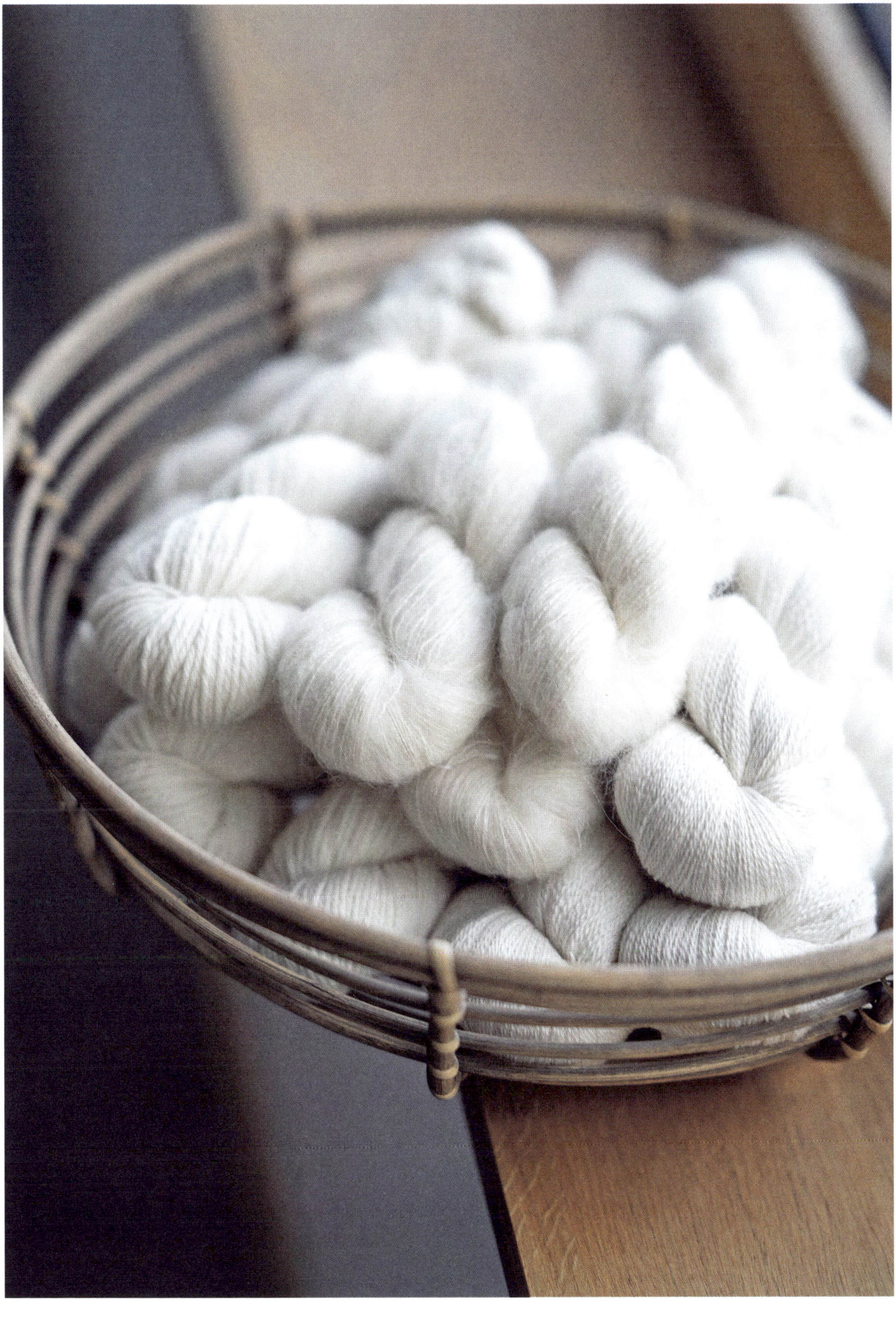

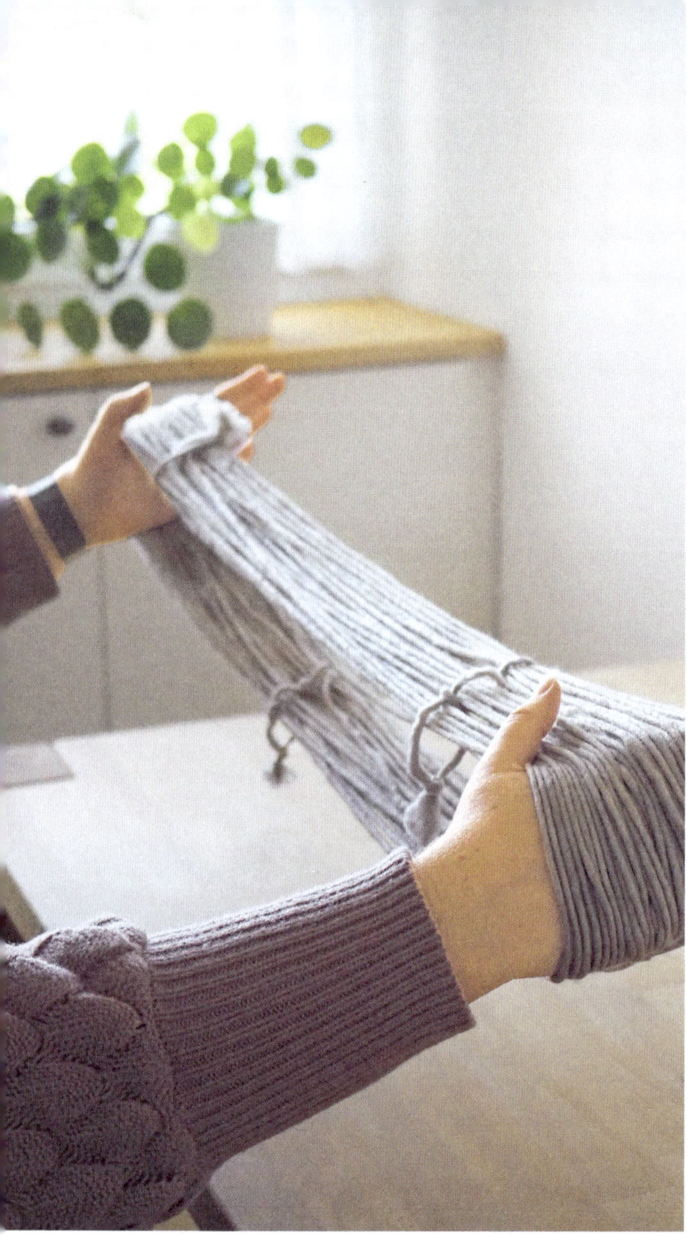

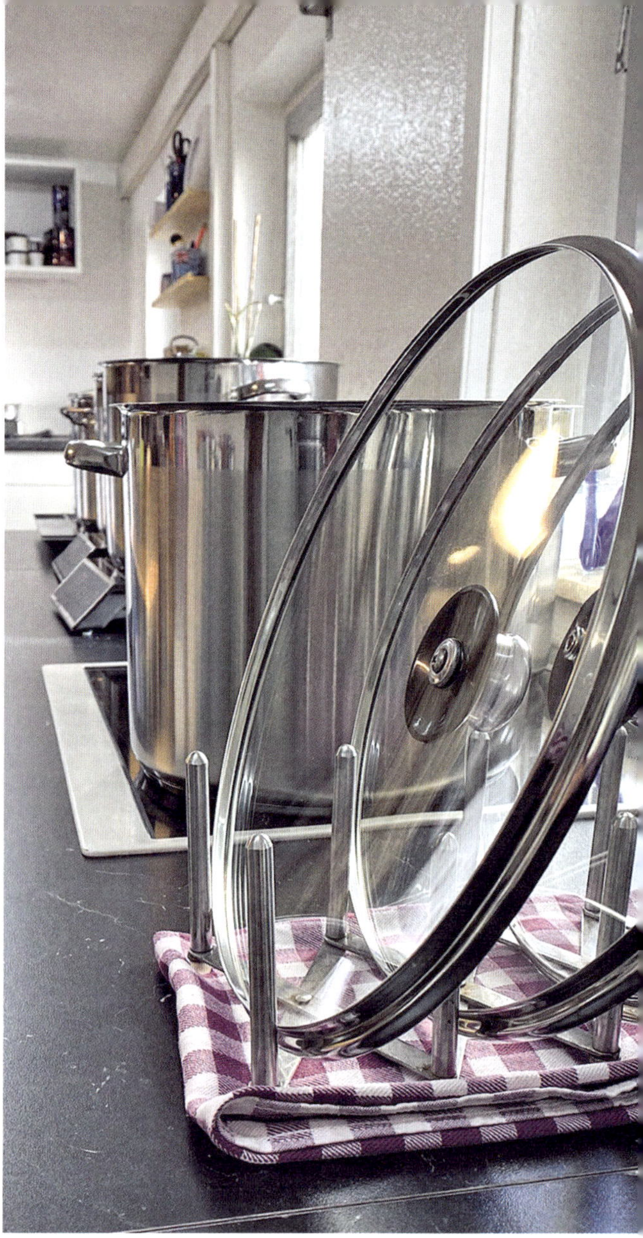

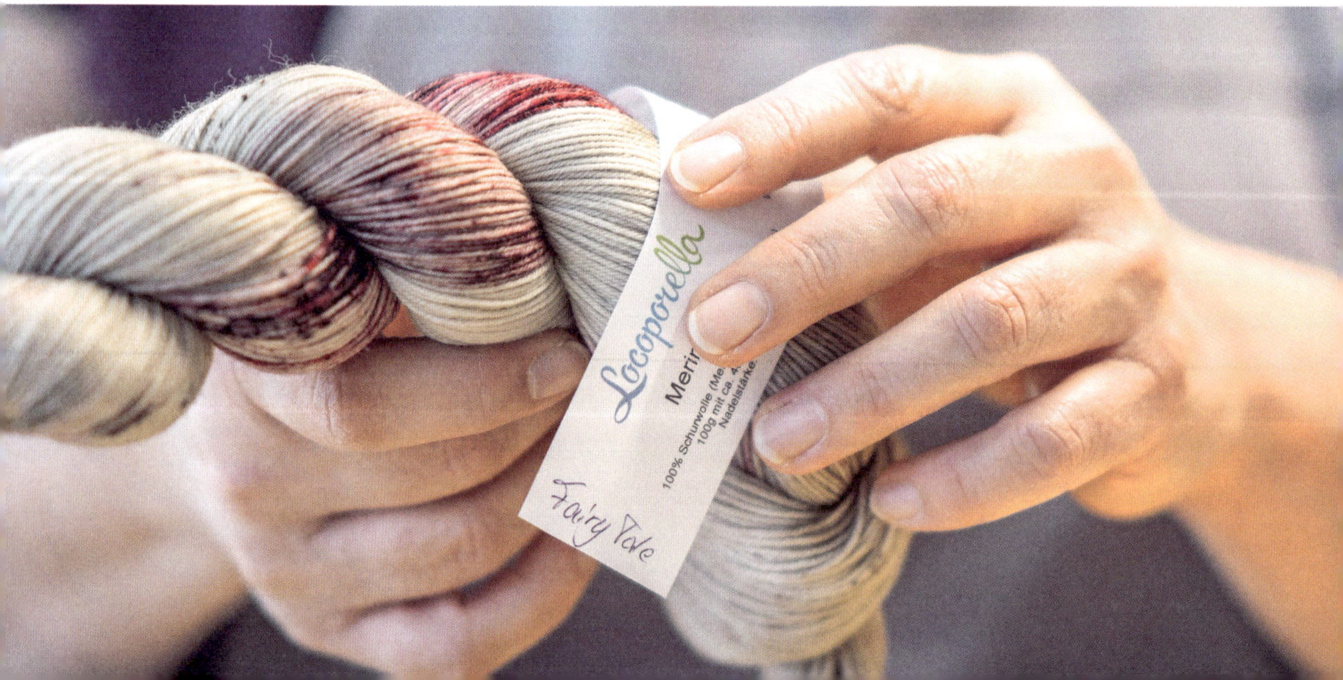
Locoporella
Fairy Tale

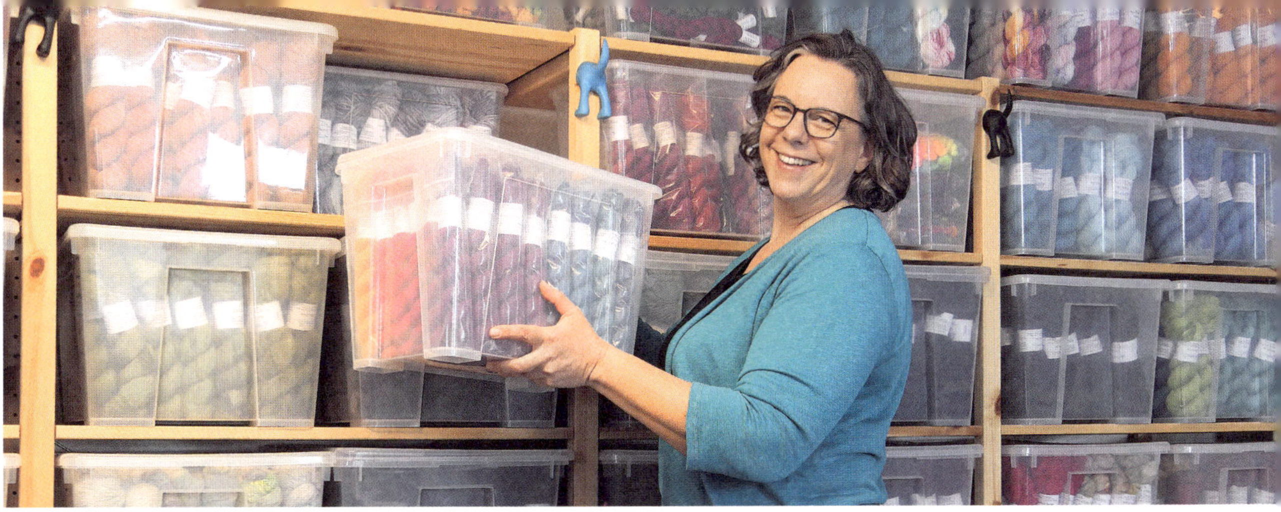

Handgefärbte Garne

Jeder Strang ist hier ein Unikat.

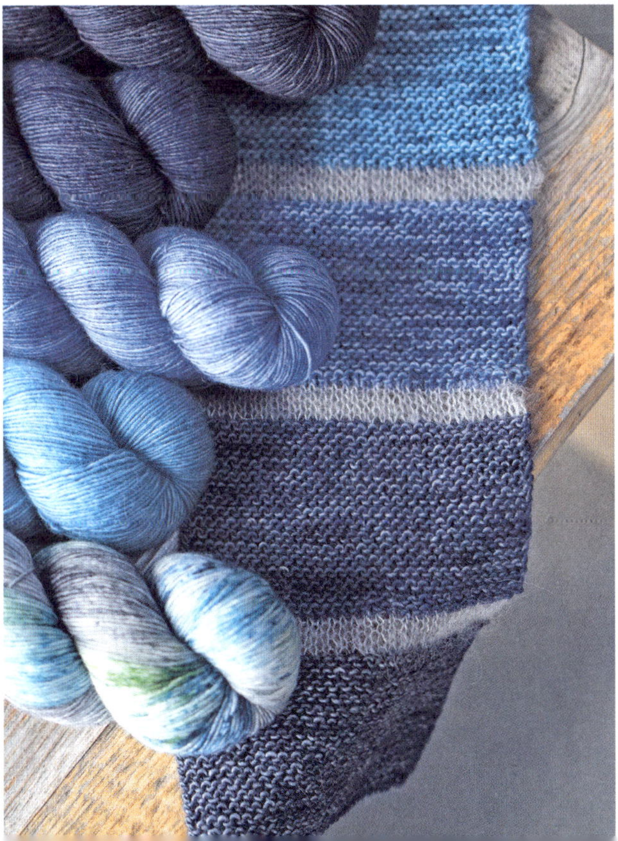

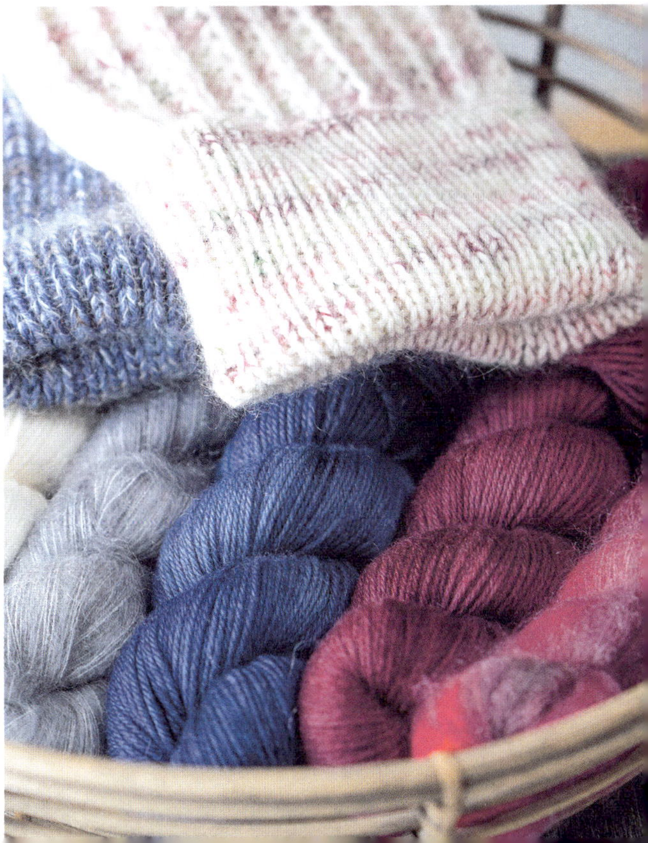

Einmalige Farbenpracht

Handgefärbte Garne sind etwas ganz Besonderes, kein Strang ist wie der andere. Sie beeindrucken durch enorme Farbvielfalt von lebendiger Intensität und atmen den Hauch von Exklusivität, da stets nur kleine Mengen im selben Bad gefärbt werden können. Daher sollte man beim Kauf lieber großzügig für sein Projekt planen, damit das Garn auf jeden Fall reicht. Wenn man später nochmals seine Wunschfarbe nachbestellt, kann es zu leichten Farbabweichungen kommen. In jedem Fall empfiehlt sich, mit zwei Knäulen abwechselnd zu stricken. Dass Handfärber:innen für solche außergewöhnlichen Garne äußerst hochwertige Garne verwenden, liegt darum auch auf der Hand.

SÄUREFARBEN ERMÖGLICHEN EIN GROSSES FARBSPEKTRUM

In der Regel färben Handfärber:innen mit sogenannten Säurefarben. Dies bezeichnet eine Gruppe von Farbstoffen, die für tierische Fasern wie z.B. Wolle, Seide, Kamel, Yak oder Kaschmir verwendet werden. Erst durch den Zusatz von Säuren (oft Essig oder Zitronensäure) verbindet sich der Farbstoff in einer chemischen Reaktion direkt mit den Proteinmolekülen der Fasern und wird durch Hitze fixiert. Pflanzlichen Fasern wie Baumwolle oder Leinen fehlen diese Proteinmoleküle, sie nehmen Säurefarben auf diese Weise nicht an und benötigen daher andere Farbstoffe. Daher bietet Locoporella wie viele andere Handfärber:innen auch keine handgefärbten Garne aus Baumwolle, Leinen oder Viskose an.
Die so fixierten Farbstoffe zeigen auf tierischen Proteinfasern eine erstaunliche Brillanz und wirken außergewöhnlich lebendig. Da jeder Farbton ähnlich wie bei einem Drucker aus einigen wenigen Grundfarben zusammengesetzt, anschließend abgetönt und in seiner Intensität verändert werden kann, entsteht eine ungeheure Vielfalt der Farbpalette. Durch unterschiedliche Färbeverfahren lassen sich diese dann z.B. als kräftige bis dezente Marmorierung vieler verschiedener Farbnuancen eines einzigen Farbtons der sogenannten Semisolids (auf Deutsch: „Fast-Einfarbigen") einsetzen, aber auch als harmonisch ineinanderfließende Farbübergänge oder lebendige Sprenkel. Und das alles eben nur durch Handarbeit!

STRANG STATT KNÄUEL

Zum Färben muss das Garn als Strang vorliegen, damit alle Bereiche von den Farbpartikeln erreicht werden. Bei einem Knäuel würde der innere Teil beim Färben im Topf zu wenig oder gar keine Farbe abbekommen. Die Stränge sind alle mehrfach locker abgebunden, damit sie sich nicht verheddern.
Ein fertig gefärbter Strang wird anschließend wie eine Kordel zu einem kompakten Strang gedreht. Gesichert wird der Strang, in dem ein Ende durch die Schlinge des anderen Endes gezogen wird. Und so kommen handgefärbte Garne dann auch in den Handel.
Zu Strängen gewickelte Garne lassen sich hervorragend lagern. Ein Strang lässt sich jederzeit leicht öffnen, um einen guten Eindruck von der Färbung des Garns zu gewinnen, und anschließend wieder zum Strang drehen. Ähnlich wie bei Garnen, die als Knäuel angeboten werden, gibt es auch für Stränge vorgeschriebene Verkaufseinheiten von 20 g, 50 g und 100 g.

VERARBEITUNG

Handgefärbte Garne lassen sich grundsätzlich genauso verarbeiten wie industrielle Garne. Nur ist jeder Strang ist ein Unikat. Jeder Strang unterscheidet sich vom anderen, selbst wenn sie aus dem gleichen

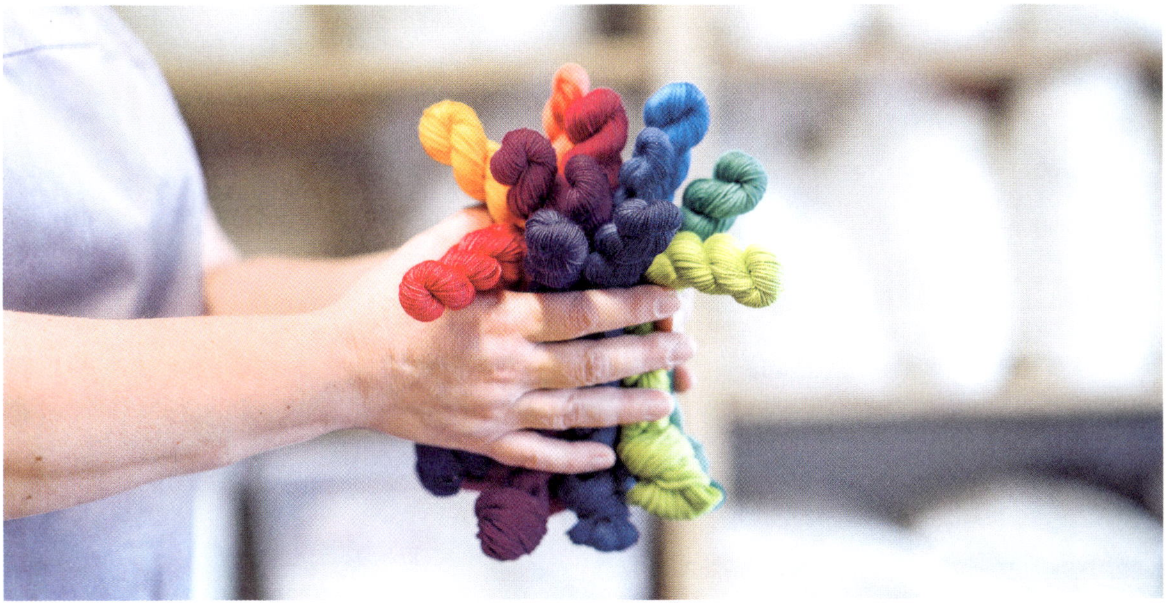

Färbebad kommen. Damit keine harten Übergänge beim Wechsel zum neuen Strang entstehen, lässt man am besten die Farben ineinanderfließen. Dafür kann man einige Zentimeter reihenweise das Garn wechseln. Selbstverständlich kann man auch das ganze Projekt hinweg grundsätzlich reihenweise abwechseln.

Bei der Wahl der Muster sollte man sich ganz auf die Färbung des Garnes einlassen, mit ihrer Eigenschaft spielen und manches auch besser nicht kombinieren. Garne mit intensiven Farbwechseln oder Sprenkeln können zarte Strukturmuster völlig überdecken, da hilft eine Maschenprobe vorab, ob sich die Färbung für ein solches Muster eignet. Umgekehrt verstärken viele Färbungen den Effekt z. B. von geringelten Pfauen- oder Zackenmustern. Mehrfarbig gestrickte Muster wirken besonders lebendig, das sollte man gleich bei der Farbauswahl bedenken. Handgefärbte Garne zeigen bei glatt rechts gestrickten Projekten ihren ganzen Charme, ihre Lebendigkeit und Schönheit. Seien Sie kreativ und probieren Sie nach Herzenslust!

MASCHENPROBE

Gerade beim Arbeiten mit handgefärbten Garnen ist es wichtig, die Maschenprobe nach dem Waschen und Trocknen des Probestücks sorgfältig auszumessen, da sich bei diesen Garnen doch häufiger Änderungen im Vergleich zur ungewaschenen Probe ergeben. Alle Angaben in den Anleitungen wurden nach einer gewaschenen Maschenprobe berechnet.

Jeder von uns strickt anders. Daher sollte die Nadelstärke stets so gewählt werden, dass die in der Anleitung angegebene Maschenprobe möglichst genau erreicht wird. Nur dann fällt das Strickstück in genau derselben Größe aus, wie bei dem vorgestellten Modell. Auch beziehen sich darauf alle Angaben zur Garnmenge.

Wenn für ein ca. 15 cm x 15 cm großes Probestück, das im angegebenen Muster gestrickt und gewaschen wurde, nach dem Trocknen auf 10 cm mehr Maschen gezählt werden, als in der Maschenprobe der Anleitung angegeben ist, fällt das Gestrickte zu fest aus. Das fertige Strickstück wäre zum Schluss kleiner, die Haptik wäre fester als die des abgebildeten Modells. Dann sollten dickere Nadeln verwendet werden, um diesen Effekt auszugleichen. Werden auf den gemessenen 10 cm dagegen weniger Maschen im Gestrickten gezählt als angegeben, fällt das Strickstück größer und fließender aus. Dann sollte mit dünneren Nadeln gearbeitet werden, um die nötige Maschenprobe möglichst genau zu erreichen.

Meistens reicht schon eine halbe metrische Nadelstärke mehr oder weniger aus. Oftmals ist es aber

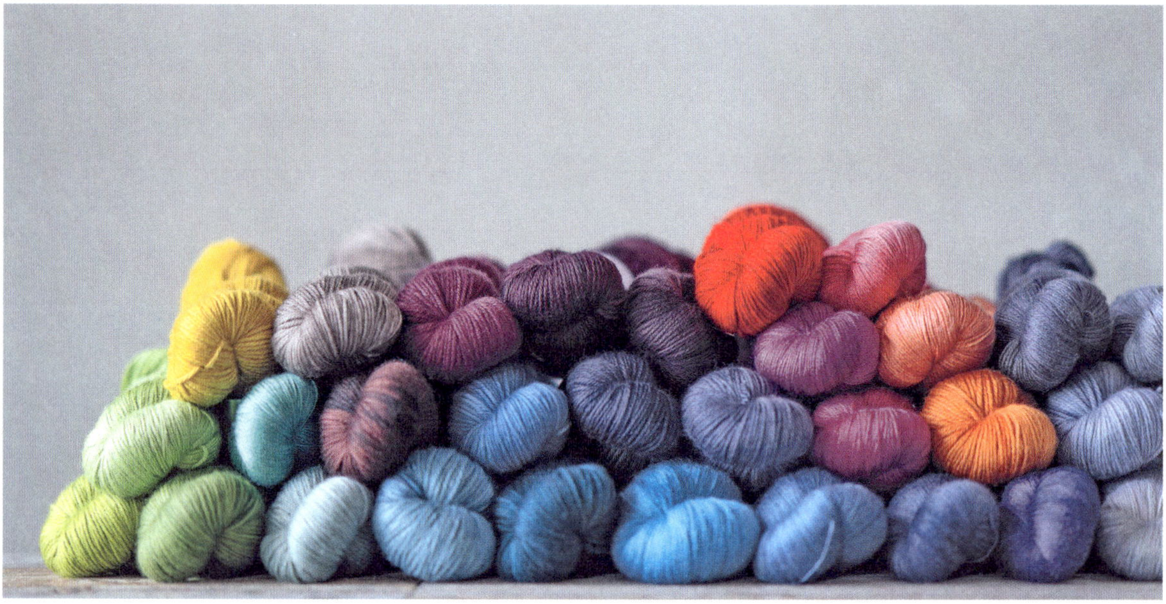

auch sinnvoll, noch mehr von der vorgeschlagenen Nadelstärke abzuweichen. So wie es viele verschiedene Arten des Handstrickens gibt, fallen auch Maschenproben oft individuell aus. Denken Sie daran: Wichtig ist **nicht**, die angegebene Nadelstärke zu verwenden, sondern dass Ihre Maschenprobe mit der angegebenen Maschenprobe übereinstimmt, damit Ihr Strickstück genau in der gewünschten Größe ausfällt. Das bewahrt auch davor, kurz vor Schluss davon überrascht zu werden, dass die Garnmenge nicht ausreicht. Mit der Wahl der eigenen Nadelstärke beginnt bereits die Individualisierung des eigenen Strickstücks.

PFLEGE

Grundsätzlich wird bei Garnen oder Textilien aus tierischen Fasern zur Handwäsche geraten. Sockenqualitäten und reine Schafschurwolle kann man aber bei 20–30 °C auch in den Wollwaschgang geben. Kaschmir, Seide und Yak gehören aber nicht in die Maschine, sondern sollten nur von Hand gewaschen werden. Dabei möglichst ein Wollwaschmittel verwenden. Auf Weichspüler kann getrost verzichtet werden, Color-Waschmittel sind für tierische Fasern völlig ungeeignet. Sie enthalten Proteasen, also Eiweißspalter, die tierische Proteinfasern mit jeder Wäsche stärker beschädigen. Die gut ausgewaschenen Textilien – mit Ausnahme von Socken – immer liegend trocknen und zum Trocknen spannen.

Es gibt viele gute Bio-Wollwaschmittel auf dem Markt. Grundsätzlich gilt bei Wollwäsche: Weniger ist mehr. Gerade bei den Wollwaschmitteln, die nicht ausgespült werden müssen, sollten Sie sich an die angegebene Dosierempfehlung halten!

- etwa 1 Teelöffel Bio-Wollwaschmittel in 4–5 l lauwarmes Wasser geben (beim ersten Waschen des gestrickten Teils noch kühleres Wasser verwenden)
- das gestrickte Teil hineinlegen
- kräftige Farben nur kurz, softe Farben bis 5 Minuten einweichen lassen
- die Wäsche vorsichtig ausdrücken, bitte nicht auswringen!
- die Wäsche zum Trocknen flach hinlegen

Bei handgefärbten Garnen können sehr kräftige Farben beim Waschen anfangs noch Farbe abgeben, da sich überschüssige Farbpartikel beim Wickeln und Verarbeiten lösen können. Waschen Sie Ihr fertiges Projekt daher beim ersten Mal separat und mit kaltem Wasser.
Ein Ausbleichen durch starke Sonneneinstrahlung, wie man es beispielsweise bei pflanzengefärbten Garnen beobachten kann, ist bei säuregefärbten Garnen in der Regel kein Problem. Lediglich die Neonfarben sind diesbezüglich etwas empfindlich.

Locoporella

Hinter der Marke „Locoporella“ steht die Inhaberin Annette Krupka. 2016 startete sie mit der Handfärberei in einer winzigen Werkstatt mit nur einem Raum und einer Mini-Küche, anfangs sogar noch neben dem Beruf im Nebenerwerb. Im darauffolgenden Jahr war der Umzug in eine größere Werkstatt mit erheblich größerem Lagerraum nötig, 2018 wagte sie dann den Schritt in die Vollzeit-Selbstständigkeit.

Sie vermarktet hauptsächlich über ihren Online-Shop **www.locoporella.de**, ist aber auch auf Wollmärkten zu finden, betreut und berät gerne telefonisch und bietet individuelle Färbungen auf Kundenwunsch an. Außerdem schätzen Kunden aus der Nähe auch die große Auswahl und den herzlichen Kontakt, wenn sie ihre Bestellungen direkt bei ihr in der Werkstatt abholen. Auch einige regionale Wollläden führen bereits ein kleines Sortiment ihrer Garne. Ein eigenes Ladengeschäft ist nicht geplant. Annette Krupka hofft aber mit einer neuen, größeren Werkstatt in Zukunft Termine wie z. B. für Strickevents anbieten zu können.

DIE LOCOPORELLA-FIRMENPHILOSOPHIE

Was Annette Krupka besonders am Herzen liegt, zeichnet auch ihre Garne aus. Bei der Auswahl der Rohgarne zum Färben sind ihr neben der Garnqualität auch das Tierwohl die wichtigsten Kriterien. Von jeder verwendeten Garnfaser ist die Herkunft bekannt. Die verwendete Merinowolle kommt aus Argentinien, Uruguay und Europa und stammt nur von Schaffarmen, die kein Mulesing praktizieren. Umweltschutz, Nachhaltigkeit und verantwortungsbewusster Umgang mit Ressourcen sind die Hauptthemen in der Färbewerkstatt. Der Färbevorgang mit professionellen Farben für Wolle und Seide ist sehr ressourcenschonend, da das Wasser für alle Schritte mehrfach verwendet wird. Dabei wird bei allen Arbeitsschritten auf Müllvermeidung geachtet und der Versand erfolgt in recyceltem Karton.

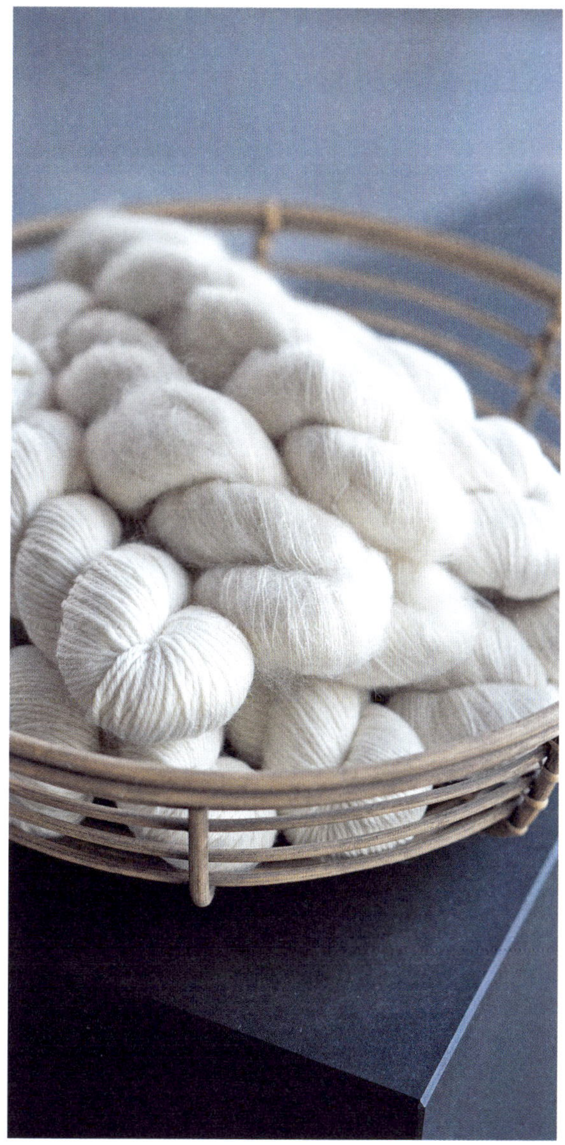

AUS DER LOCOPORELLA-HANDFÄRBEREI

Werfen wir Annette Krupka beim Färben einen Blick über Schulter.

Zur Vorbereitung der Garne werden die Stränge mehrfach möglichst locker, aber sicher abgebunden, damit sie sich nicht verheddern können. Werden sie zu fest abgebunden, kann an den Stellen keine Farbe aufgenommen werden.

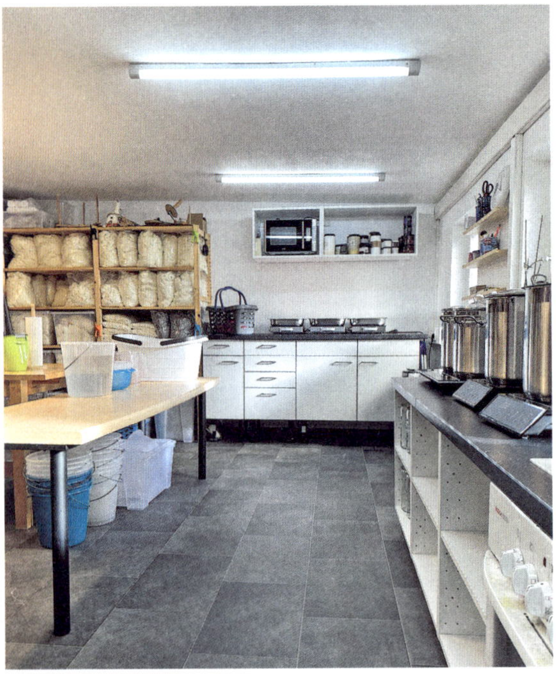

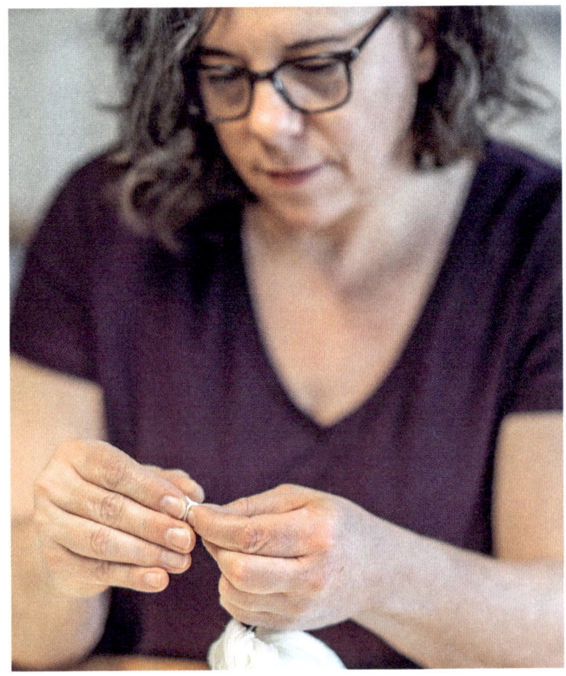

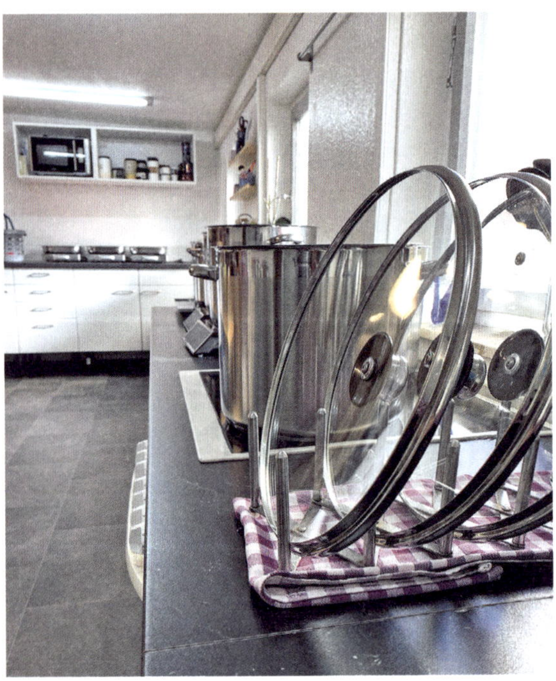

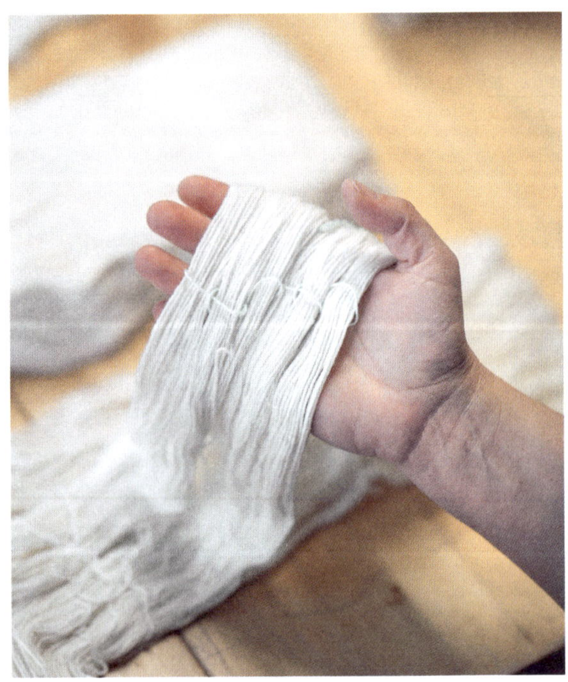

Die Stränge werden zunächst eingeweicht, um eine gleichmäßige Sättigung der Saugfähigkeit zu erreichen. Nur so verteilen sich die Farbpartikel im anschließenden Färbegang gleichmäßig auf dem Garn. In dem lauwarmen Wasser ist eine kleine Menge Zitronensäure aufgelöst. Dieses Wasser wird im Anschluss auch für das Färben verwendet.

Für jede Färbung gibt es ein Rezept. Die Farbpulver werden vorher gemischt und dann genau abgewogen. Damit kein Pulver eingeatmet wird, muss bei diesen Schritten immer mit Staubschutzmaske gearbeitet werden.

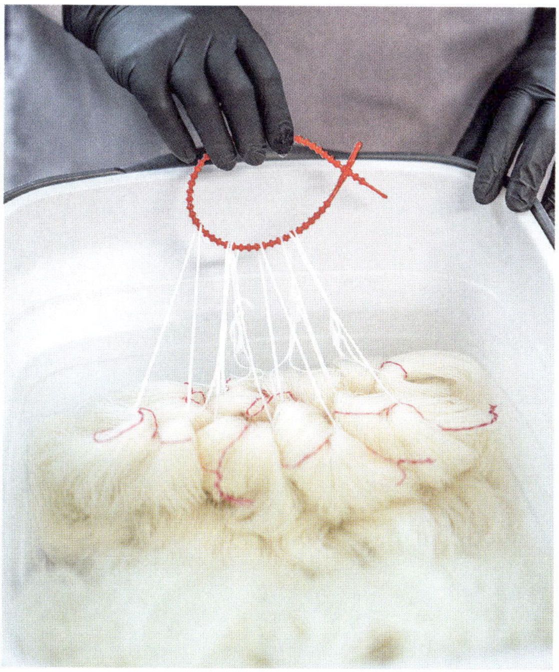

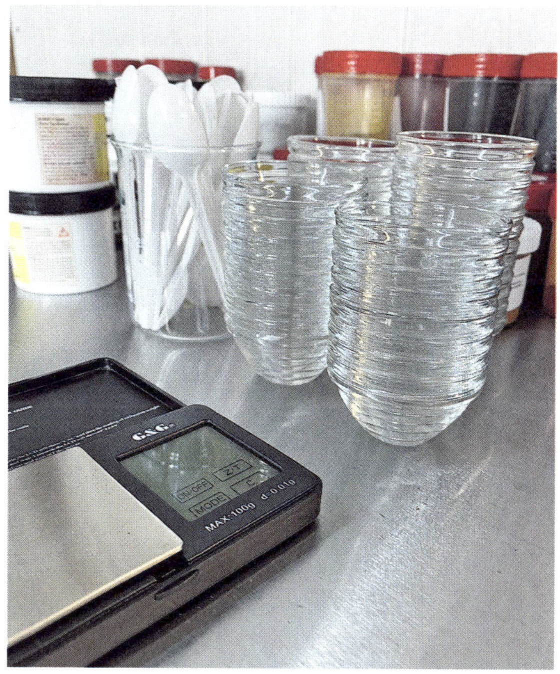

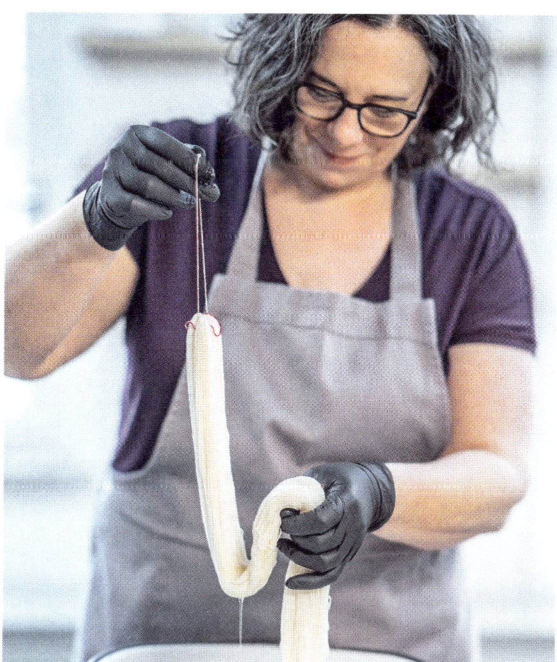

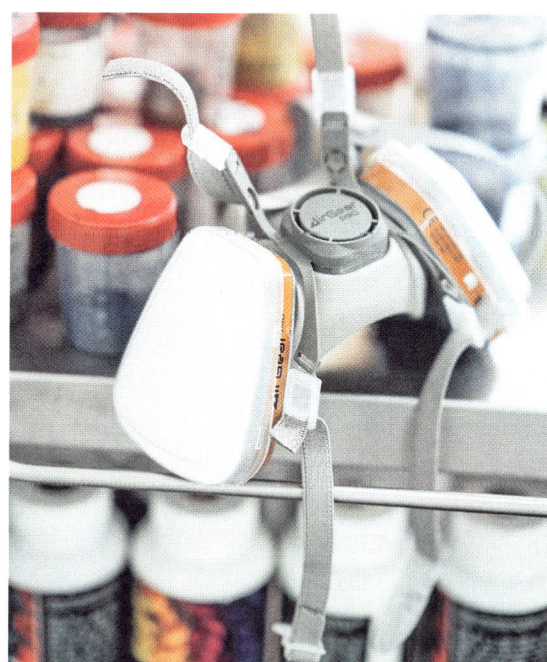

Zuerst kommt die aufgelöste Farbe in den Topf, dann werden die feuchten Stränge in den Farbsud gelegt.

Die Stränge bleiben so lange im heißen Wasser, bis die Farbpartikel vollständig aufgenommen wurden. Durch den kleinen Anteil Zitronensäure im Wasser und die Hitze wird die Farbe dauerhaft im Garn fixiert.

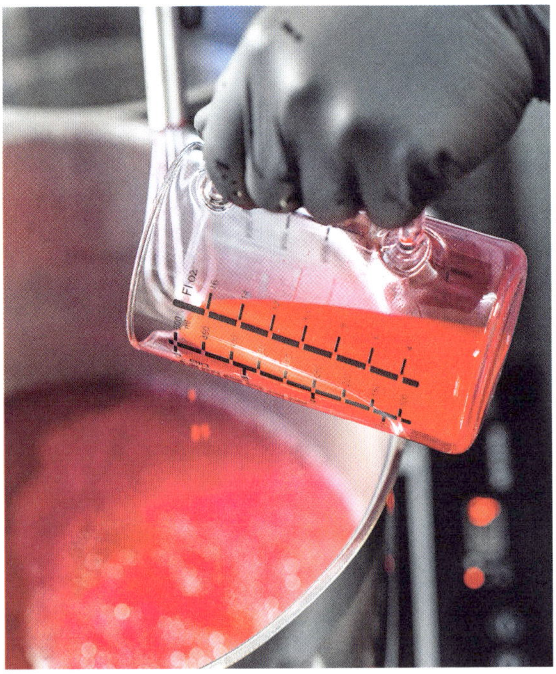

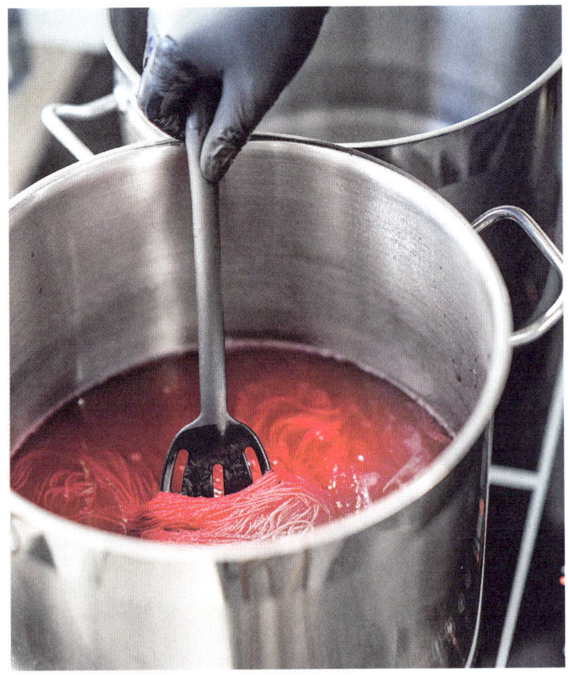

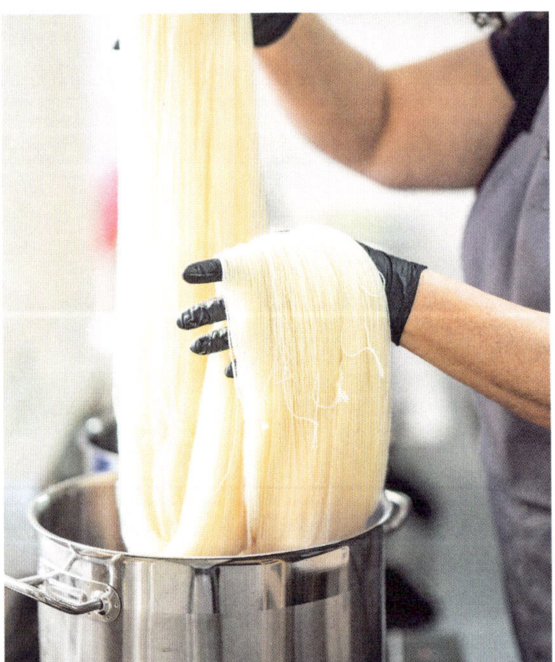

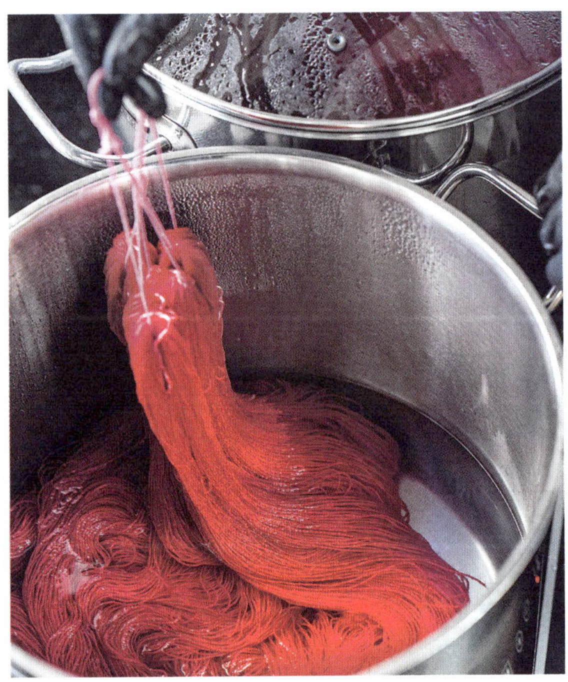

Die fertigen, einfarbigen Stränge werden nun nochmals von Hand gewaschen, geschleudert und dürfen dann trocknen.

Gesprenkelte Garne werden in mehreren Schritten gefärbt. Erst erhalten sie ihre Grundfarbe, dann wird Farbpulver nach einem festen Plan auf die Stränge gestreut.

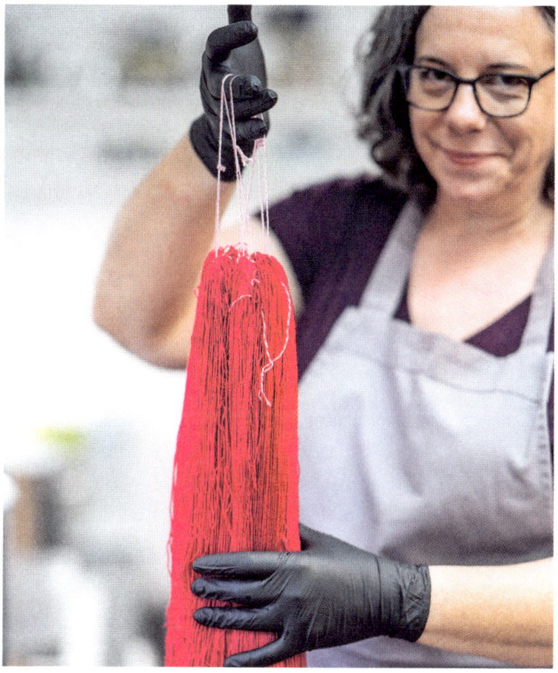

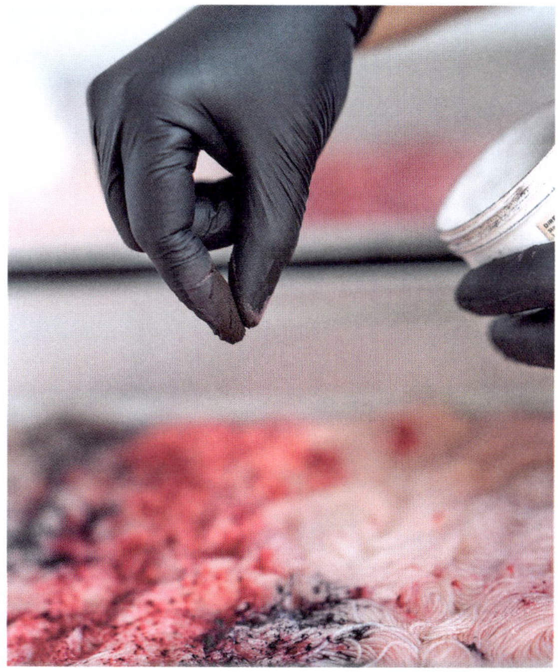

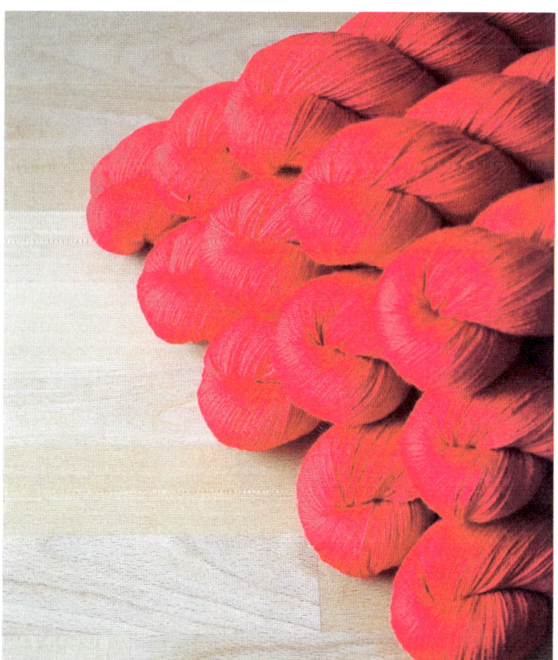

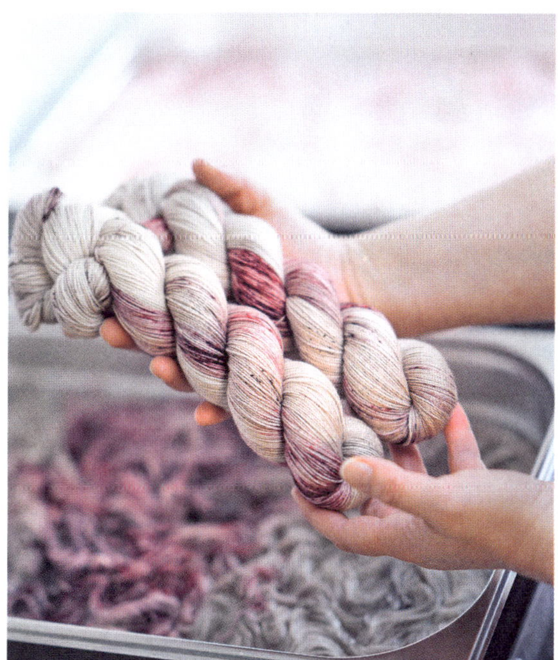

Nach dem Trocknen erhalten die gedrehten Stränge alle noch ihre beschriftete Banderole.

GARN ZUM KNÄUEL WICKELN

Und dann kann's losgehen! Aber aus dem Strang heraus lassen sich Garne noch nicht verarbeiten. Vor dem Stricken muss jeder Strang zunächst zu einem Knäuel gewickelt werden.

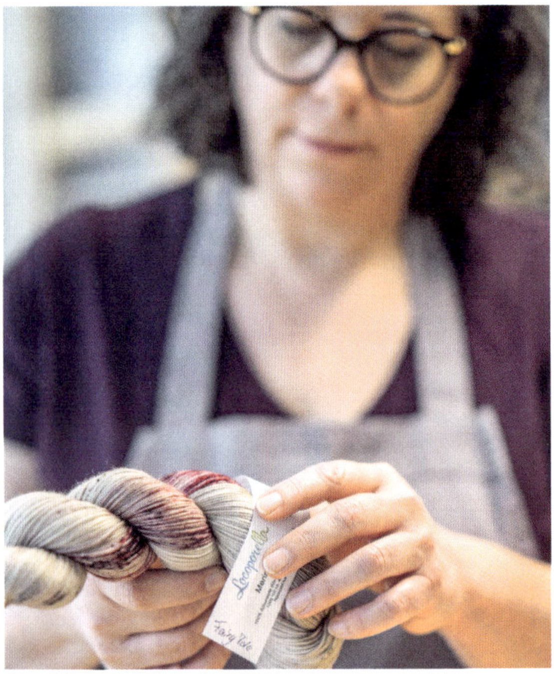

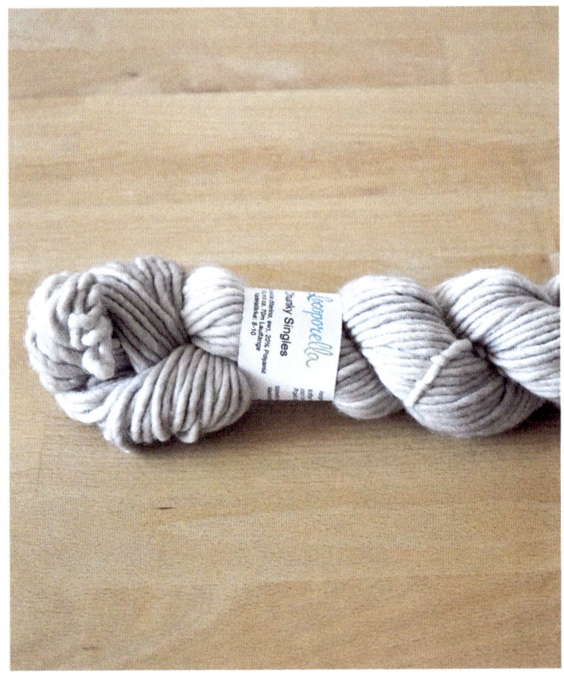

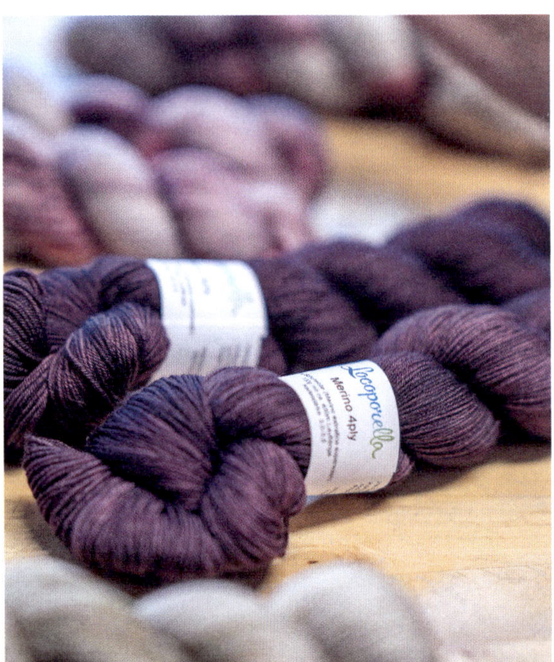

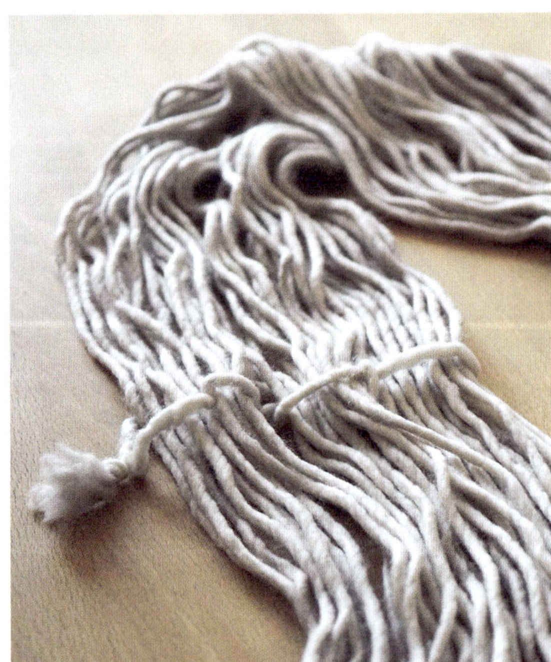

Dazu den Strang lösen und auf eine Haspel spannen. Alternativ kann man ihn auch über eine Stuhllehne hängen oder ein hilfsbereiter Mensch spannt ihn während des Wickelns über seine Handrücken. Erst, wenn der Strang gut gesichert ist und sich keine Garnschlingen mehr verheddern können, werden die Sicherungsfäden gelöst.

Ein Fadenende nehmen und das Garn einige Male um die Finger der linken Hand wickeln. Der Strang wickelt sich dabei nach und nach von Haspel, Stuhllehne oder Händen.

Die Fadenschlingen von den Fingern nehmen und einige Male quer zur vorigen Wickelrichtung umwickeln.

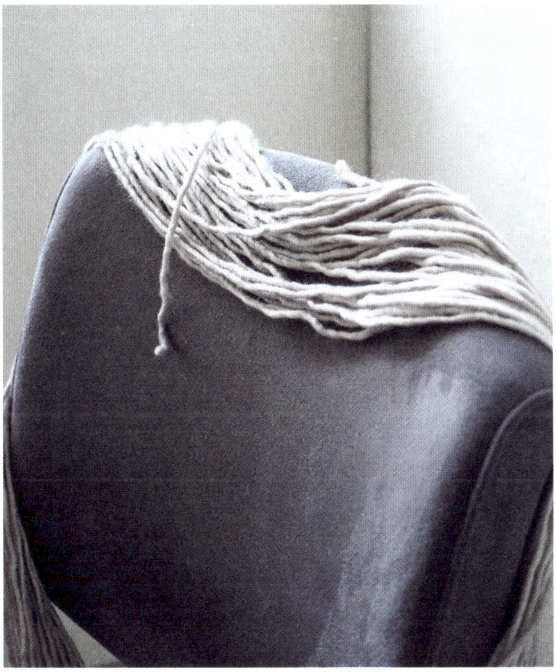

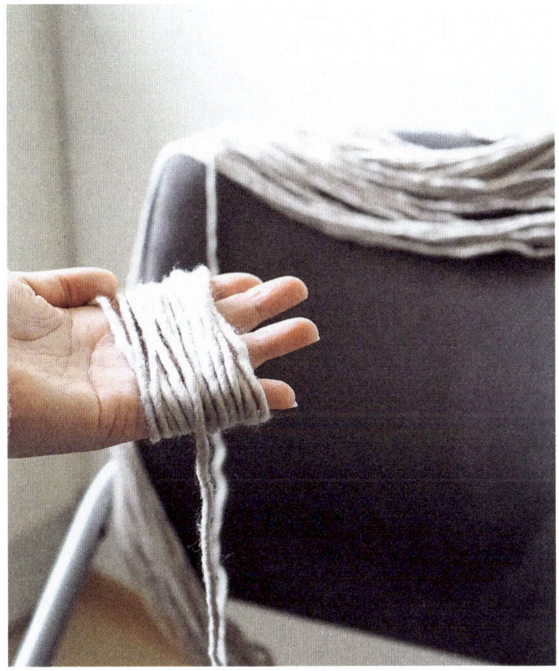

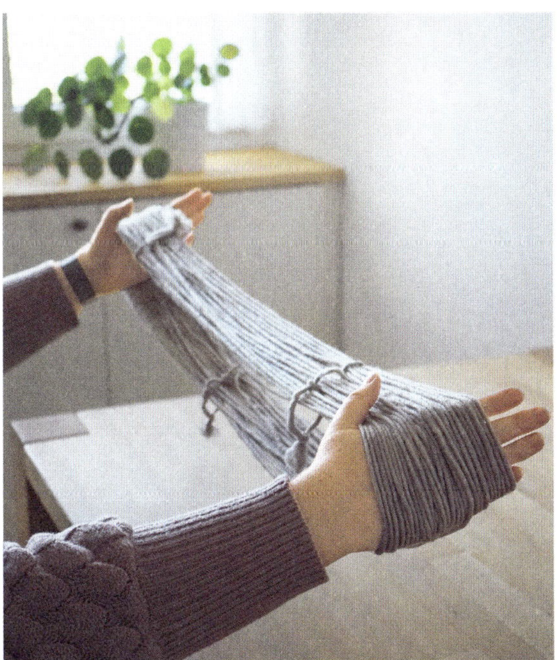

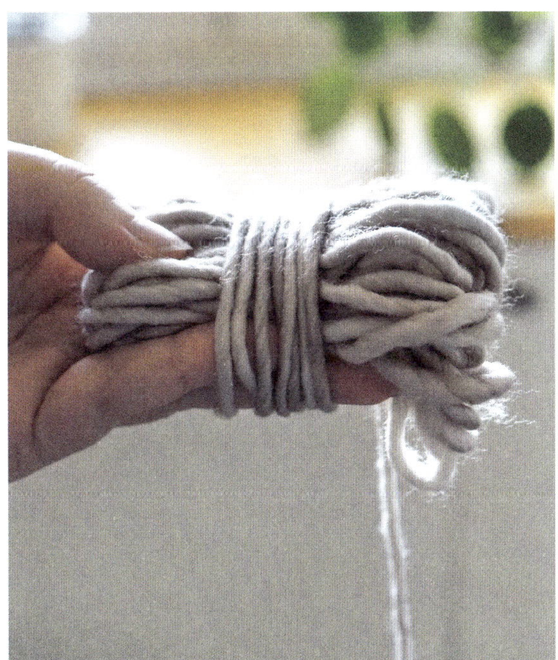

Die Fadenschlingen zur Hälfte nehmen und wieder einige Male quer zur vorigen Wickelrichtung umwickeln.

Nun stets um das Päckchen herumwickeln und den sich dabei bildenden Ball immer wieder ein Stückchen drehen, bis das gesamte Garn zum Wollknäuel aufgewickelt ist.
Da so ein Knäuel nicht gut gelagert werden kann, wickelt man das Garn am besten erst kurz vor dem Verstricken.

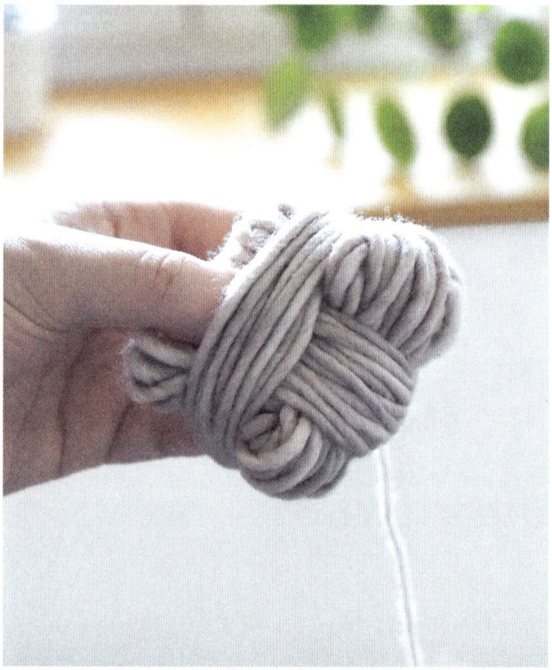

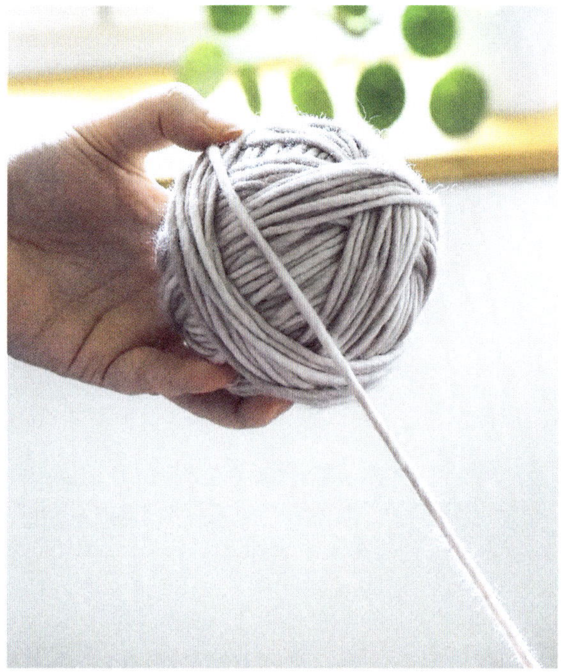

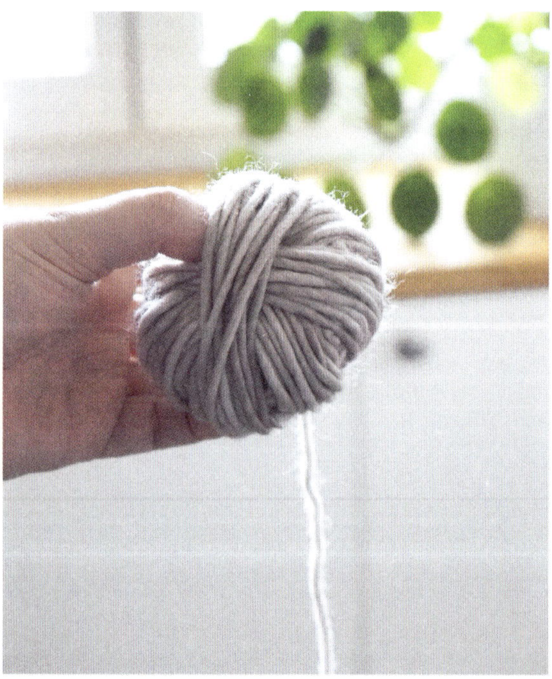

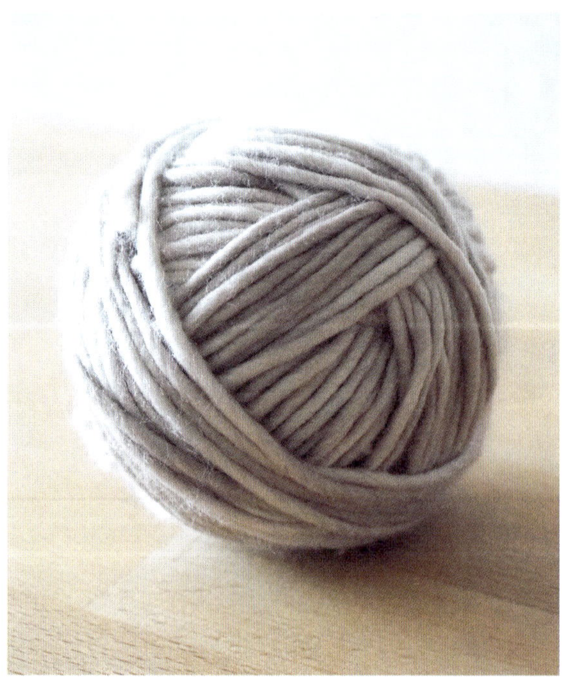

Wenn man öfter Stränge verarbeitet, lohnt sich der Kauf einer Haspel bzw. Schirmhaspel und eines Wollwicklers.

Das Abrollen beim Stricken erleichtert man sich mit einem speziellen Garnabroller. Man kann das Knäuel dazu aber auch in eine Knäuelschale oder alternativ in ein einfaches Einweckglas legen.

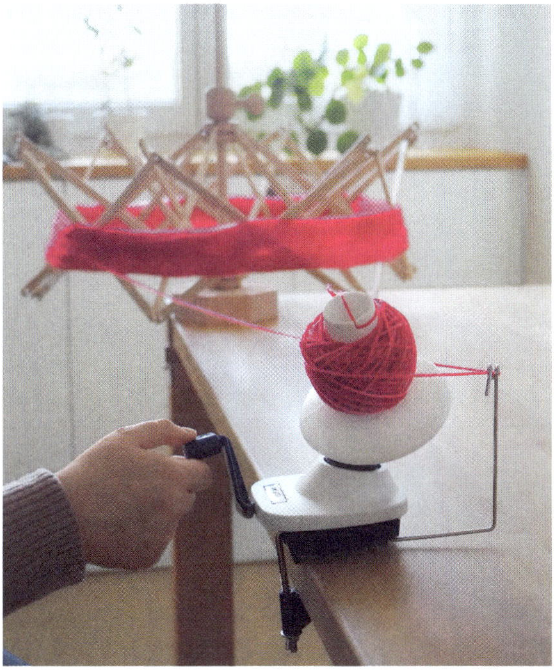

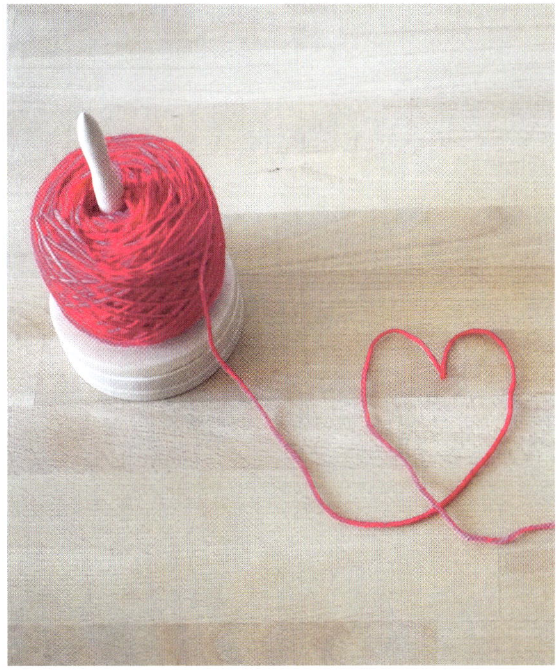

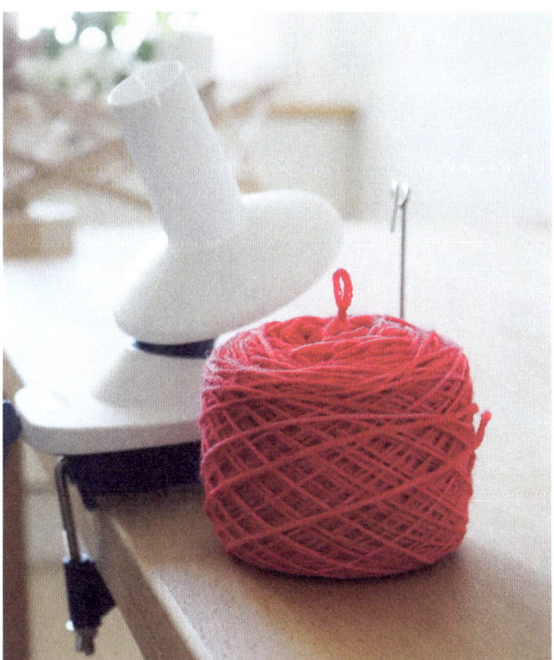

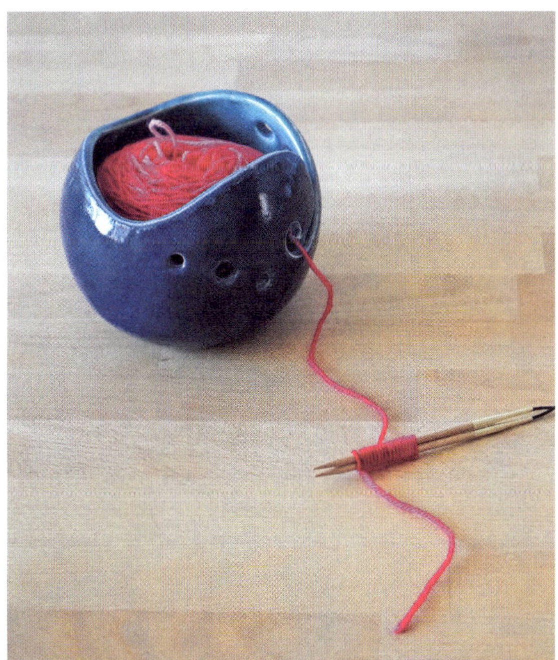

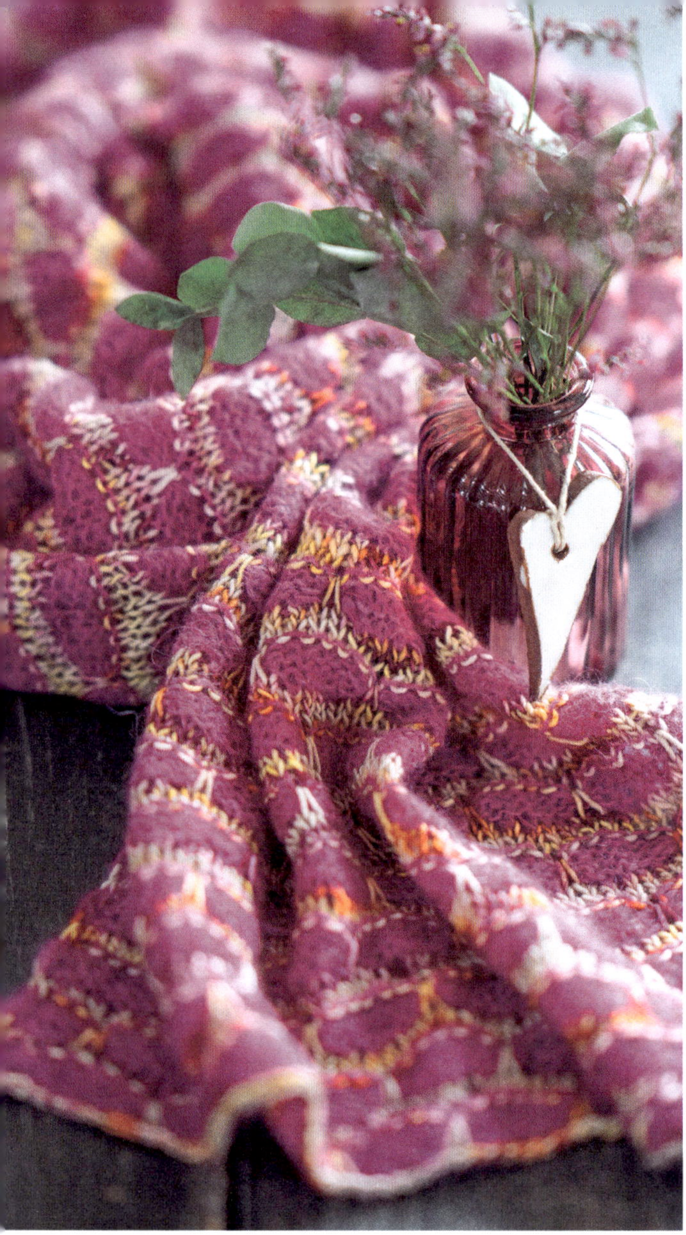

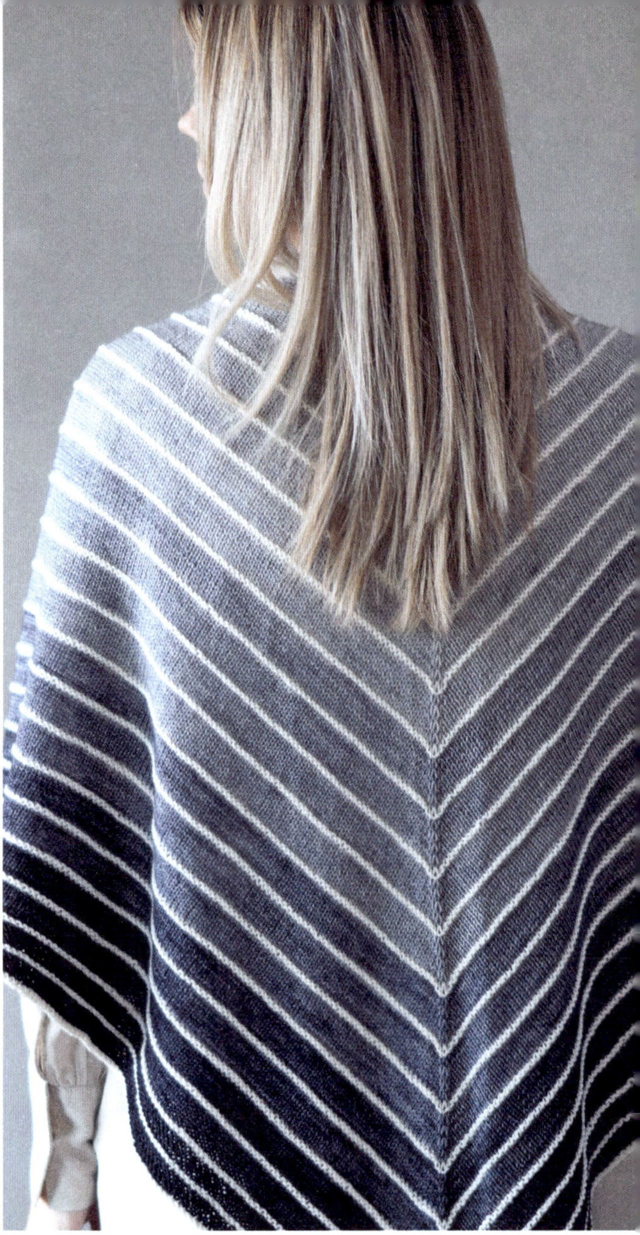

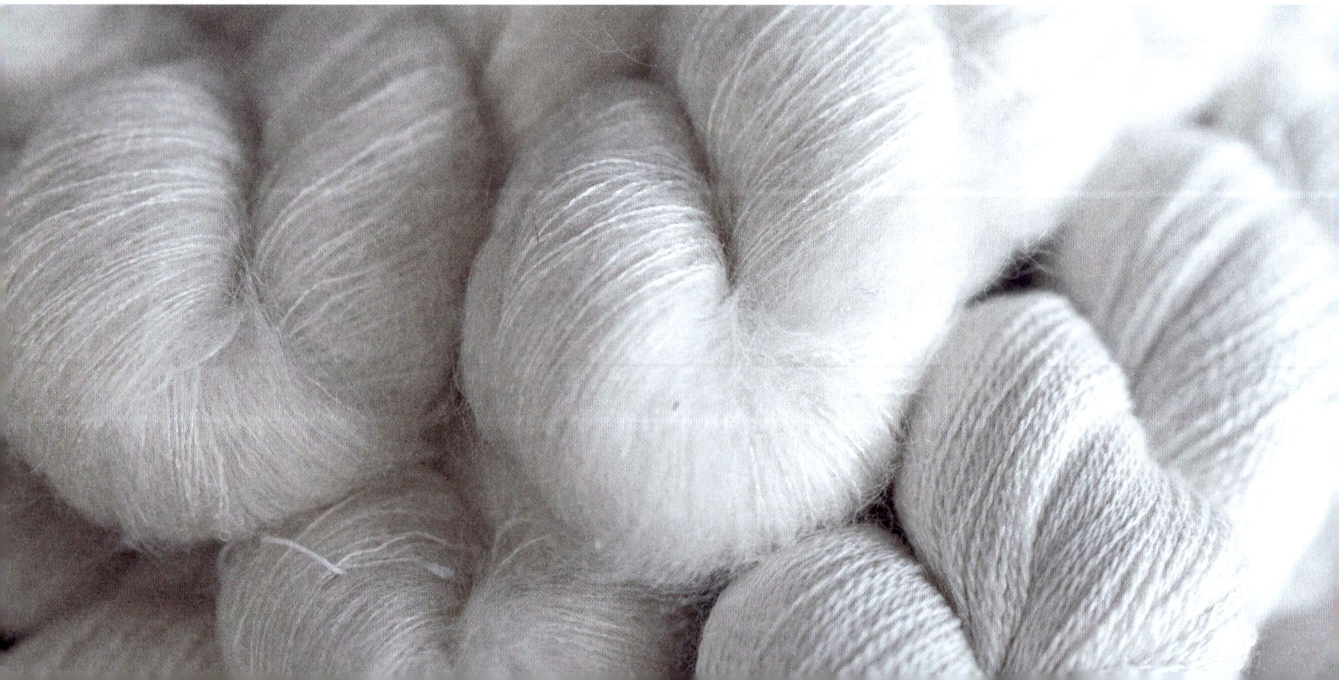

Tücher & Schals

Einmalige Schmuckstücke für jedes Outfit

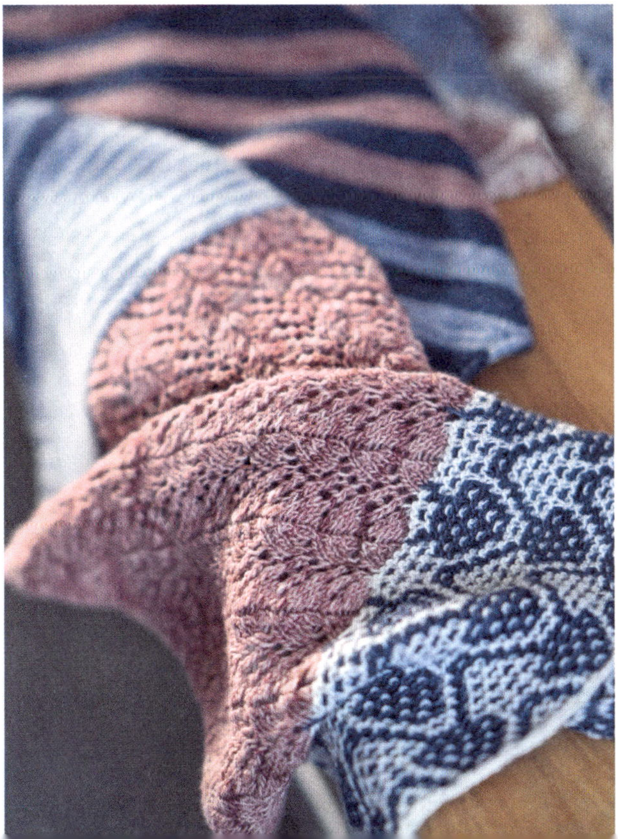

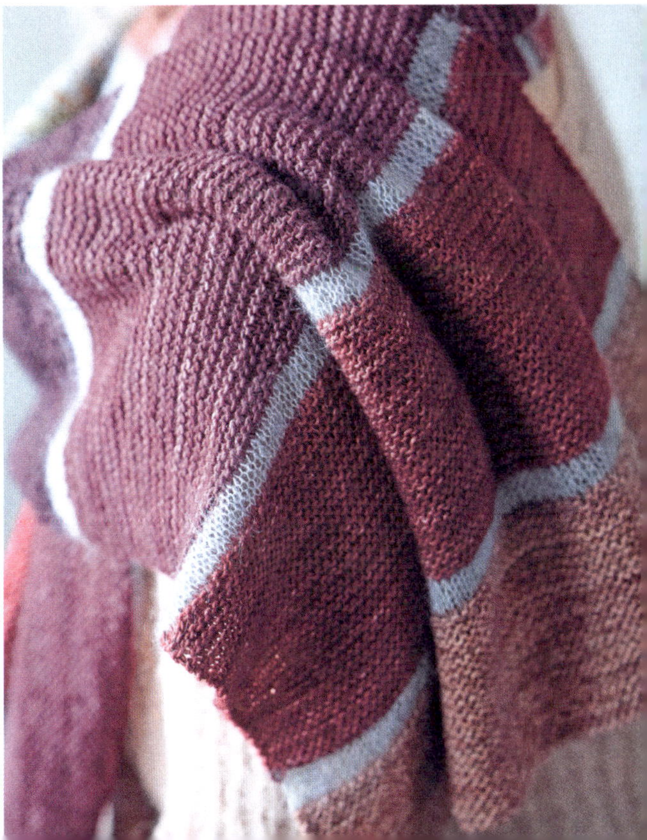

Stola Um die Ecke

Schwierigkeit **einfach/mittel**

GRÖẞE

55 cm x 160 cm

MATERIAL

Locoporella **Merino Singles** (100 % Schurwolle, LL = 365 m/100 g): je 100 g Brombeere, Burgunder, Orientrot, Palisander und Steingarten und **Kid Silk Lace** (72 % Mohair, 28 % Seide, LL = 420 m/50 g): 50 g Rauch; Stricknadeln 4 mm.

MUSTER

Kraus rechts: In Hin- und Rückreihen rechte M stricken.

Glatt rechts: In Hinreihen rechte M, in Rückreihen linke M stricken.

MASCHENPROBE

Kraus rechts: 22 M und 46 Reihen = 10 cm x 10 cm. Die Nadelstärke so wählen, dass die angegebene Maschenprobe nach dem Waschen und Trocknen möglichst genau erreicht wird.

SO WIRD'S GEMACHT

123 M mit Nadeln 4 mm in Brombeere anschlagen und 1 Rückreihe rechte M stricken, dabei vor der letzten M (= Randm) einen M-Markierer einfügen. Nun wie folgt weiterarbeiten, dabei 246x in jeder Reihe nach dem M-Markierer je 1 Umschlag arbeiten (diesen in der folgenden Reihe rechts verschränkt stricken, dabei in den glatt rechts gestrickten Reihen links verschränkt stricken) = 369 M: 46 Reihen kraus rechts in Brombeere, 4 Reihen glatt rechts in Rauch, 46 Reihen kraus rechts in Burgunder, 4 Reihen glatt rechts in Rauch, 46 Reihen kraus rechts in Orientrot, 4 Reihen glatt rechts in Rauch, 46 Reihen kraus rechts in Palisander, 4 Reihen glatt rechts in Rauch, 46 Reihen kraus rechts in Steingarten.

In der letzten Rückreihe die ersten 246 M abketten, dabei auch den Umschlag, der zu dieser Reihe gehört, als M abketten. Den Faden abschneiden. Dann über die restlichen 123 M wie folgt weiterarbeiten, dabei am rechten Rand mit einer Hinreihe beginnen: 4 Reihen glatt rechts in Rauch, 46 Reihen kraus rechts in Brombeere, 4 Reihen glatt rechts in Rauch, 46 Reihen kraus rechts in Burgunder, 4 Reihen glatt rechts in Rauch, 46 Reihen kraus rechts in Orientrot, 4 Reihen glatt rechts in Rauch, 46 Reihen kraus rechts in Palisander. Dann die M abketten.

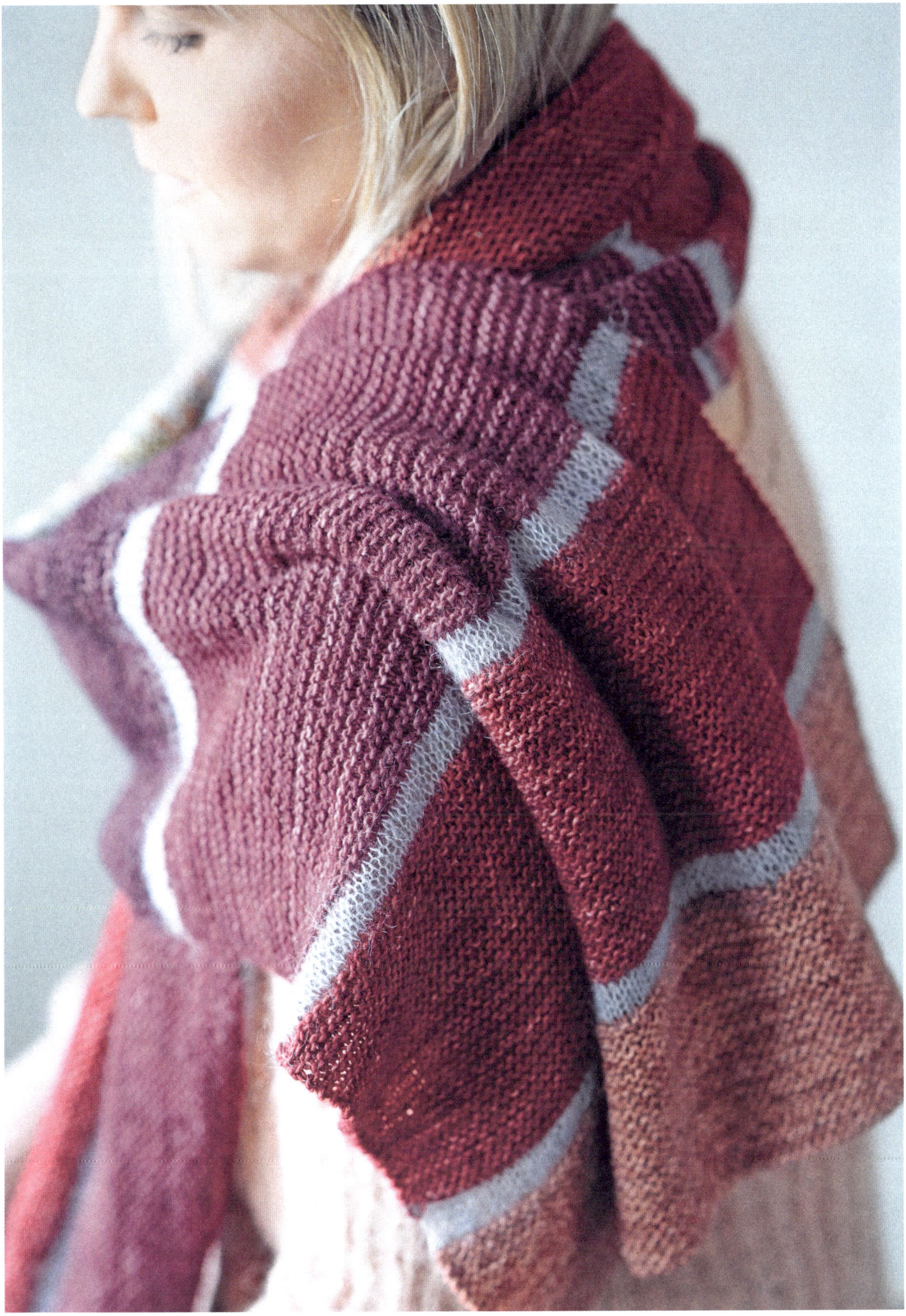

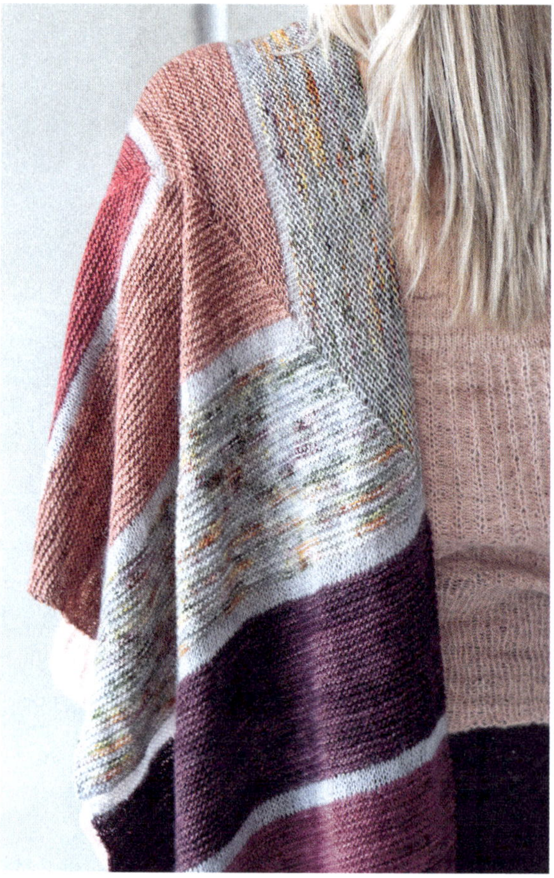

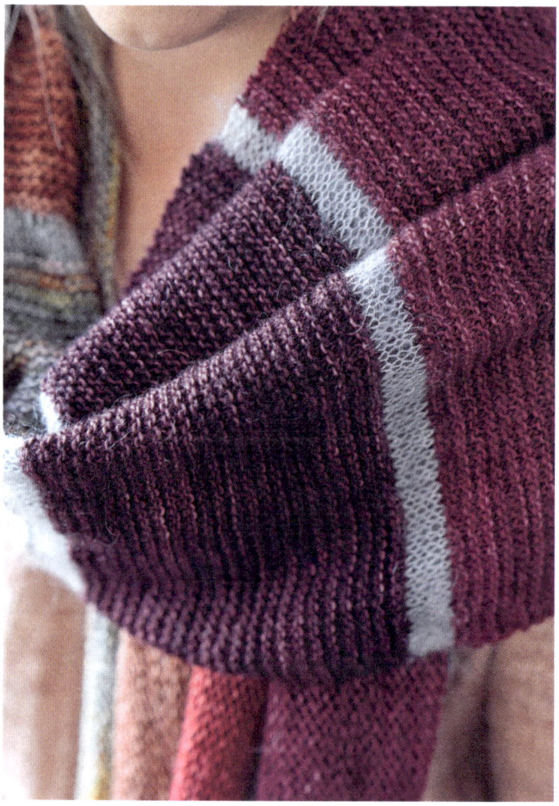

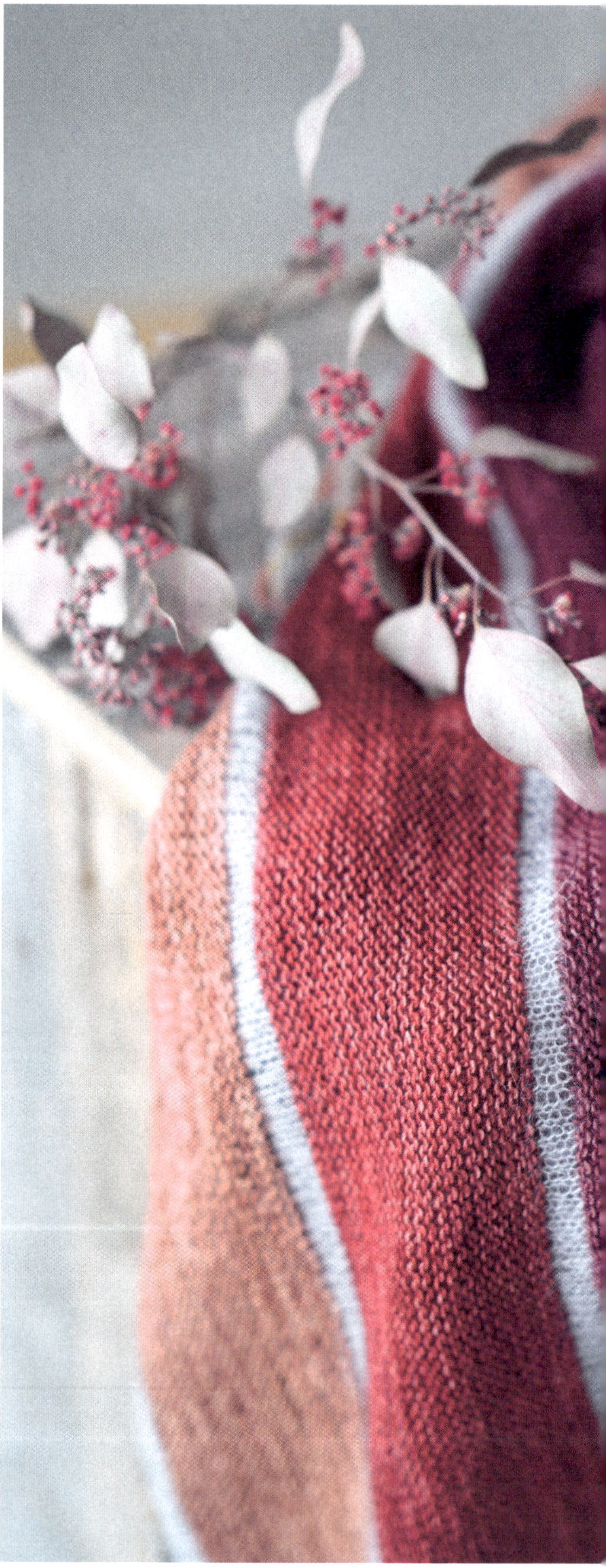

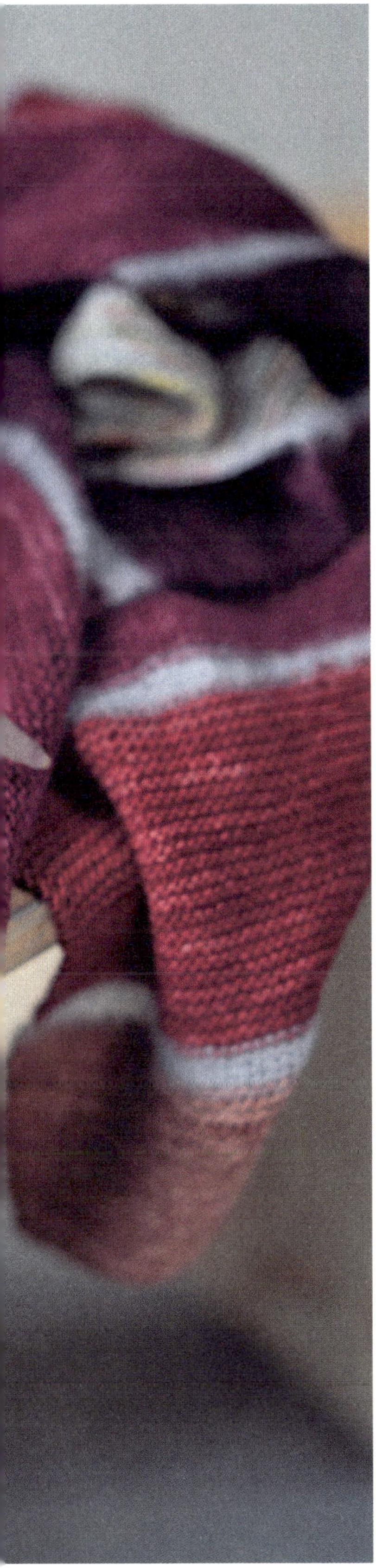

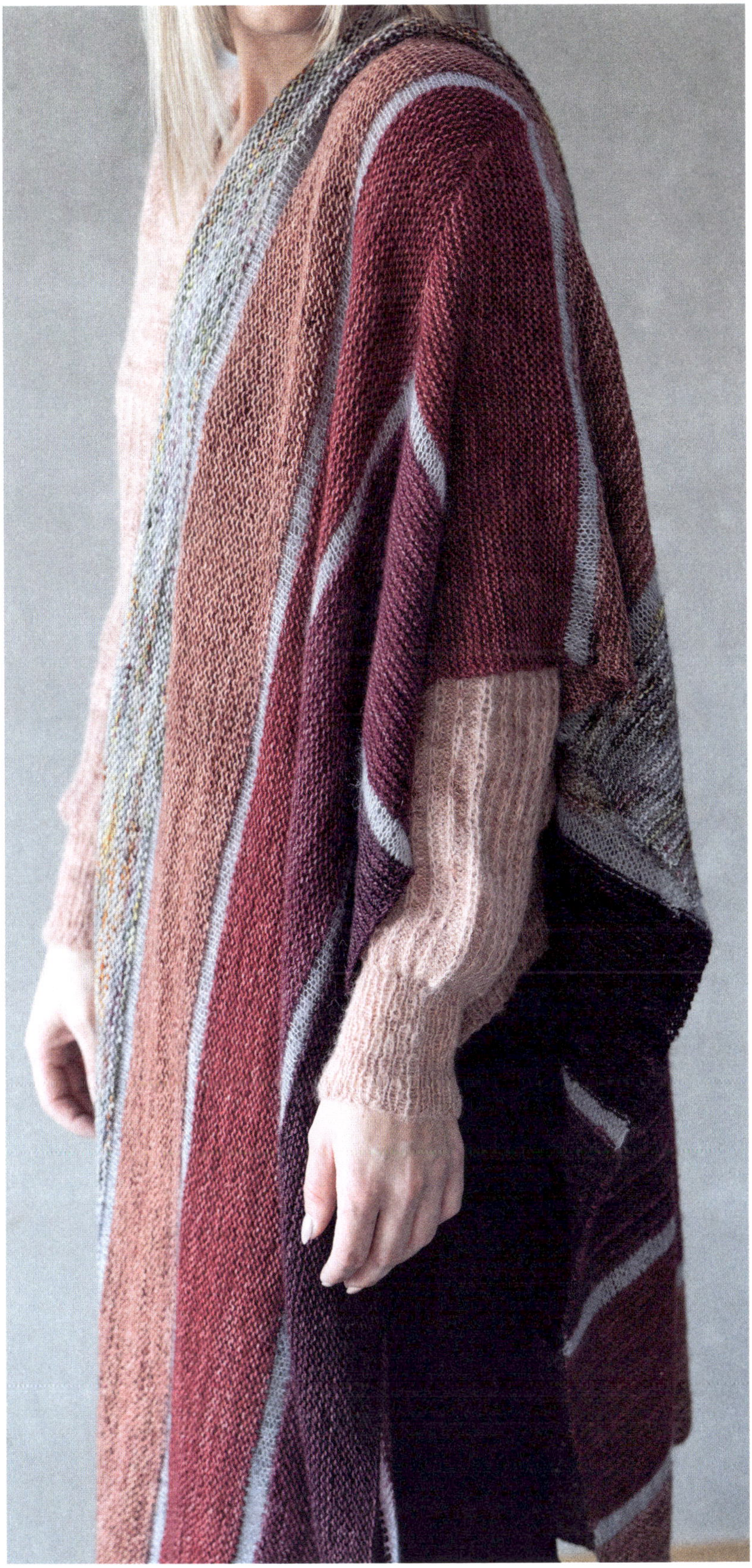

Tuch Trilogie

Schwierigkeit **mittel**

GRÖßE

40 cm x 197 cm

MATERIAL

Locoporella **Merino Singles** (100 % Schurwolle, LL = 365 m/100 g): je 100 g Rosenholz, Natur, Lieblingsjeans und Neue Jeans; Stricknadeln 3,5 mm.

MUSTER

Kraus rechts: In Hin- und Rückreihen rechte M stricken.

Ajourmuster (M-Zahl teilbar durch 9): Nach der Strickschrift arbeiten. Es sind nur die Hinreihen gezeichnet; in den Rückreihen alle M und Umschläge links stricken. Mit der/den M vor dem Rapport beginnen, den gekennzeichneten Rapport von 9 M pro Reihe stets wiederholen und mit der/den M nach dem Rapport enden. Die 1.–16. Reihe stets wiederholen.

Hebemaschenmuster (M-Zahl teilbar durch 14): Nach der Strickschrift arbeiten. Es sind Hin- und Rückreihen gezeichnet. Mit der/den M vor dem Rapport beginnen, den gekennzeichneten Rapport von 14 M pro Reihe stets wiederholen und mit der/den M nach dem Rapport enden. Die 1.–28. Reihe stets wiederholen.

I-Cord-Rand: Die ersten 3 M jeder Reihe rechts stricken und die letzten 3 M jeder Reihe wie zum Linksstricken abheben (Faden vor der Arbeit).

Unsichtbares Fadenmitnehmen am Rand:
Am Reihenanfang der Hinreihe auf der Rückseite der Arbeit den nicht in Arbeit befindlichen Faden über den Arbeitsfaden legen.

MASCHENPROBEN

Hebemaschenmuster: 24 M und 60 Reihen = 10 cm x 10 cm.
Ajourmuster: 24,5 M und 29 Reihen = 10 cm x 10 cm.
Kraus rechts: 23 M und 42 Reihen = 10 cm x 10 cm.
Die Nadelstärke so wählen, dass die angegebene Maschenprobe nach dem Waschen und Trocknen möglichst genau erreicht wird.

SO WIRD'S GEMACHT

132 M mit Nadeln 3,5 mm in Natur anschlagen und die M in der 1. Reihe (= Rückreihe) wie folgt einteilen: 3 M I-Cord-Rand, 126 M rechts, 3 M I-Cord-Rand. Ab der folgenden Reihe (= Hinreihe) wie folgt weiterarbeiten, dabei am rechten Rand in jeder Hinreihe nach dem I-Cord-Rand 1 M aus dem Querfaden rechts verschränkt herausstricken und am linken Rand die 2 M vor dem I-Cord-Rand rechts zusammenstricken bzw. wie in den Strickschriften eingezeichnet arbeiten:

84 Reihen Hebemaschenmuster, dabei 2 Reihen in Neue Jeans und 2 Reihen in Natur im Wechsel stricken, dann 96 Reihen Ajourmuster in Rosenholz, * 2 Reihen kraus rechts in Lieblingsjeans, 2 Reihen kraus rechts in Natur, ab * 10x arbeiten, ** 8 Reihen kraus rechts in Lieblingsjeans, 8 Reihen kraus rechts in Neue Jeans, ab ** 4x arbeiten, *** 8 Reihen kraus rechts in Neue Jeans, 8 Reihen kraus rechtes in Rosenholz, ab *** 4x arbeiten, 84 Reihen Hebemaschenmuster, dabei 2 Reihen in Rosenholz und 2 Reihen in Natur im Wechsel stricken, 96 Reihen Ajourmuster in Lieblingsjeans, ° 2 Reihen kraus rechts in Neue Jeans, 2 Reihen kraus rechts in Lieblingsjeans, ab ° 10x arbeiten, °° 8 Reihen kraus rechts in Rosenholz, 8 Reihen kraus rechts in Natur, ab °° 4x arbeiten. Dann die M abketten.

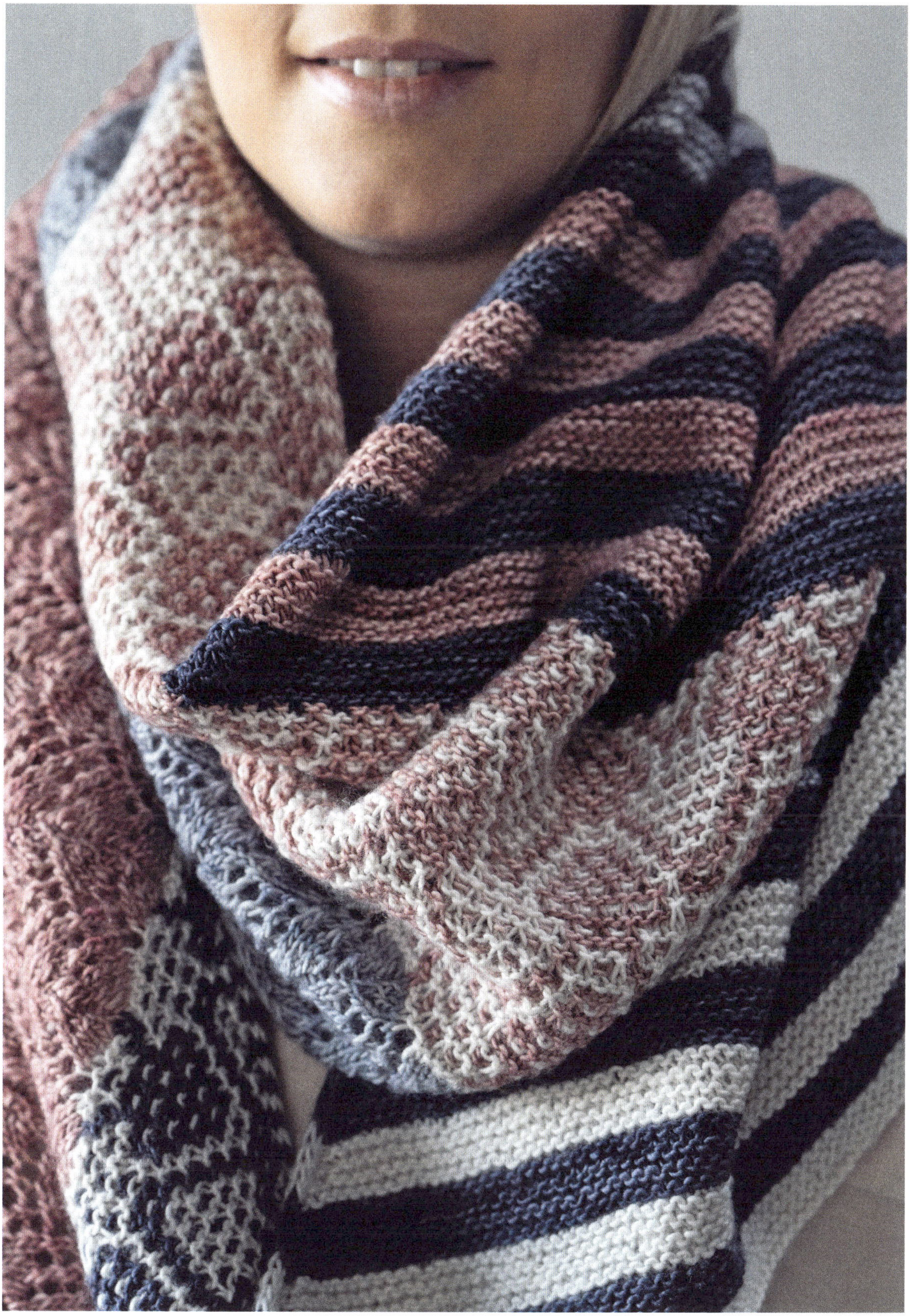

Ajourmuster

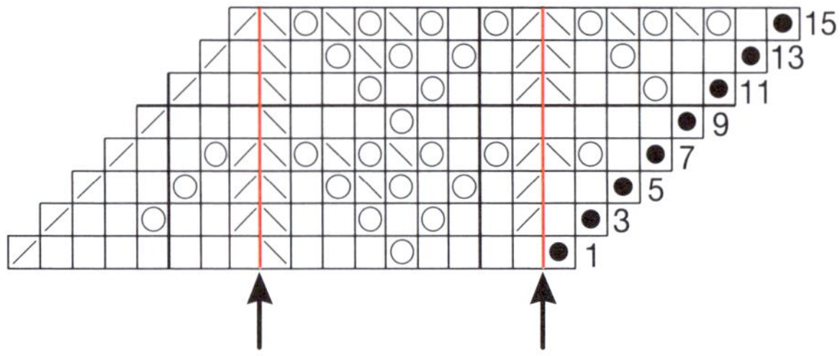

Hebemaschenmuster

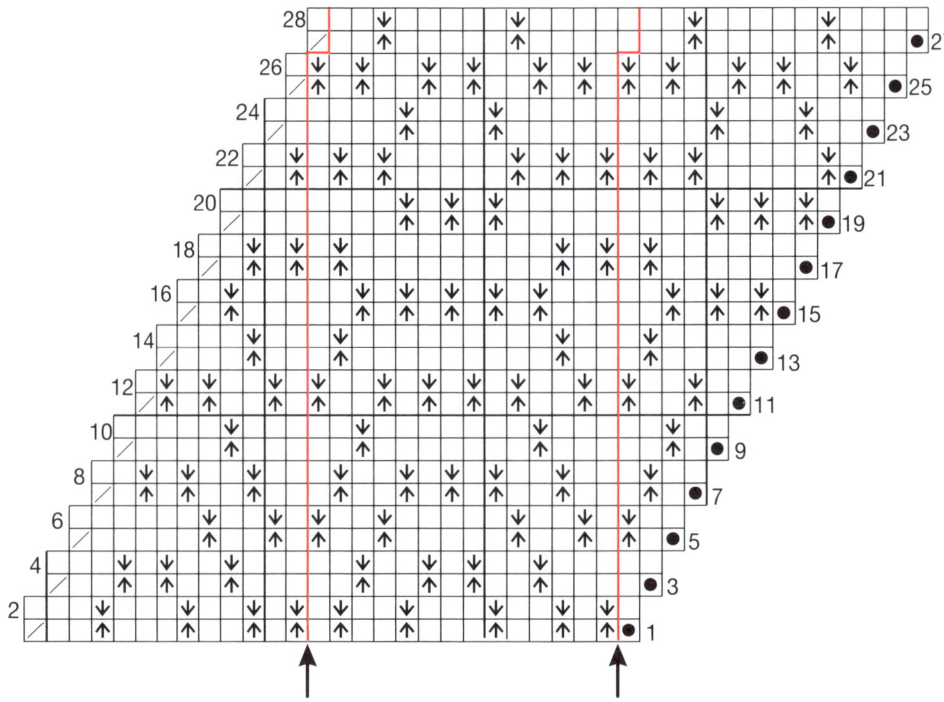

Zeichenerklärung

□ = 1 M rechts

○ = 1 Umschlag

↑ = 1 M wie zum Linksstricken abheben (Faden hinter der Arbeit)

↓ = 1 M wie zum Linksstricken abheben (Faden vor der Arbeit)

● = 1 M aus dem Querfaden rechts verschränkt herausstricken

/ = 2 M rechts zusammenstricken

\ = 2 M rechts überzogen zusammenstricken (= 1 M wie zum Rechtsstricken abheben, 1 M rechts stricken, dann die abgehobene M überziehen)

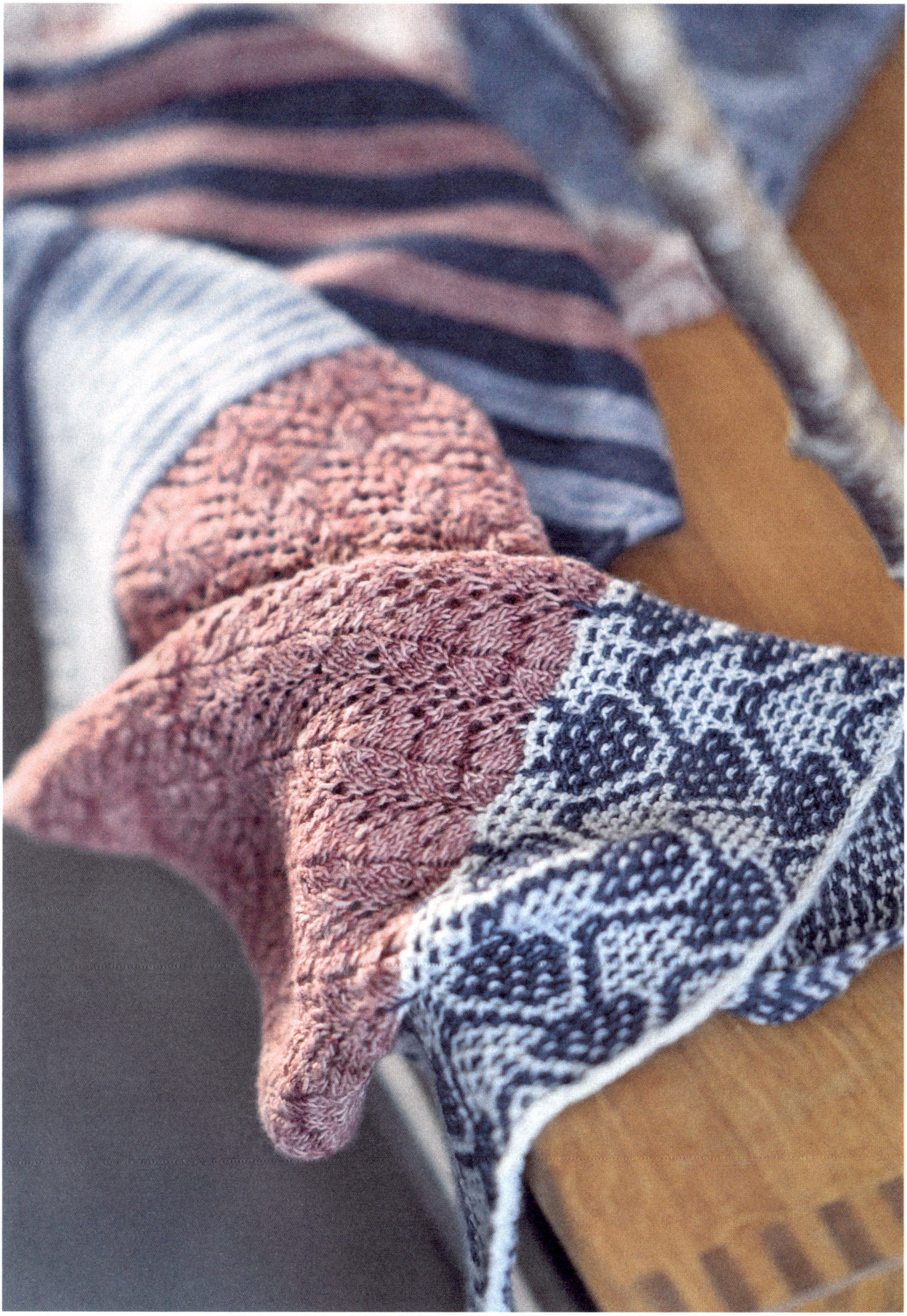

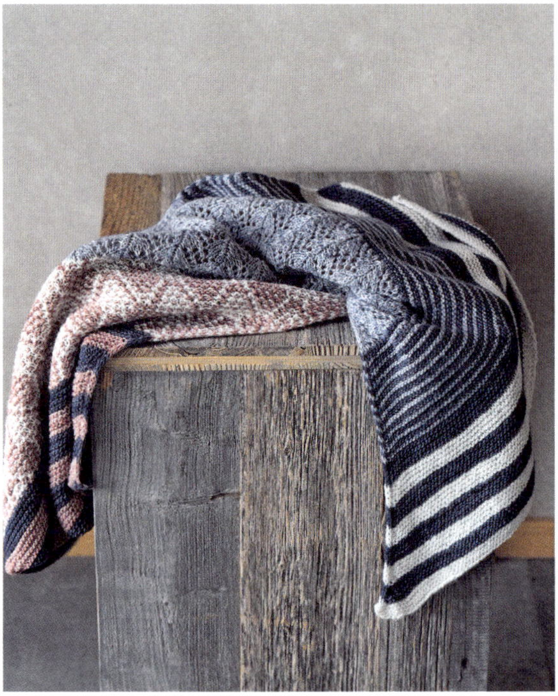

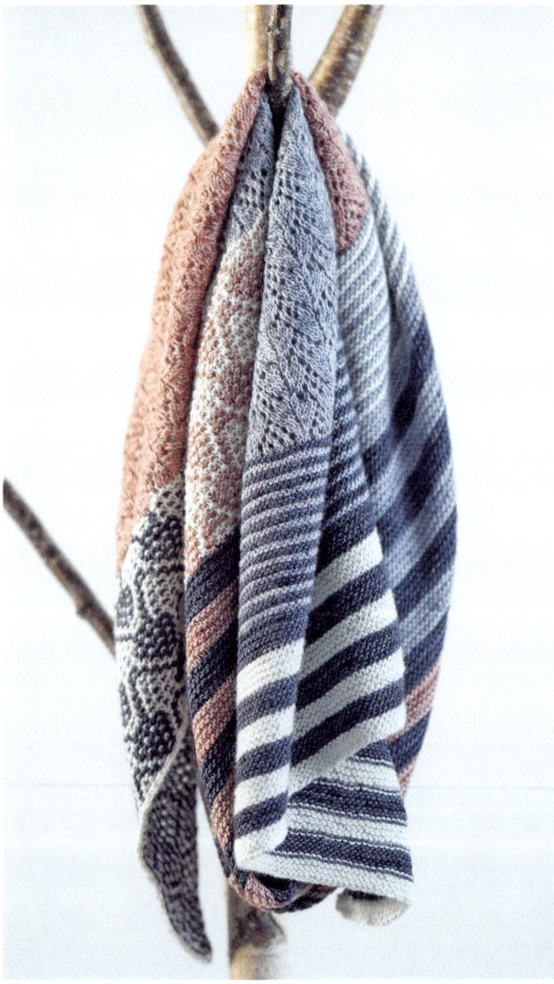

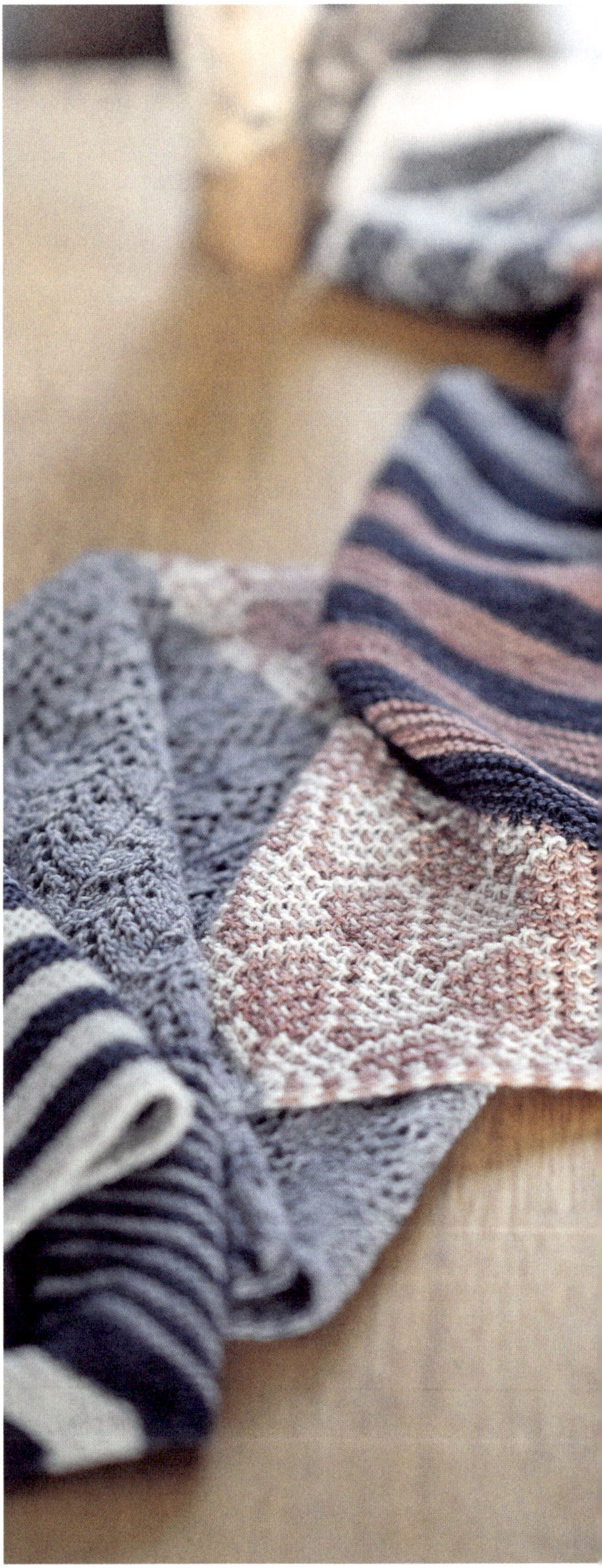

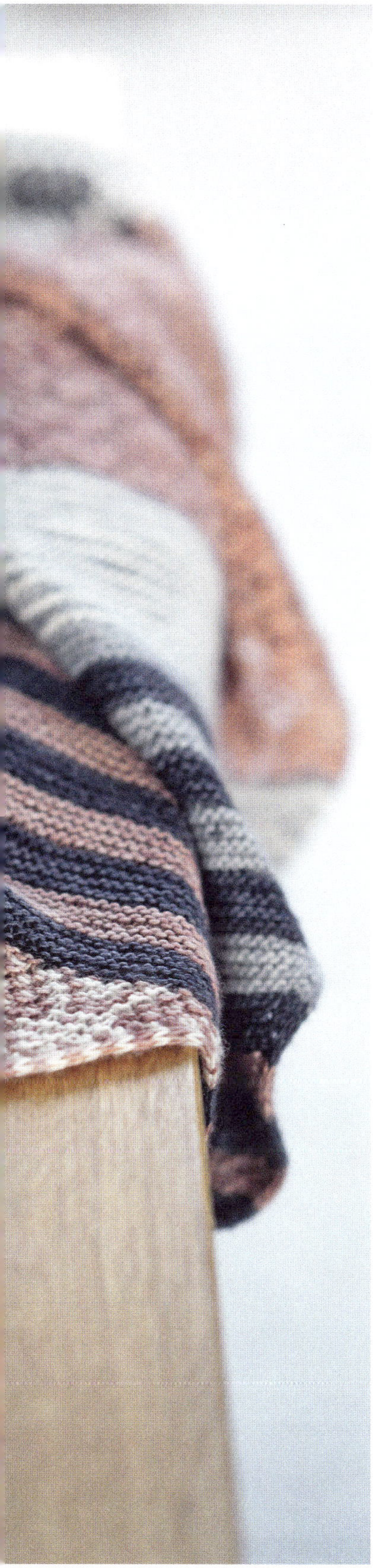

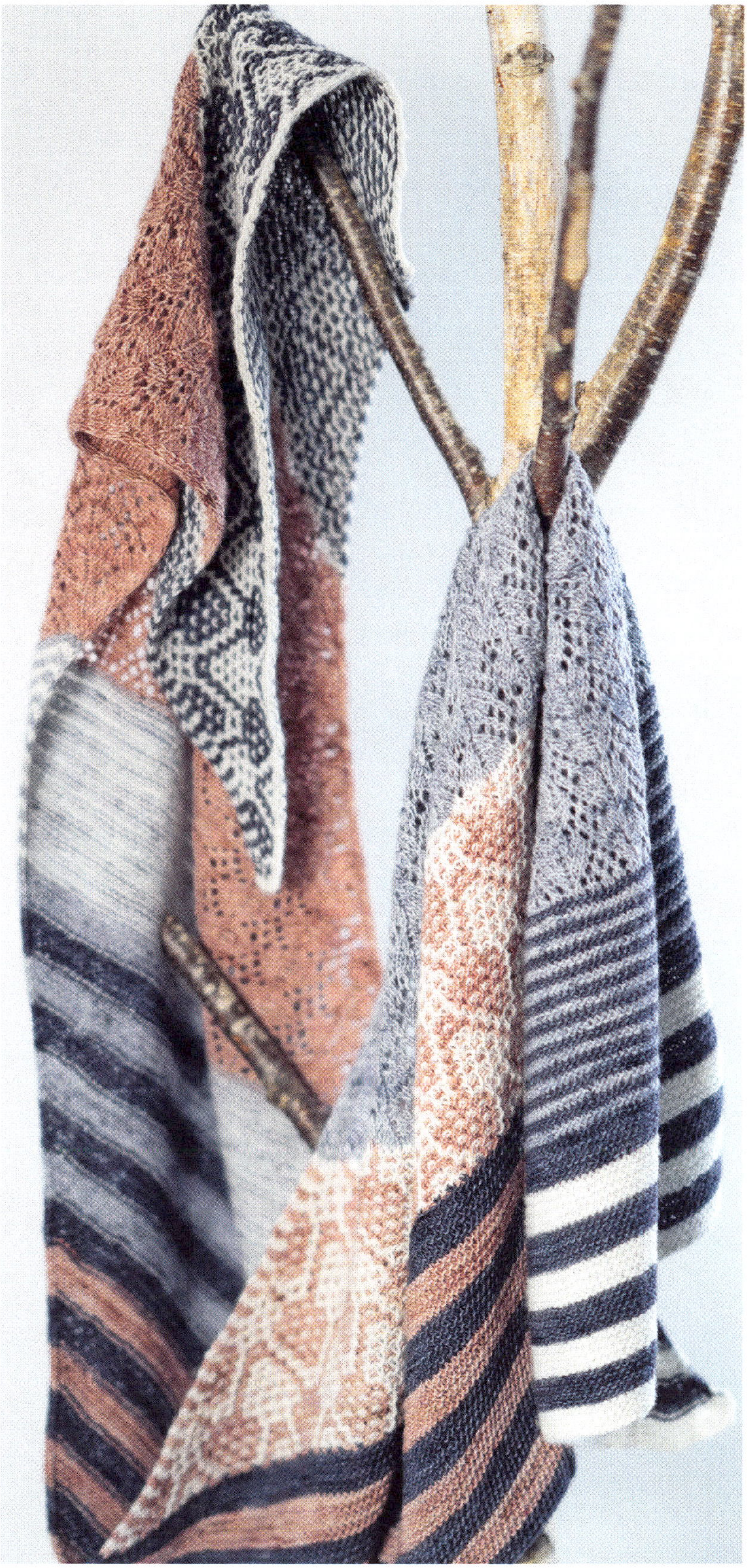

Tuch Lady in Pink

Schwierigkeit **mittel**

GRÖßE

80 cm x 225 cm

MATERIAL

Locoporella **Merino Singles** (100 % Schurwolle, LL = 365 m/100 g): je 100 g Taupe, Fairy Tale, Old Lady, My Fair Lady und My Pink Lady; Stricknadeln 3,5 mm.

MUSTER

Kraus rechts: In Hin- und Rückreihen rechte M stricken.

Glatt rechts: In Hinreihen rechte M, in Rückreihe linke M stricken.

Pfauenmuster A (M-Zahl teilbar durch 23):
1. Reihe (= Hinreihe): * 4x je 2 M rechts zusammenstricken, 7x [1 Umschlag, 1 M rechts], 1 Umschlag, 4x je 2 M rechts überzogen zusammenstricken (= 1 M wie zum Rechtsstricken abheben, 1 M rechts, dann die abgehobene M überziehen), ab * stets wiederholen.
2. Reihe (= Rückreihe): Alle M und Umschläge links stricken.
3.–6. Reihe: Die 1.–2. Reihe noch 2x wiederholen.

Pfauenmuster B (M-Zahl teilbar durch 17):
1. Reihe (= Hinreihe): * 3x je 2 M rechts zusammenstricken, 5x [1 Umschlag, 1 M rechts], 1 Umschlag, 3x je 2 M rechts überzogen zusammenstricken, ab * stets wiederholen.
2. Reihe (= Rückreihe): Alle M und Umschläge links stricken.
3.–6. Reihe: Die 1.–2. Reihe noch 2x wiederholen.

Pfauenmuster C (M-Zahl teilbar durch 11 M):
1. Reihe (= Hinreihe): 2x je 2 M rechts zusammenstricken, 3x [1 Umschlag, 1 M rechts], 1 Umschlag, 2x je 2 M rechts überzogen zusammenstricken, ab * stets wiederholen.
2. Reihe (= Rückreihe): Alle M und Umschläge links stricken.
3.–6. Reihe: Die 1.–2. Reihe noch 2x wiederholen.

I-Cord-Rand: Die ersten 3 M jeder Reihe rechts stricken und die letzten 3 M jeder Reihe wie zum Linksstricken abheben (Faden vor der Arbeit).

Unsichtbares Fadenmitnehmen am Rand:
Am Reihenanfang der Hinreihe auf der Rückseite der Arbeit den nicht in Arbeit befindlichen Faden über den Arbeitsfaden legen.

Musterfolge: * 6 Reihen kraus rechts, 2 Reihen glatt rechts, 6 Reihen Pfauenmuster, ab * stets wiederholen.

MASCHENPROBEN

Musterfolge: 27 M und 56 Reihen = 10 cm x 10 cm.
Kraus rechts: 22 M und 48 Reihen = 10 cm x 10 cm.
Die Nadelstärke so wählen, dass die angegebene Maschenprobe nach dem Waschen und Trocknen möglichst genau erreicht wird.

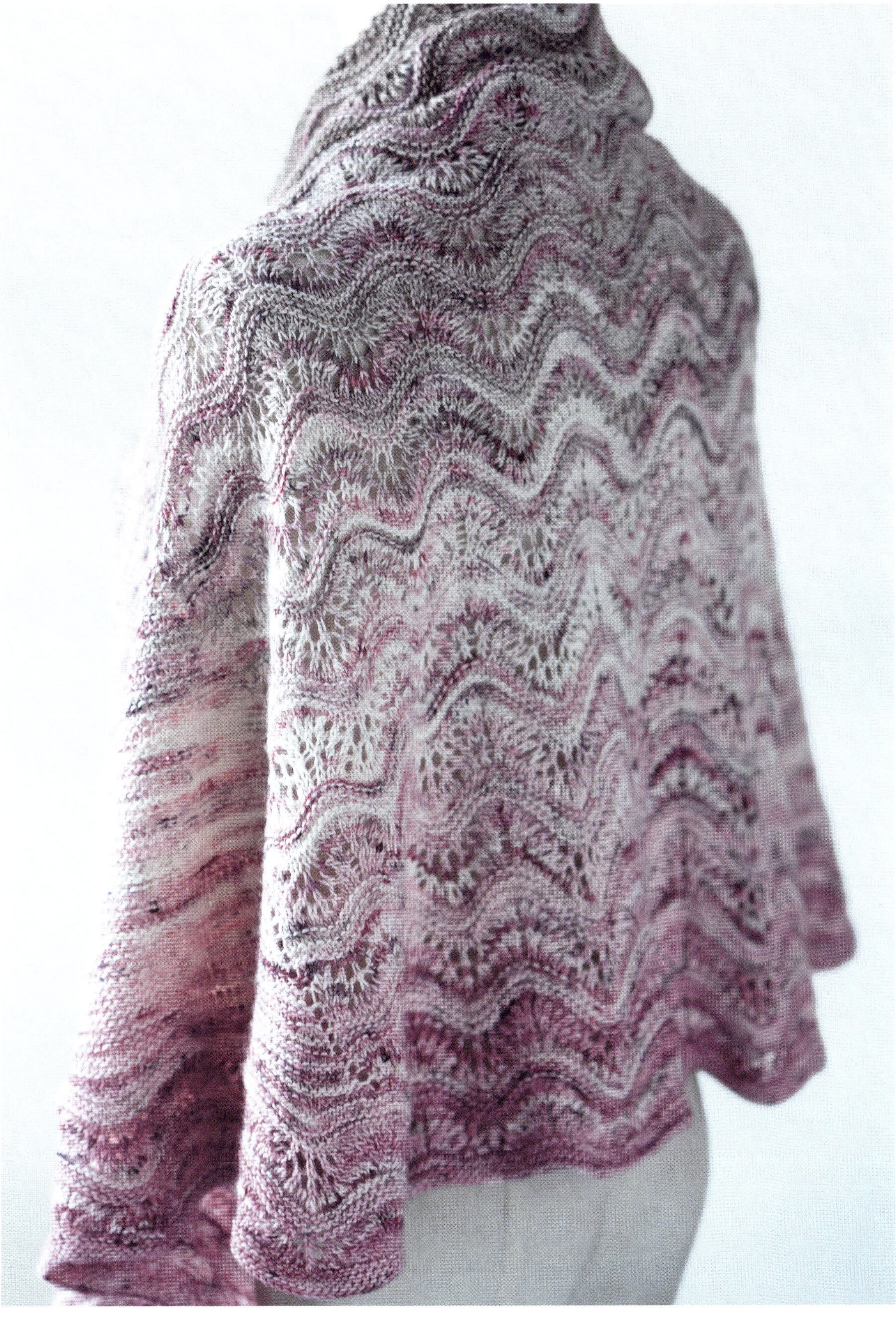

SO WIRD'S GEMACHT

Für den dreiseitigen M-Anschlag 3 M mit Nadeln 3,5 mm in Taupe anschlagen. Für den I-Cord * 3 M rechts stricken, die Arbeit nicht wenden, sondern die M wieder zurück auf die linke Nadel legen, ab * stets wiederholen. Nach der 165. Reihe die Arbeit nicht wenden, sondern um 90° im Uhrzeigersinn drehen. Nun aus dem linken seitlichen Rand aus jeder Randm 1 M auffassen und zusätzlich noch 3 M aus der Anschlagsreihe auffassen (3 M + 163 M + 3 M = 169 M). In der folgenden Rückreihe über alle M rechts mit I-Cord-Rand stricken.

Nun in folgender **Streifenfolge** weiterarbeiten:
58 Reihen in Taupe, 2 Reihen in Fairy Tale, 6 Reihen in Taupe, 4 Reihen in Fairy Tale, 4 Reihen in Taupe,
6 Reihen in Fairy Tale, 2 Reihen in Taupe,
38 Reihen in Fairy Tale, 2 Reihen in Old Lady,
6 Reihen in Fairy Tale, 4 Reihen in Old Lady,
4 Reihen in Fairy Tale, 6 Reihen in Old Lady,
2 Reihen in Fairy Tale, 24 Reihen in Old Lady,
2 Reihen in My Fair Lady, 6 Reihen in Old Lady,
4 Reihen in My Fair Lady, 4 Reihen in Old Lady,
6 Reihen in My Fair Lady, 2 Reihen in Old Lady,
14 Reihen in My Fair Lady, 2 Reihen in My Pink Lady,
6 Reihen in My Fair Lady, 4 Reihen in My Pink Lady,
4 Reihen in My Fair Lady, 6 Reihen in My Pink Lady,
2 Reihen in My Fair Lady (= insgesamt 230 Reihen).
Alle übrigen Reihen in My Pink Lady stricken.

Dabei in der 1. Reihe (= Hinreihe) die M wie folgt einteilen: 3 M I-Cord, 1 Umschlag, 1 M kraus rechts, 1 Umschlag, M-Markierer einfügen, 1 M kraus rechts, 159 M Musterfolge, dabei mit 11 M des Pfauenmusters C beginnen, 2x den Rapport von 17 M des Pfauenmusters B, mittig 3x den Rapport von 23 M des Pfauenmusters A, danach wieder 2x den Rapport von 17 M des Pfauenmusters B und mit 11 M des Pfauenmusters C enden, 1 M kraus rechts, M-Markierer einfügen, 1 Umschlag, 1 M kraus rechts, 1 Umschlag, 3 M I-Cord = 173 M.

Zur Formgebung beidseitig in jeder Hinreihe nach bzw. vor den 3 I-Cord-M je 1 Umschlag arbeiten und gleichzeitig beidseitig der mittleren 161 M zwischen den Markierern je 1 Umschlag arbeiten. Über die zugenommenen M kraus rechts stricken.

Nach 238 Reihen ab Beginn der Streifenfolge (es sind nun 645 M auf der Nadel) zwischen den I-Cord-Rändern über alle M in der Musterfolge stricken, dabei beidseitig der mittleren 159 M gleichmäßig verteilt je 36 M zunehmen = 717 M und dabei die M wie folgt einteilen: 3 M I-Cord, 12x den Rapport von 23 M des Pfauenmusters A, 11 M des Pfauenmusters C, 2x den Rapport von 17 M des Pfauenmusters B, 3x den Rapport von 23 M des Pfauenmusters A, 2x den Rapport von 17 M des Pfauenmusters B, 11 M des Pfauenmusters C, 12x den Rapport von 23 M des Pfauenmusters A, 3 M I-Cord.

Nach 272 Reihen ab Beginn der Streifenfolge alle M elastisch abketten, dafür 2 M rechts stricken, beide M wieder auf die linke Nadel zurücklegen (die rechte Nadel bleibt ebenfalls in den M), beide M verschränkt abstricken, * 1 M rechts, beide M der rechten Nadel wieder zurück auf die linke Nadel schieben (beide Nadeln sind in den M), beide M verschränkt abstricken, ab * stets wiederholen.

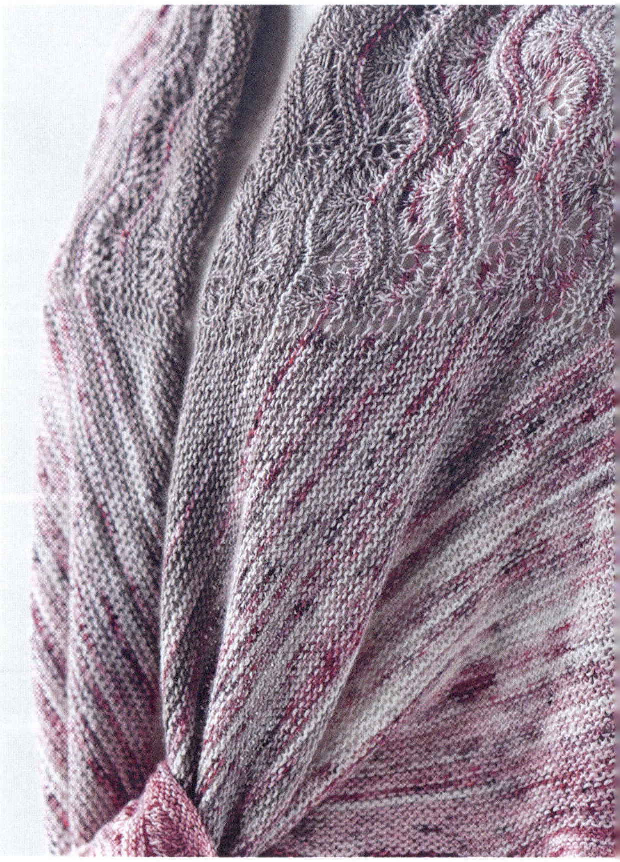

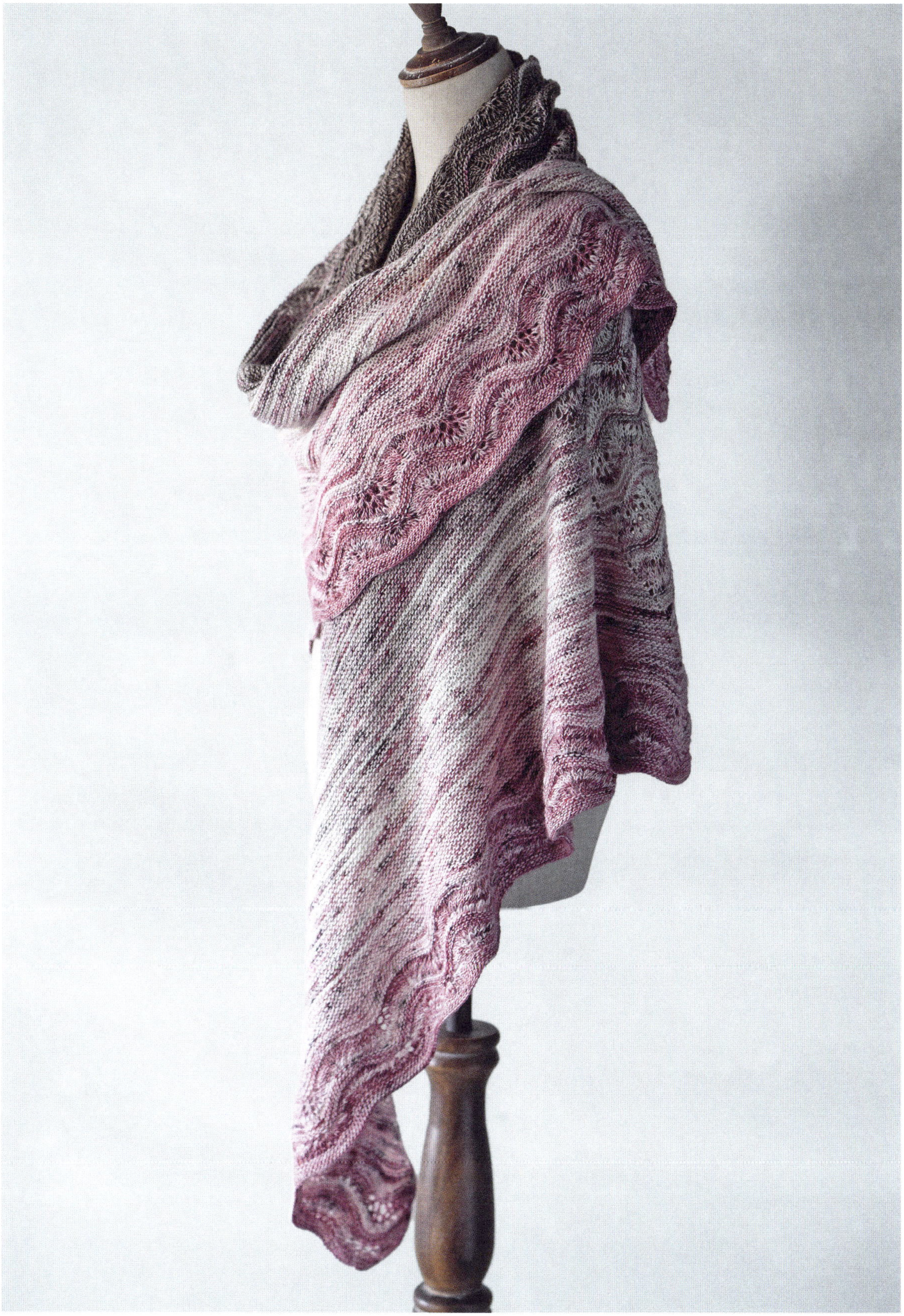

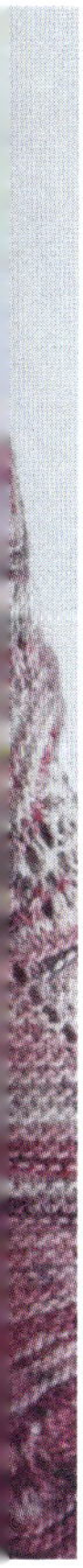

Tuch Schattenspiel

Schwierigkeit **mittel**

GRÖẞE

79 cm x 188 cm

MATERIAL

Locoporella **Merino 4ply Set** (100 % Schurwolle, LL = 200 m/50 g): 300 g Shades of Grey (Set aus 6 Farben zu je 50 g) und **Merino 4ply** (100 % Schurwolle, LL = 400 m/100 g): 100 g Natur; Stricknadeln 3,5 mm.

MUSTER

Glatt rechts: In Hinreihen rechte M, in Rückreihen linke M stricken.

Kraus rechts: In Hin- und Rückreihen rechte M stricken.

Betonte Zunahmen in Hinreihen: Am rechten Rand: 3 M kraus rechts, 1 M aus dem Querfaden rechts verschränkt herausstricken. Am linken Rand: Mustergemäß bis zu den letzten 3 M stricken, 1 M aus dem Querfaden rechts verschränkt herausstricken, 3 M kraus rechts.

MASCHENPROBE

Muster- und Streifenfolge: 25 M und 32,5 Reihen = 10 cm x 10 cm

Die Nadelstärke so wählen, dass die angegebene Maschenprobe nach dem Waschen und Trocknen möglichst genau erreicht wird.

SO WIRD'S GEMACHT

Für den dreiseitigen M-Anschlag 3 M mit Nadeln 3,5 mm in Silber anschlagen und 2 Reihen kraus rechts stricken. Nach der 2. Reihe (= Hinreihe) die Arbeit nicht wenden, sondern um 90° im Uhrzeigersinn drehen. Nun aus dem linken seitlichen Rand aus der Randm 1 M auffassen und zusätzlich noch 3 M aus der Anschlagsreihe auffassen (3 M + 1 M + 3 M = 7 M). In der folgenden Rückreihe wie folgt stricken: 3 M rechts, 1 M links, 3 M rechts.

In der 1. Hinreihe die M wie folgt einteilen und in Silber (= Beginn der Muster- und Streifenfolge) arbeiten: 3 M kraus rechts, 1 M aus dem Querfaden rechts verschränkt herausstricken, 1 M Muster- und Streifenfolge (= Mittel-M), 1 M aus dem Querfaden rechts verschränkt herausstricken, 3 M kraus rechts = 9 M. Die Mittel-M markieren. Über den zugenommenen M in der Muster- und Streifenfolge stricken. In der folgenden Rückreihe nach den ersten 3 kraus rechten M und vor den letzten 3 kraus rechten M je 1 M links verschränkt aus dem Querfaden herausstricken = 11 M.

Nun zwischen den je 3 kraus rechten M weiter in der **Muster- und Streifenfolge** arbeiten: * 8 Reihen glatt rechts in Silber (die ersten 2 Reihen wurden in den ersten 2 Reihen bereits gestrickt), 2 Reihen kraus rechts in Natur, ab * 7x arbeiten, ** 8 Reihen glatt rechts in Hellgrau, 2 Reihen kraus rechts in Natur, ab ** 4x arbeiten, *** 8 Reihen glatt rechts in Mittelgrau, 2 Reihen kraus rechts in Natur, ab *** 3x arbeiten, ° 8 Reihen glatt rechts in Grau, 2 Reihen kraus rechts in Natur, ab ° 2x arbeiten, °° 8 Reihen glatt rechts in Anthrazit, 2 Reihen kraus rechts in Natur, ab °° 2x arbeiten, 20 Reihen kraus rechts, dabei °°° 8 Reihen in Schwarz, 2 Reihen in Natur, ab °°° 2x arbeiten = 200 Reihen.

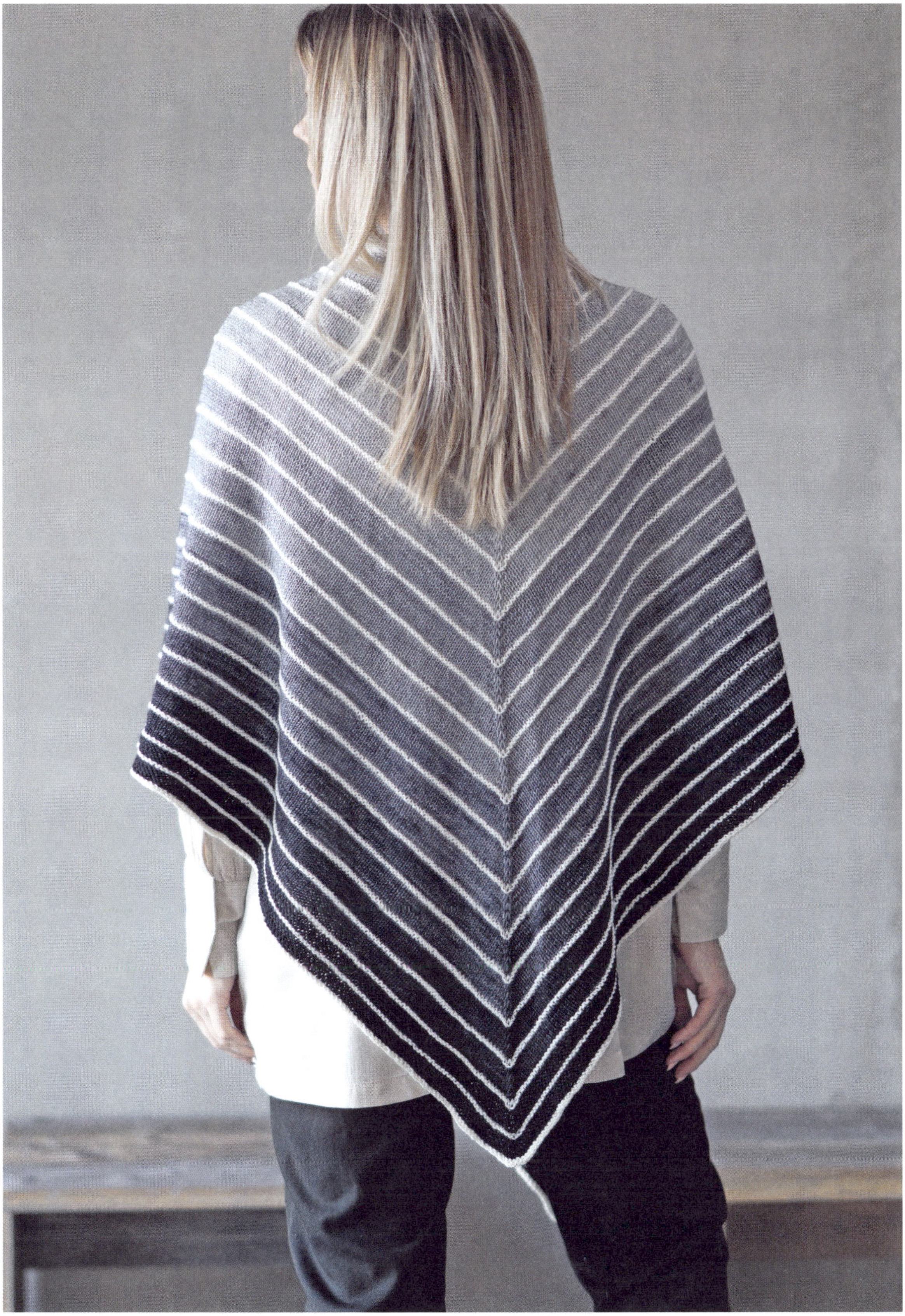

Gleichzeitig in jeder Hinreihe nach den ersten 3 kraus rechten M und vor den letzten 3 kraus rechten M je 1 M und beidseitig der Mittel-M je 1 M aus dem Querfaden rechts verschränkt herausstricken. Und in jeder Rückreihe nach den ersten 3 kraus rechten M und vor den letzten 3 kraus rechten M je 1 M mustergemäß verschränkt aus dem Querfaden herausstricken = 407 M.

Nach der Muster- bzw. Streifenfolge alle M elastisch abketten, dafür 2 M rechts stricken, beide M wieder auf die linke Nadel zurücklegen (die rechte Nadel bleibt ebenfalls in den M), beide M verschränkt abstricken, * 1 M rechts, beide M der rechten Nadel wieder zurück auf die linke Nadel schieben (beide Nadeln sind in den M), beide M verschränkt abstricken, ab * stets wiederholen.

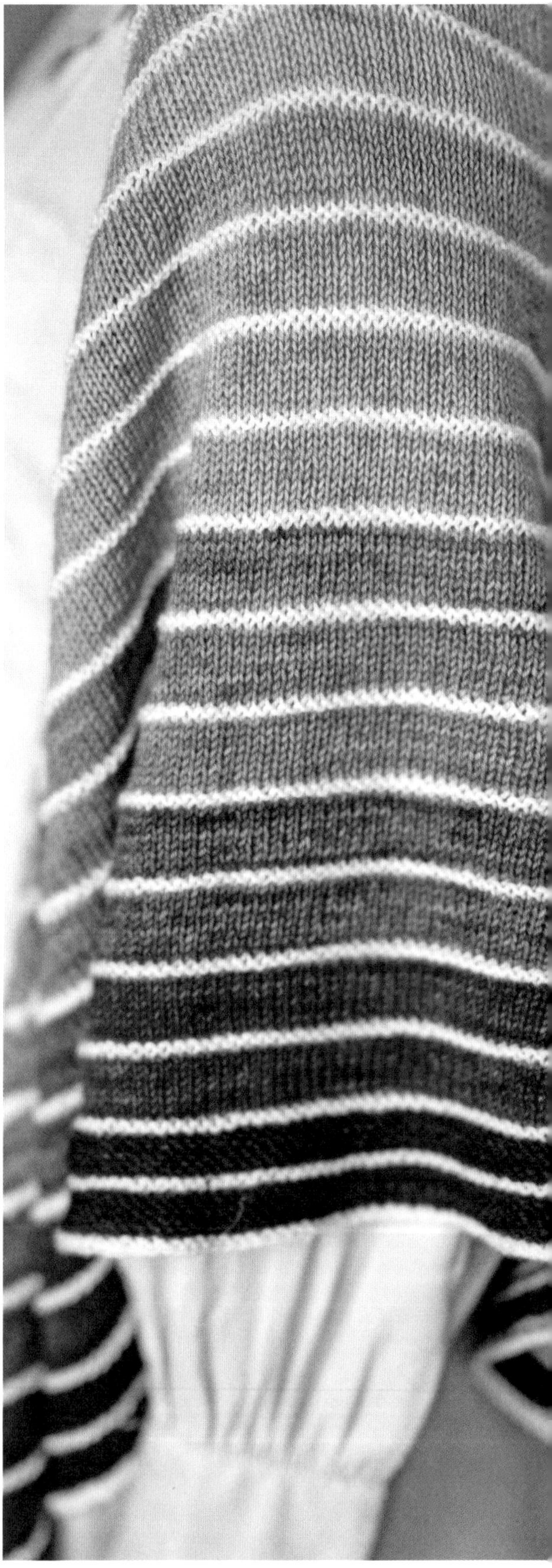

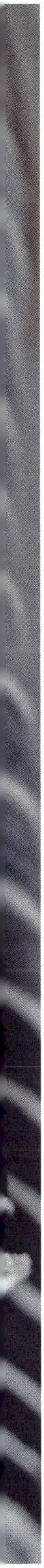

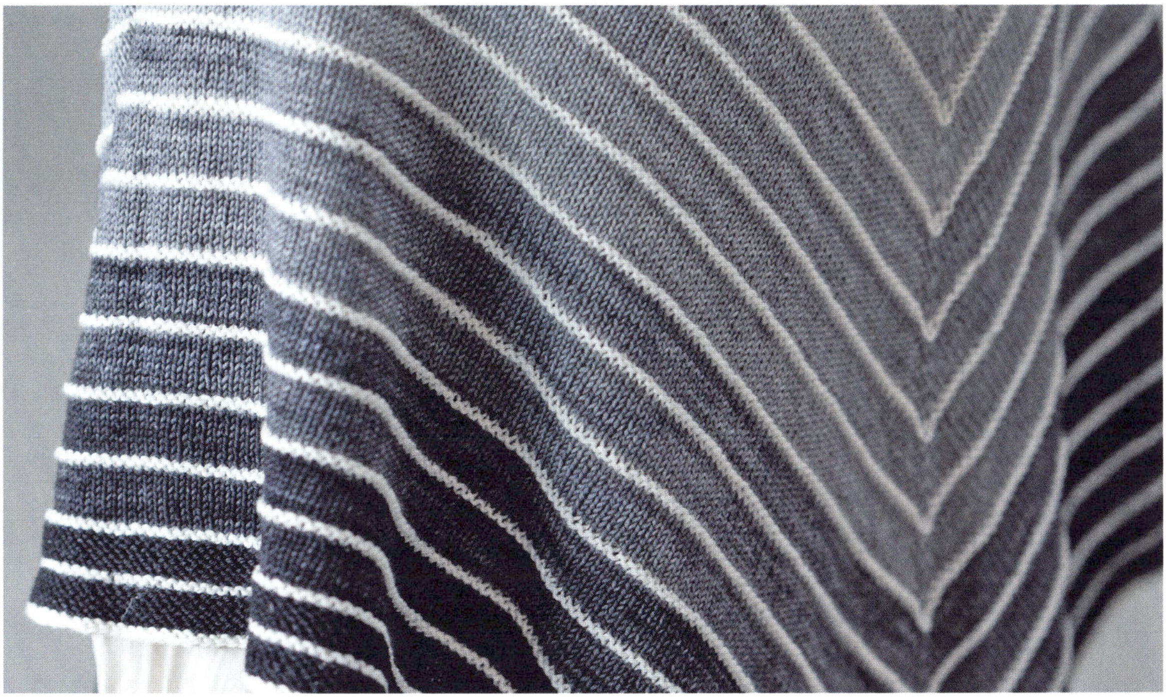

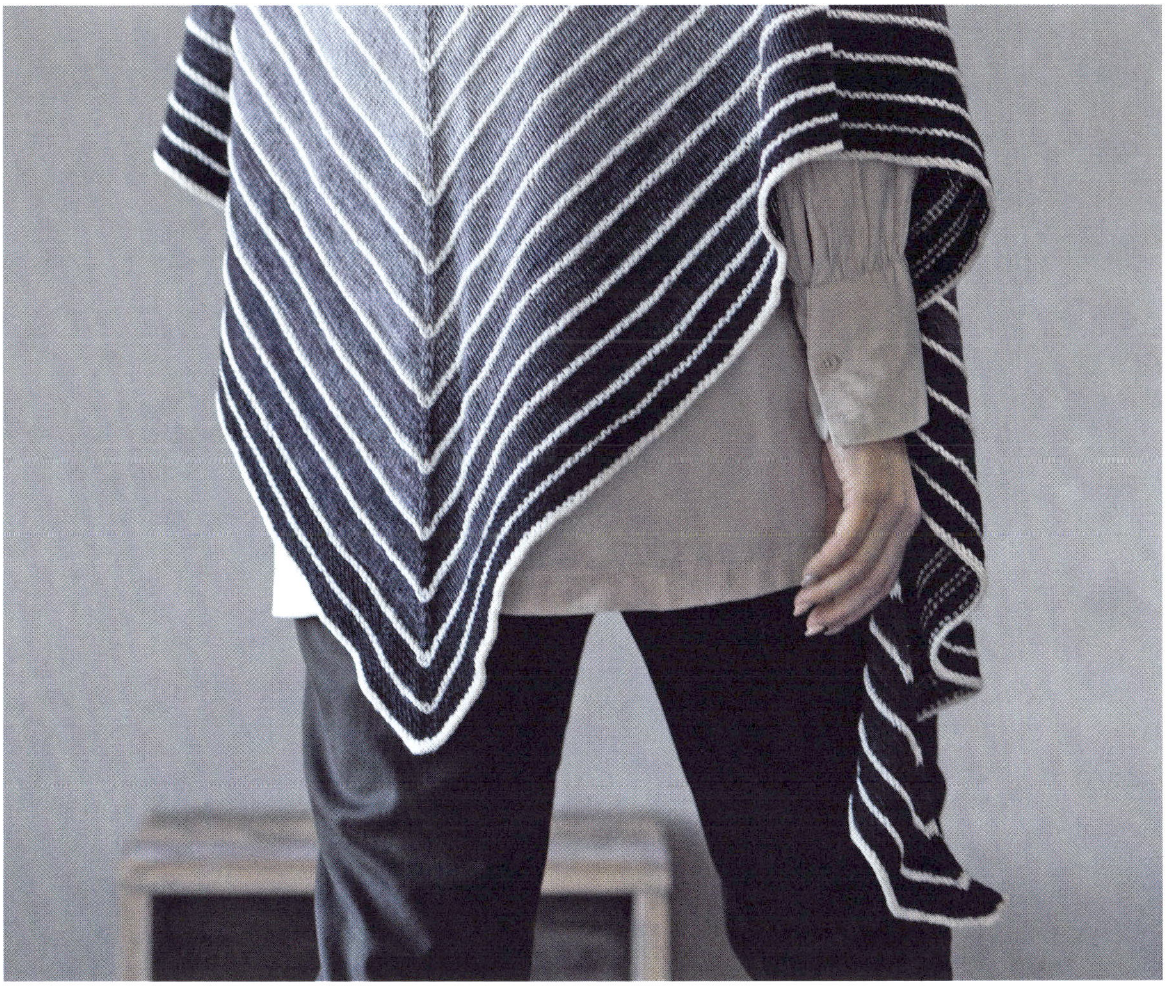

Tuch Wüstenblume

Schwierigkeit **mittel**

GRÖßE

42 cm x 202 cm

MATERIAL

Locoporella **Merino Singles** (100 % Schurwolle, LL = 365 m/100 g): 200 g Desert Flower und **Suri Silk Cloud** (74 % Alpaka, 26 % Seide, LL = 300 m/50 g): 100 g Purple Vibes; Stricknadeln 5 mm.

MUSTER

Muster mit tiefgestochenen M (M-Zahl teilbar durch 6 + 1): Nach der Strickschrift arbeiten. Es sind nur die Hinreihen gezeichnet; in den Rückreihen die M stricken, wie sie erscheinen. Mit den 3 M vor dem Rapport beginnen, den gekennzeichneten Rapport von 6 M pro Reihe stets wiederholen und mit den 4 M nach dem Rapport enden. Die 1.–16. Reihe stets wiederholen.

I-Cord-Rand: Die ersten 3 M jeder Reihe rechts stricken und die letzten 3 M jeder Reihe wie zum Linksstricken abheben (Faden vor der Arbeit).

Unsichtbares Fadenmitnehmen am Rand:
Am Reihenanfang der Hinreihe auf der Rückseite der Arbeit den nicht in Arbeit befindlichen Faden über den Arbeitsfaden legen.

MASCHENPROBE

Muster mit tiefgestochenen M: 15 M und 34 Reihen = 10 cm x 10 cm.
Die Nadelstärke so wählen, dass die angegebene Maschenprobe nach dem Waschen und Trocknen möglichst genau erreicht wird.

SO WIRD'S GEMACHT

73 M mit Nadeln 5 mm in Desert Flower anschlagen und in der 1. Reihe (= Rückreihe) die M wie folgt einteilen: 3 M I-Cord-Rand, 67 M links, 3 M I-Cord-Rand. Ab der folgenden Reihe (= Hinreihe) in der folgenden **Streifenfolge** weiterarbeiten, dabei über die mittleren 67 M das Muster mit tiefgestochenen M stricken: * 4 Reihen Purple Vibes, 4 Reihen Desert Flower, ab * stets wiederholen. Nach ca. 202 cm und nach 1 Reihe in Desert Flower die M rechts abketten.

Alternativ: Bei einem Verbrauch von nur einem Strang pro Qualität ergibt sich eine Stola von ca. 150 cm Länge.

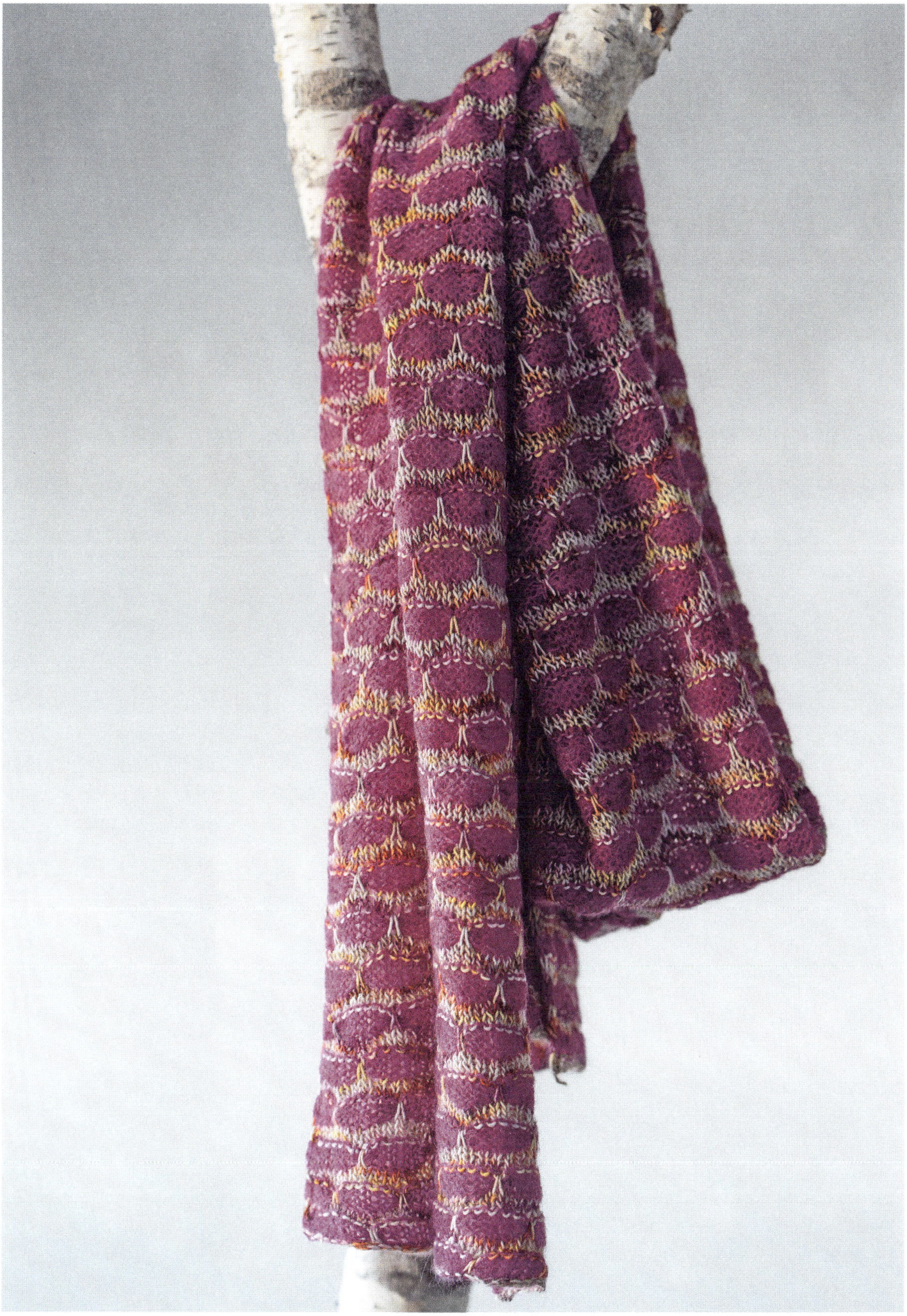

Strickschrift

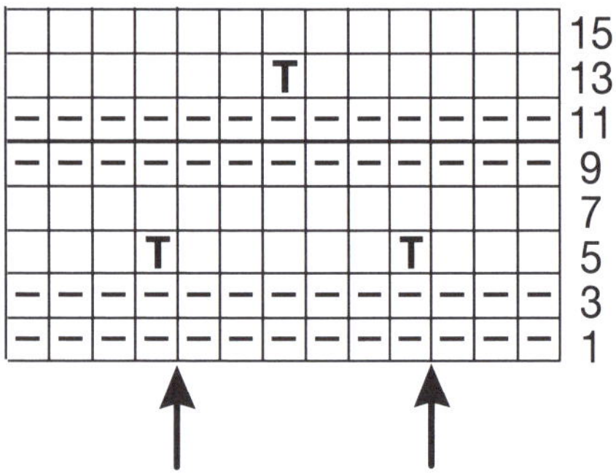

Zeichenerklärung

☐ = 1 M glatt rechts (in Hinreihen rechts, in Rückreihen links stricken)

⊟ = 1 M glatt links (in Hinreihen links, in Rückreihen rechts stricken)

[T] = 1 tiefgestochene M (= in die M 5 Reihen tiefer einstechen und diese M rechts stricken, die M der 4 übersprungenen Reihen lösen sich auf; in der Rückreihe diese M links stricken)

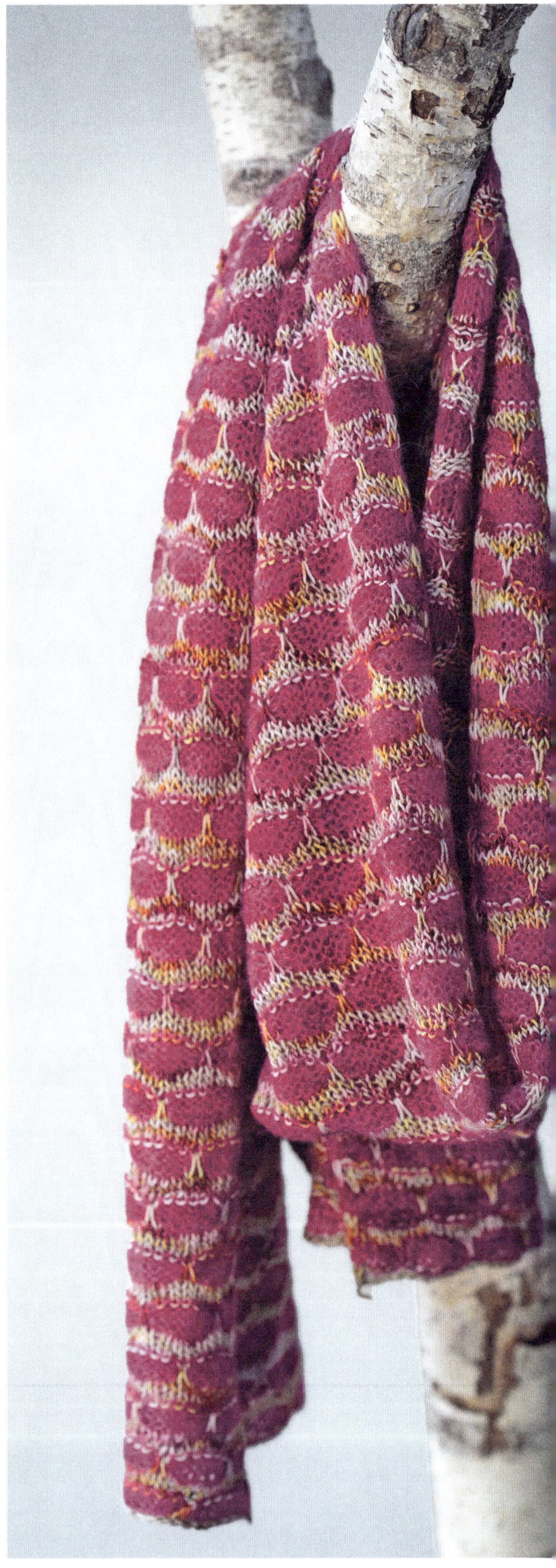

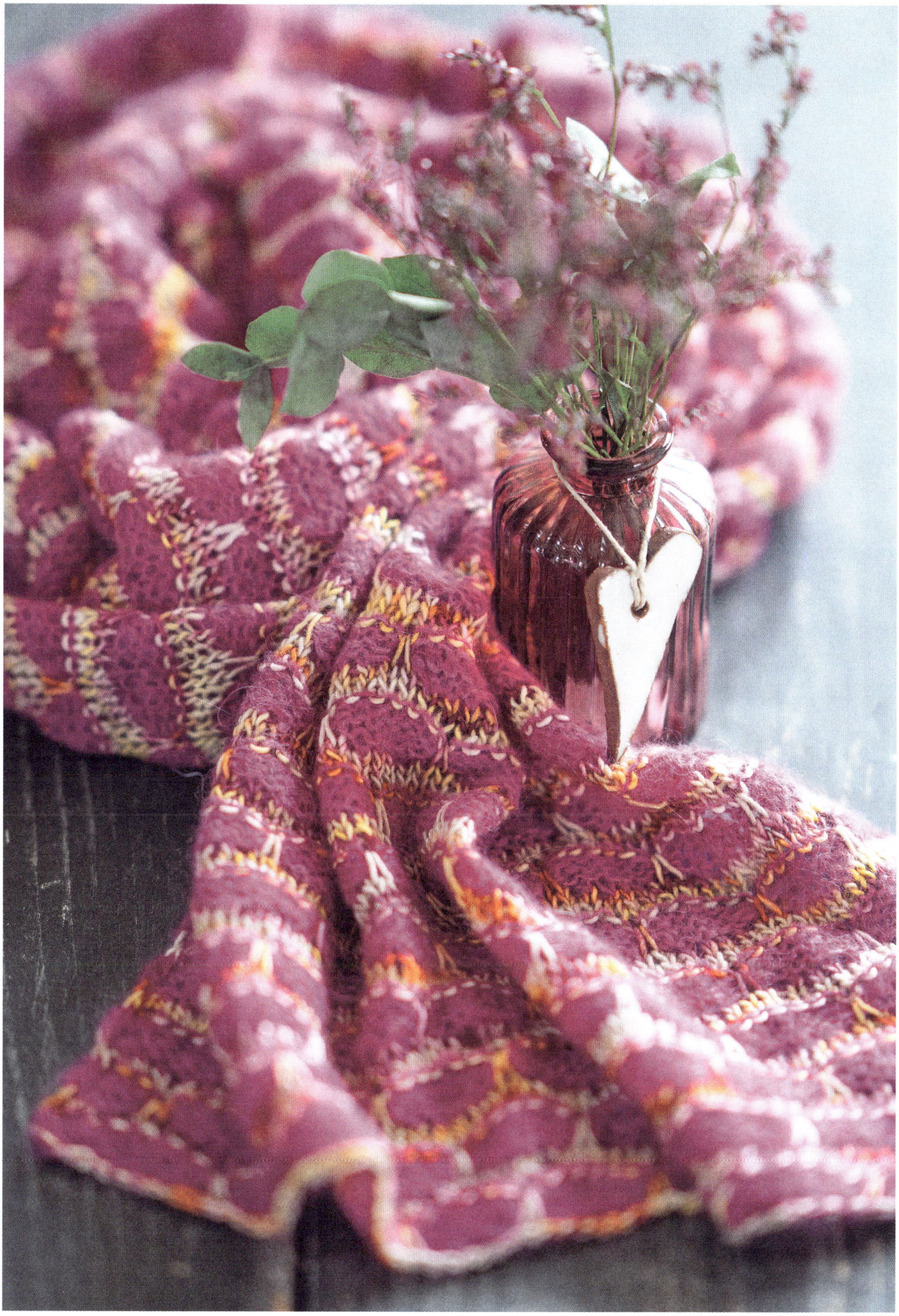

Dreiecktuch Labyrinth

Schwierigkeit **einfach/mittel**

GRÖẞE

85 cm x 180 cm

MATERIAL

Locoporella **Pamir** (80 % Schurwolle, 20 % Kaschmir, LL = 400 m/100 g): je 200 g Natur und Tinte; Stricknadeln 3,5 mm.

MUSTER

Kraus rechts: In Hin- und Rückreihen rechte M stricken.

Hebemaschenmuster (M-Zahl teilbar durch 14): Nach der Strickschrift arbeiten. Es sind nur die Hinreihen gezeichnet; in den Rückreihen die M rechts stricken und die abgehobenen M ebenfalls abheben (Faden vor der Arbeit). Mit den M vor dem Rapport beginnen, den gekennzeichneten Rapport von 10 M pro Reihe stets wiederholen. 1x die 1.–56. Reihe, dann 1x die 29.–56. Reihe arbeiten, dabei den gekennzeichneten Rapport 2x arbeiten und danach die 29.–56. Reihe stets wiederholen, dabei den gekennzeichneten Rapport von 10 M 3x arbeiten.

I-Cord-Rand: Die ersten 3 M jeder Reihe rechts stricken und die letzten 3 M jeder Reihe wie zum Linksstricken abheben (Faden vor der Arbeit).

Unsichtbares Fadenmitnehmen am Rand:
Am Reihenanfang einer Hinreihe auf der Rückseite der Arbeit den nicht in Arbeit befindlichen Faden über den Arbeitsfaden legen.

MASCHENPROBEN

Kraus rechts: 21 M und 48 Reihen = 10 cm x 10 cm.
Hebemaschenmuster: 30,5 M = 10 cm.
Die Nadelstärke so wählen, dass die angegebene Maschenprobe nach dem Waschen und Trocknen möglichst genau erreicht wird.

SO WIRD'S GEMACHT

7 M mit Nadeln 3,5 mm in Natur anschlagen und die M wie folgt einteilen: 3 M I-Cord-Rand, 1 M rechts, 3 M I-Cord-Rand. Ab der folgenden Reihe (= Hinreihe) in der **Streifenfolge** (= stets 2 Reihen Tinte und 2 Reihen Natur im Wechsel) weiterarbeiten, dabei gleichzeitig über die mittlere(n) M das Hebemaschenmuster stricken und in jeder Hinreihe am rechten Rand 1 M betont zunehmen, dafür nach den 3 M des I-Cord-Rands jeweils 1 M aus dem Querfaden rechts verschränkt herausstricken.

Ab der 86. Reihe alle weiteren zugenommenen M kraus rechts in der Streifenfolge, alle übrigen M weiterhin im Hebemaschenmuster mit je 3 M I-Cord-Rand stricken.

Ab der 534. Reihe oder nach ca. der Hälfte des zweiten Strangs pro Farbe für die Borte über alle M im Hebemaschenmuster stricken, dabei den gekennzeichneten Rapport von 14 M stets wiederholen.

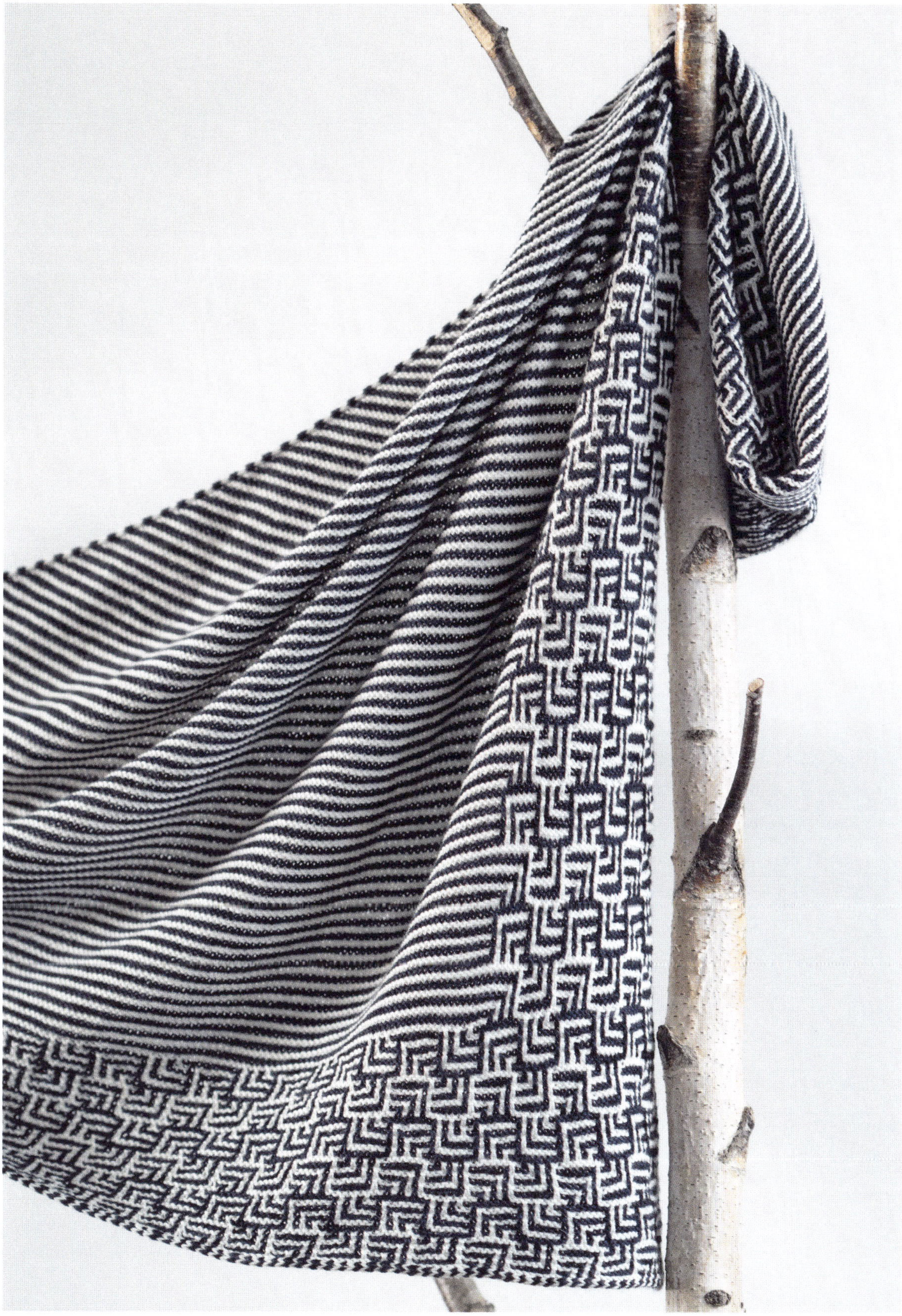

Nach weiteren 84 Reihen alle M als zweifarbigen I-Cord wie folgt abketten: * In Tinte: 2 M rechts stricken, 2 M rechts überzogen zusammenstricken (= 1 M wie zum Rechtsstricken abheben, 1 M rechts stricken, dann die abgehobene M überziehen), die Arbeit nicht wenden, sondern die M wieder auf die linke Nadel legen; in Natur: 2 M rechts stricken, 2 M rechts überzogen zusammenstricken, die Arbeit nicht wenden, sondern die M wieder auf die linke Nadel legen; ab * so oft wiederholen, bis insgesamt nur noch 6 M übrig sind. Die 3 M der rechten Nadel mit den 3 M der linken Nadel im Maschenstich verbinden.

Strickschrift

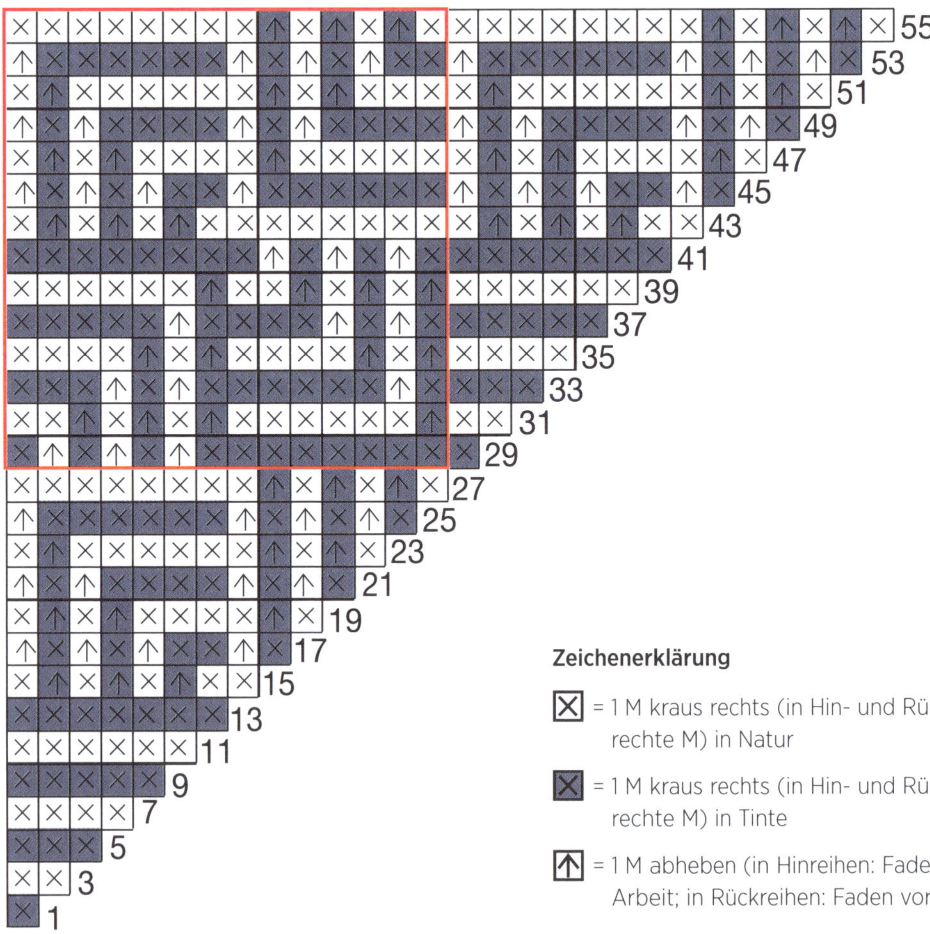

Zeichenerklärung

= 1 M kraus rechts (in Hin- und Rückreihen rechte M) in Natur

= 1 M kraus rechts (in Hin- und Rückreihen rechte M) in Tinte

= 1 M abheben (in Hinreihen: Faden hinter der Arbeit; in Rückreihen: Faden vor der Arbeit)

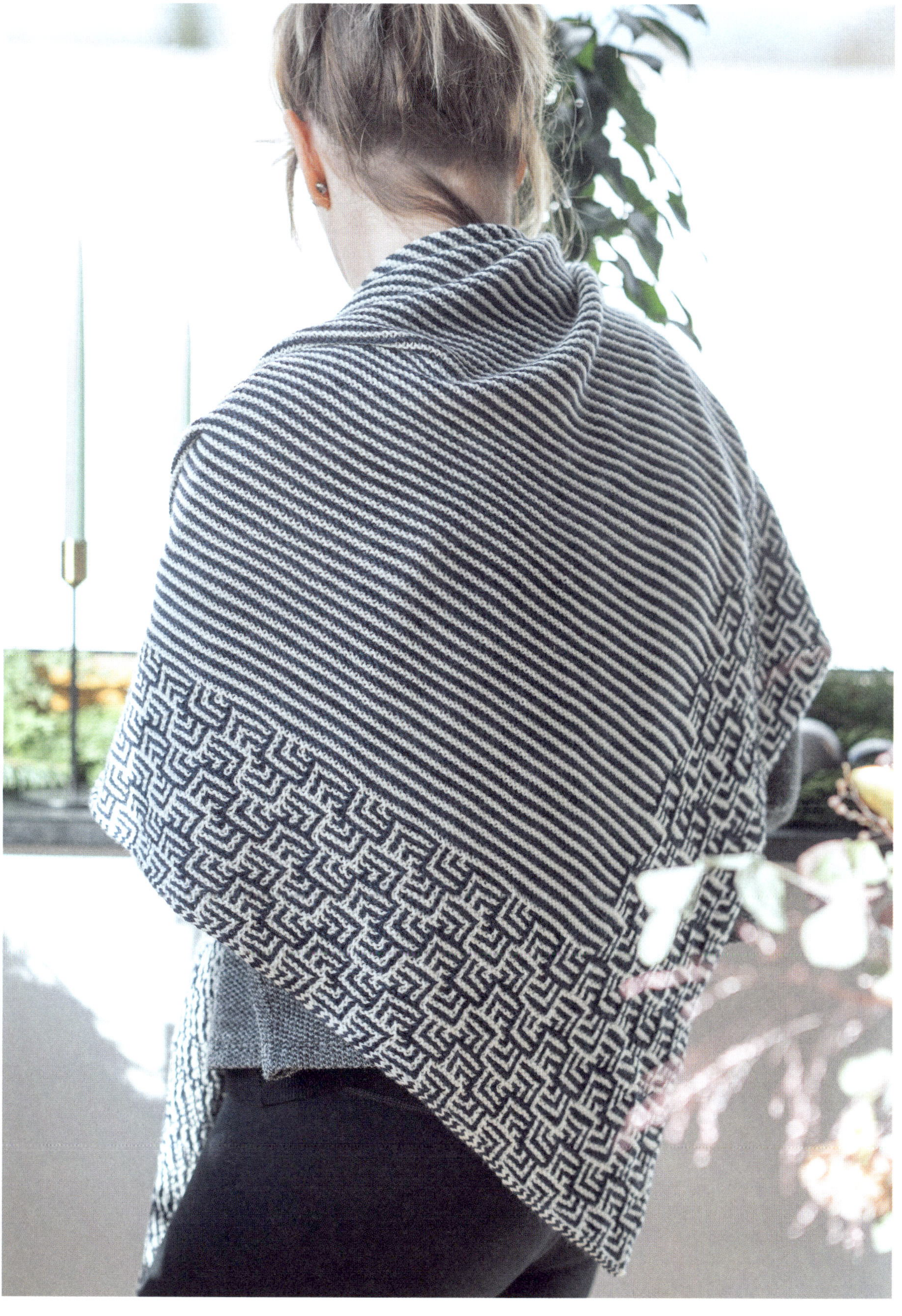

Tuch Ausflug ans Meer

Schwierigkeit **mittel**

GRÖßE

77 cm x 152 cm

MATERIAL

Locoporella **Merino 4ply Set** (100 % Schurwolle, LL = 200 m/50 g): 300 g Trust (Set aus 6 Farben zu je 50 g) und **Merino 4ply** (100 % Schurwolle, LL = 400 m/100 g): 100 g Beige;
Stricknadeln 3,5 mm.

MUSTER

Kraus rechts: In Hin- und Rückreihen rechte M stricken.

Ajourmuster (M-Zahl teilbar durch 2 + 2 Randm):
1. Reihe (= Hinreihe): Randm, * 2 M rechts zusammenstricken, 1 Umschlag, ab * stets wiederholen, Randm.
2. Reihe (= Rückreihe): Alle M und Umschläge rechts stricken. Die 1. und 2. Reihe stets wiederholen.

MASCHENPROBEN

Kraus rechts: 22 M und 44 Reihen = 10 cm x 10 cm
Ajourmuster: 22 M und 32 Reihen = 10 cm x 10 cm
Die Nadelstärke so wählen, dass die angegebene Maschenprobe nach dem Waschen und Trocknen möglichst genau erreicht wird.

Hinweis: Den Farbverlauf des Sets nach Belieben von Grün nach Blau oder von Blau nach Grün wählen.

SO WIRD'S GEMACHT

3 M mit Nadeln 3,5 mm in Trust anschlagen und 1 Rückreihe rechte M stricken. Nun stets 32 Reihen in Trust und 26 Reihen Ajourmuster in Beige stricken. Dabei zur Formgebung 219x in jeder Hinreihe 1 M betont zunehmen = 222 M, dafür nach der Randm 1 M aus dem Querfaden rechts verschränkt herausstricken. Danach alle M wie folgt elastisch abketten: 2 M rechts stricken, beide M wieder auf die linke Nadel zurücklegen (die rechte Nadel bleibt ebenfalls in den M), beide M verschränkt abstricken, * 1 M rechts, beide M der rechten Nadel wieder zurück auf die linke Nadel schieben (beide Nadeln sind in den M), beide M verschränkt abstricken, ab * stets wiederholen.

Variante: Durch den geringen Verbrauch der Farben aus dem Trust-Set kann mit weiteren 100 g in Beige das Tuch auch verlängert werden oder mit Abnahmen die Farben wieder zurück zur Anfangsfarbe auslaufen lassen. Dafür die M nicht abketten und zur Formgebung 219x in jeder Hinreihe 1 M betont abnehmen = 3 M, dafür nach der Randm die folgenden 2 M rechts zusammenstricken.

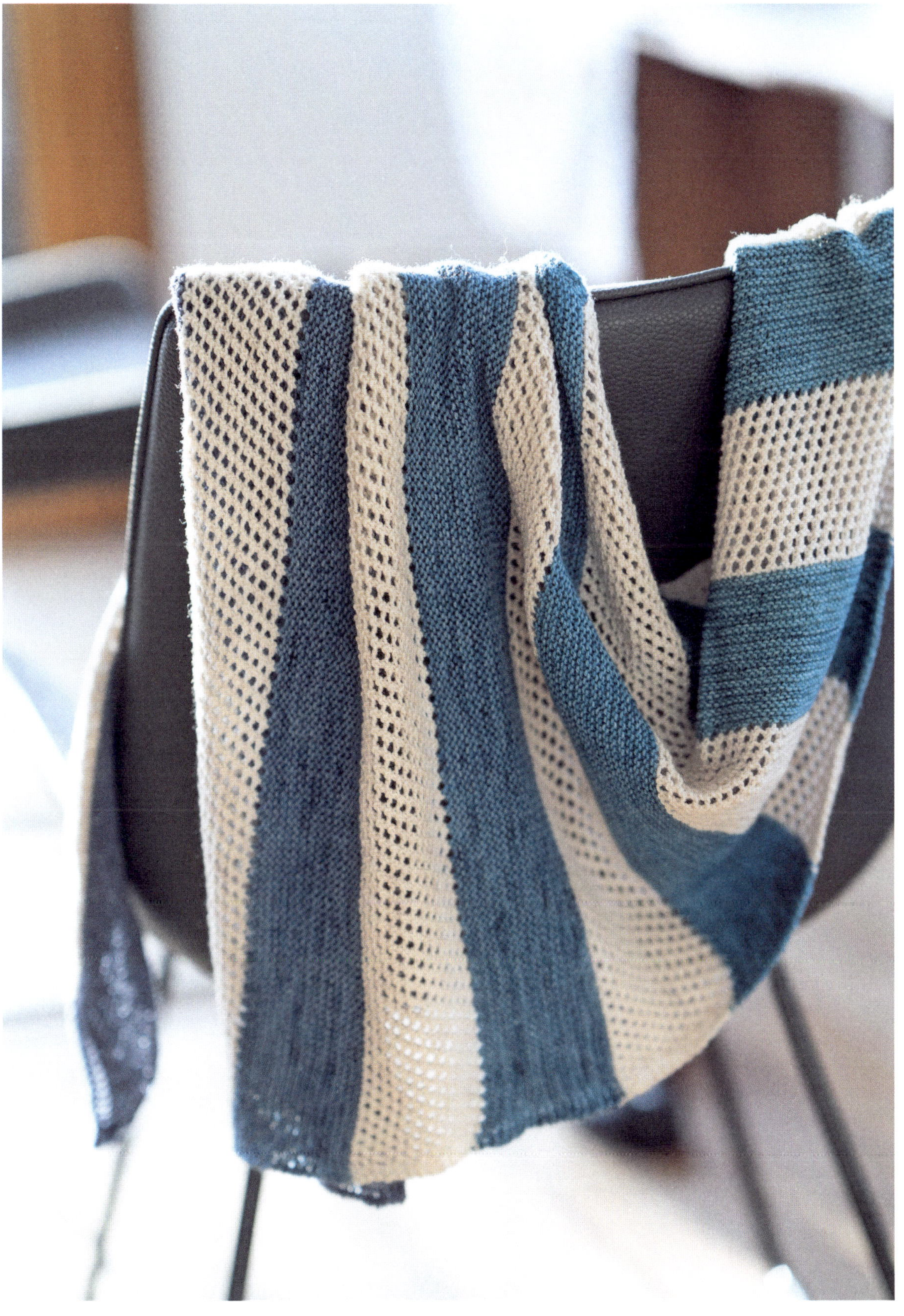

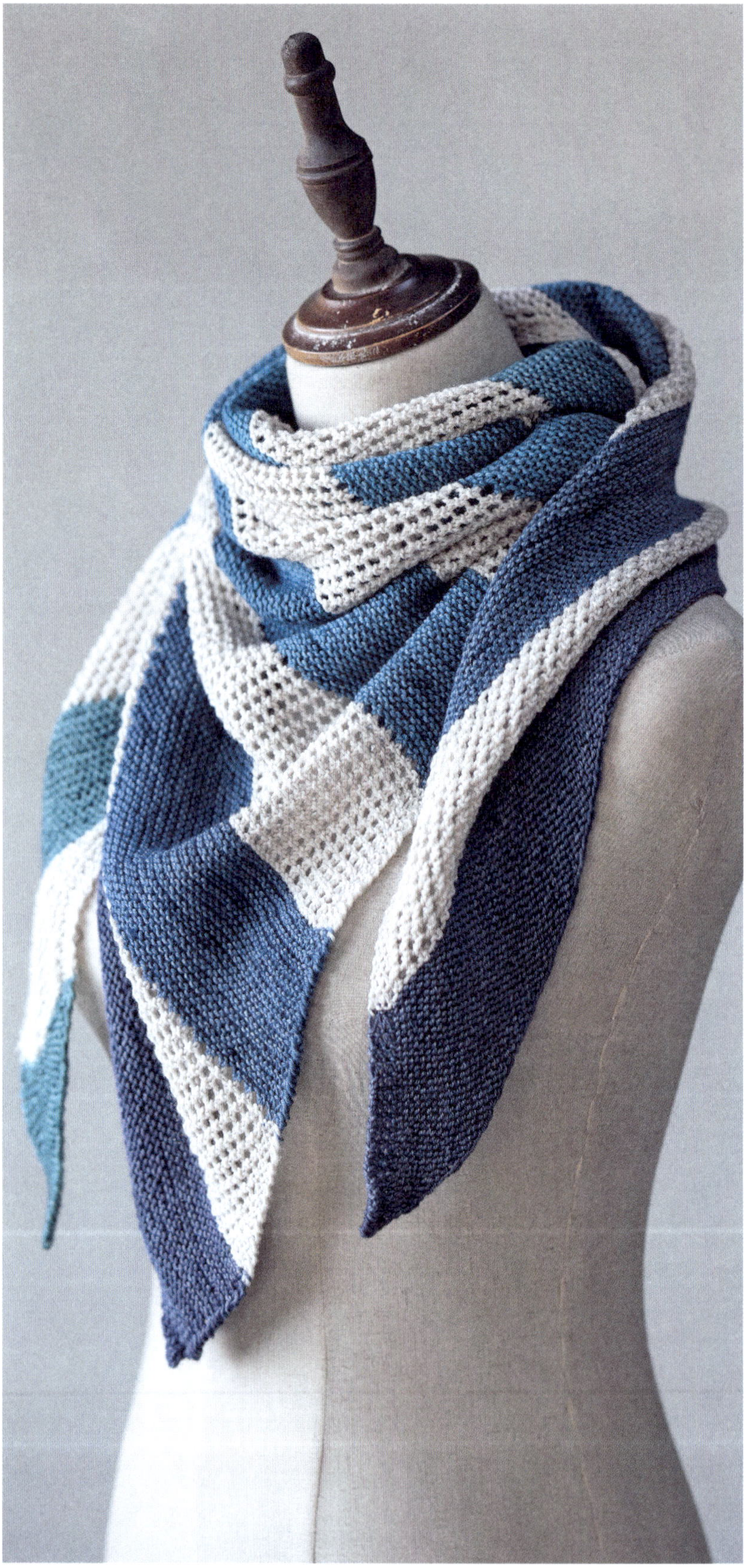

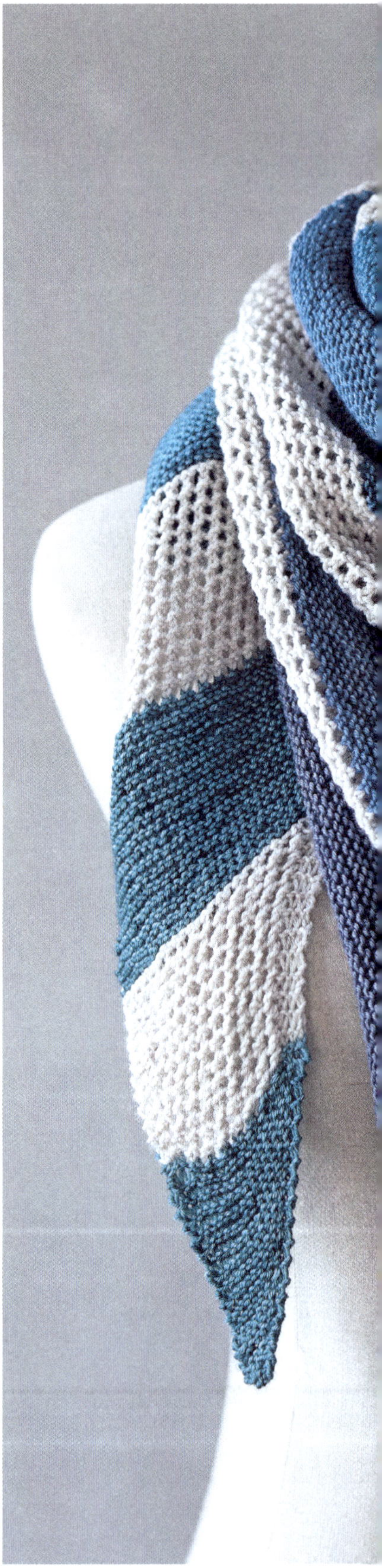

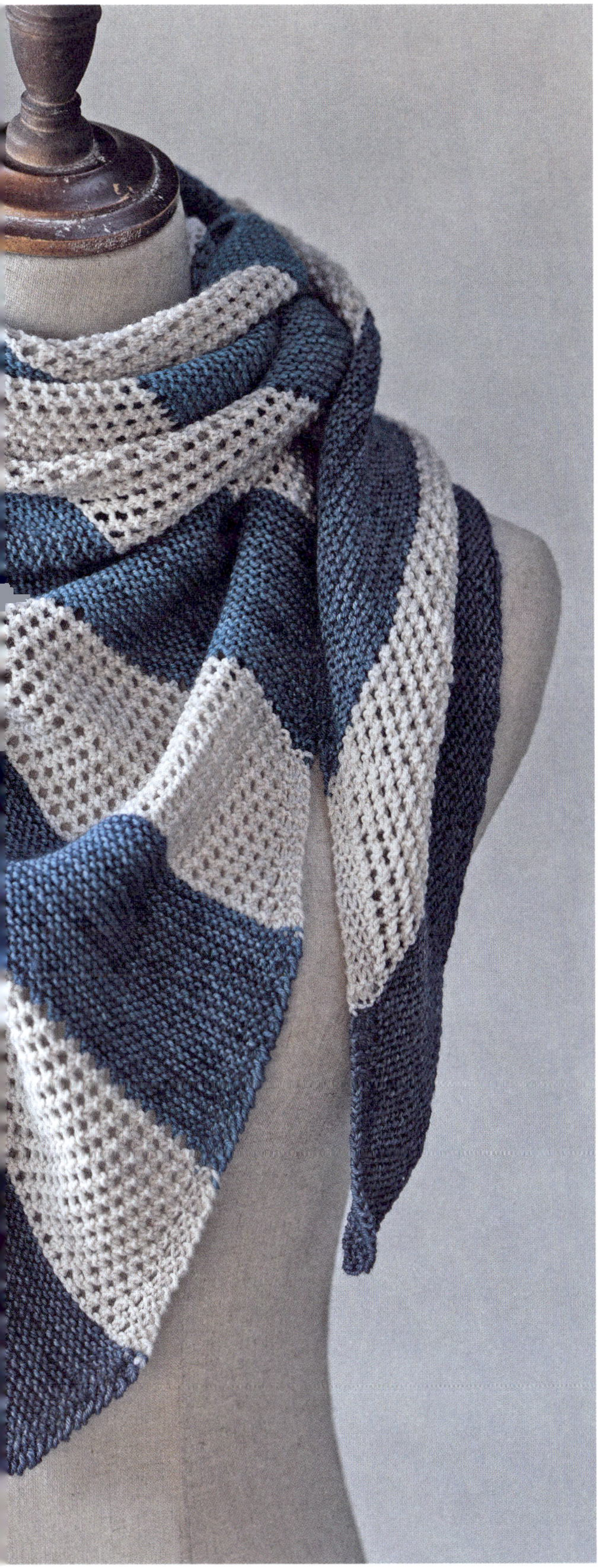

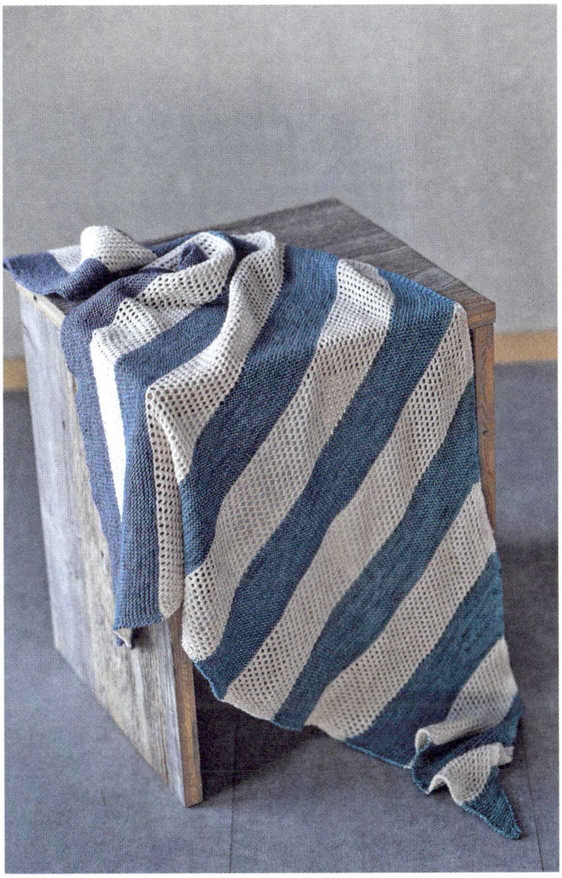

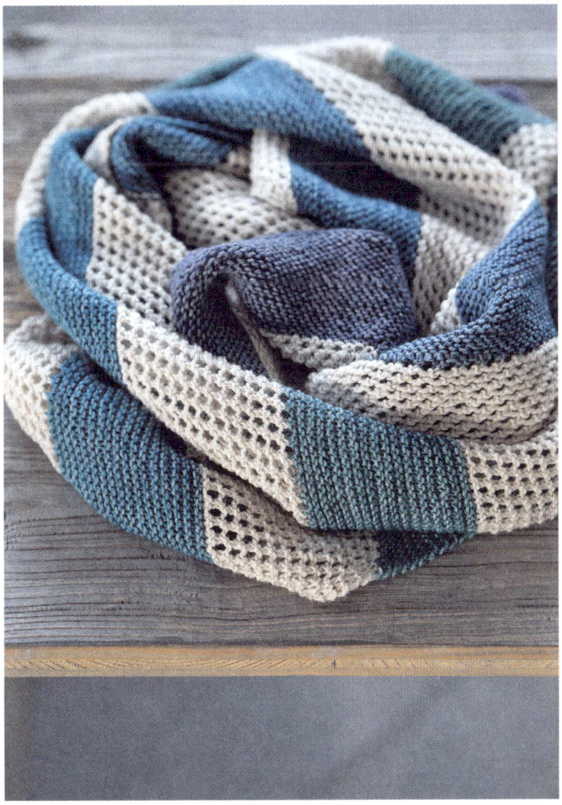

Loop Herbstwald

Schwierigkeit **einfach/mittel**

GRÖẞE

37 cm x 164 cm

MATERIAL

Locoporella **Merino DK** (100 % Schurwolle, LL = 225 m/100 g): je 100 g Silber, Curry, Dark Fox, Forrest, Anthra und Taupe; Stricknadeln 5 mm.

MUSTER

Kraus rechts: In Hin- und Rückreihen rechte M stricken.

Hebemaschenmuster (M-Zahl teilbar durch 10 + 1 + 2 Randm): Nach der Strickschrift arbeiten. Es sind nur die Hinreihen gezeichnet; in den Rückreihen die M rechts stricken und die abgehobenen M ebenfalls abheben (Faden vor der Arbeit). Mit der Randm vor dem Rapport beginnen, den gekennzeichneten Rapport von 10 M pro Reihe stets wiederholen und mit der M und der Randm nach dem Rapport enden.
1x die 1.–44. Reihe arbeiten.

Randm: Kraus rechts stricken.

MASCHENPROBEN

Kraus rechts: 18 M und 32 Reihen = 10 cm x 10 cm.
Hebemaschenmuster: 21 M und 32 Reihen = 10 cm x 10 cm.
Die Nadelstärke so wählen, dass die angegebenen Maschenprobe nach dem Waschen und Trocknen möglichst genau erreicht wird.

SO WIRD'S GEMACHT

71 M in Curry anschlagen und 1 Rückreihe rechte M stricken. Nun 44 Reihen kraus rechts in Curry arbeiten, dabei in der letzten Reihe gleichmäßig verteilt 12 M zunehmen = 83 M.

44 Reihen im Hebemaschenmuster stricken, dabei * 2 Reihen Silber, 2 Reihen Curry, ab * 11x arbeiten, dann 44 Reihen kraus rechts in Silber stricken, dabei in der 1. Reihe gleichmäßig verteilt 12 M abnehmen = 71 M und in der letzten Reihe gleichmäßig verteilt 12 M zunehmen = 83 M.

44 Reihen im Hebemaschenmuster stricken, dabei ** 2 Reihen in Dark Fox, 2 Reihen in Silber, ab ** 11x arbeiten, dann 44 Reihen kraus rechts in Dark Fox stricken, dabei in der 1. Reihe gleichmäßig verteilt 12 M abnehmen = 71 M und in der letzten Reihe gleichmäßig verteilt 12 M zunehmen = 83 M.

44 Reihen im Hebemaschenmuster stricken, dabei *** 2 Reihen in Anthra, 2 Reihen in Dark Fox, ab *** 11x arbeiten, dann 44 Reihen kraus rechts in Anthra stricken, dabei in der 1. Reihe gleichmäßig verteilt 12 M abnehmen = 71 M und in der letzten Reihe gleichmäßig verteilt 12 M zunehmen = 83 M.

44 Reihen im Hebemaschenmuster stricken, dabei ° 2 Reihen in Taupe, 2 Reihen in Anthra, ab ° 11x arbeiten, dann 44 Reihen kraus rechts in Taupe stricken, dabei in der 1. Reihe gleichmäßig verteilt 12 M abnehmen = 71 M und in der letzten Reihe gleichmäßig verteilt 12 M zunehmen = 83 M.

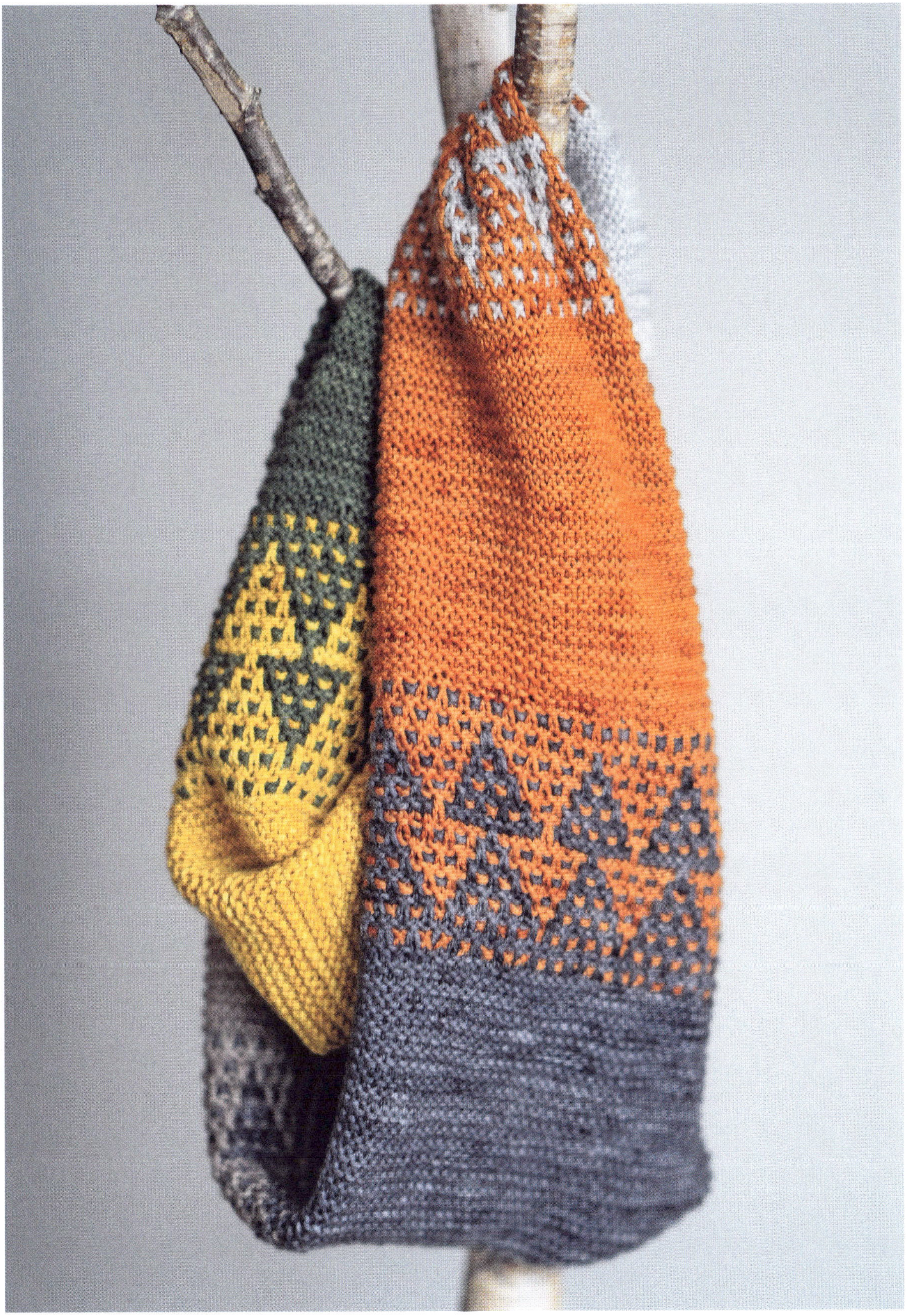

44 Reihen im Hebemaschenmuster stricken, dabei °° 2 Reihen in Forrest, 2 Reihen in Taupe, ab °° 11x arbeiten, dann 44 Reihen kraus rechts in Forrest stricken, dabei in der 1. Reihe gleichmäßig verteilt 12 M abnehmen = 71 M und in der letzten Reihe gleichmäßig verteilt 12 M zunehmen = 83 M.

44 Reihen im Hebemaschenmuster stricken, dabei °°° 2 Reihen in Curry, 2 Reihen in Forrest, ab °°° 11x arbeiten = 528 Reihen. Dann alle M abketten und die Anschlag- und Abkettkante aneinandernähen.

Strickschrift

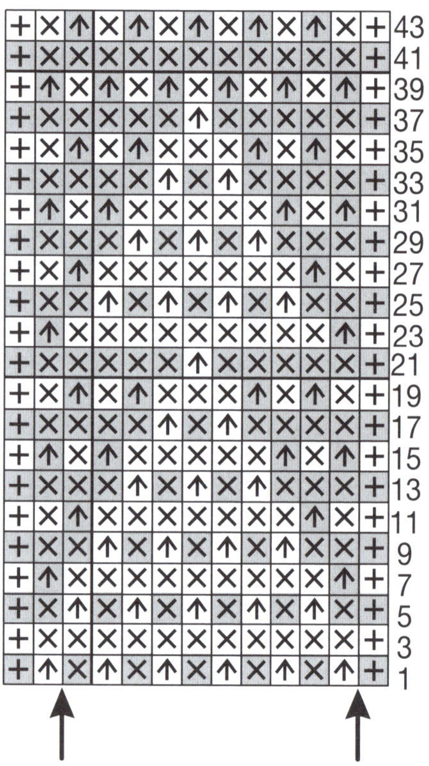

Zeichenerklärung

+ = Randm

X = 1 M kraus rechts (Hin- und Rückreihen rechte M)

↑ = 1 M abheben (Hinreihe: Faden hinter der Arbeit; Rückreihe; Faden vor der Arbeit)

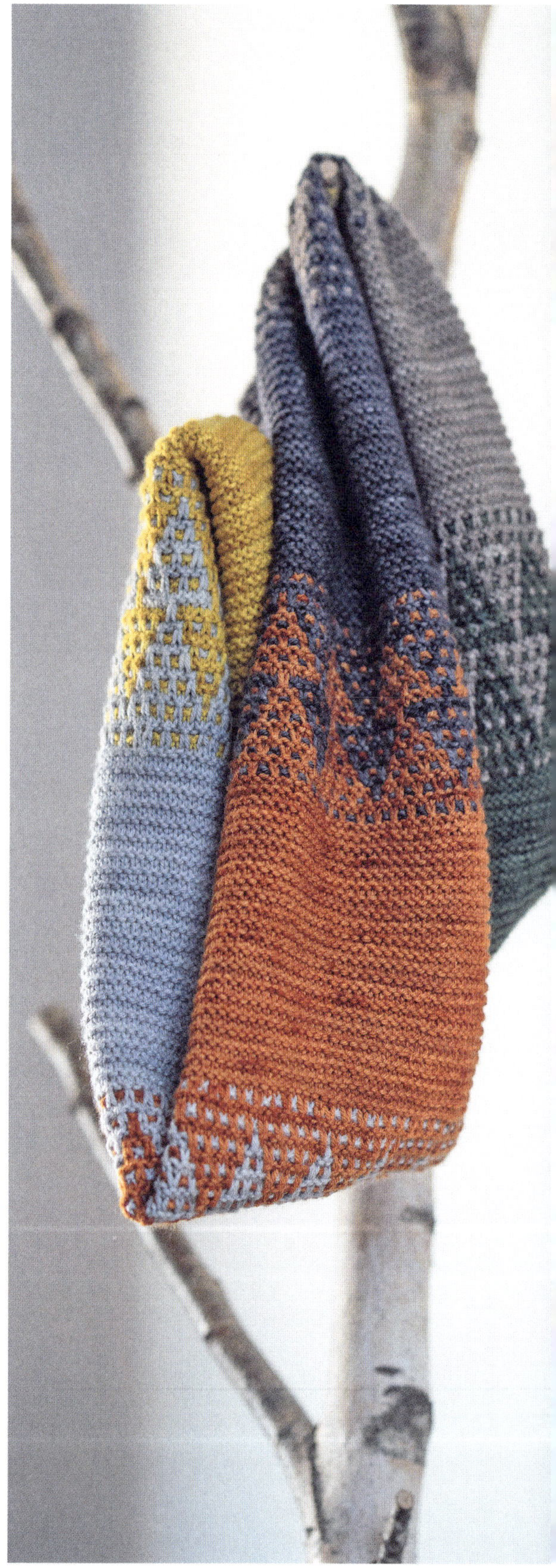

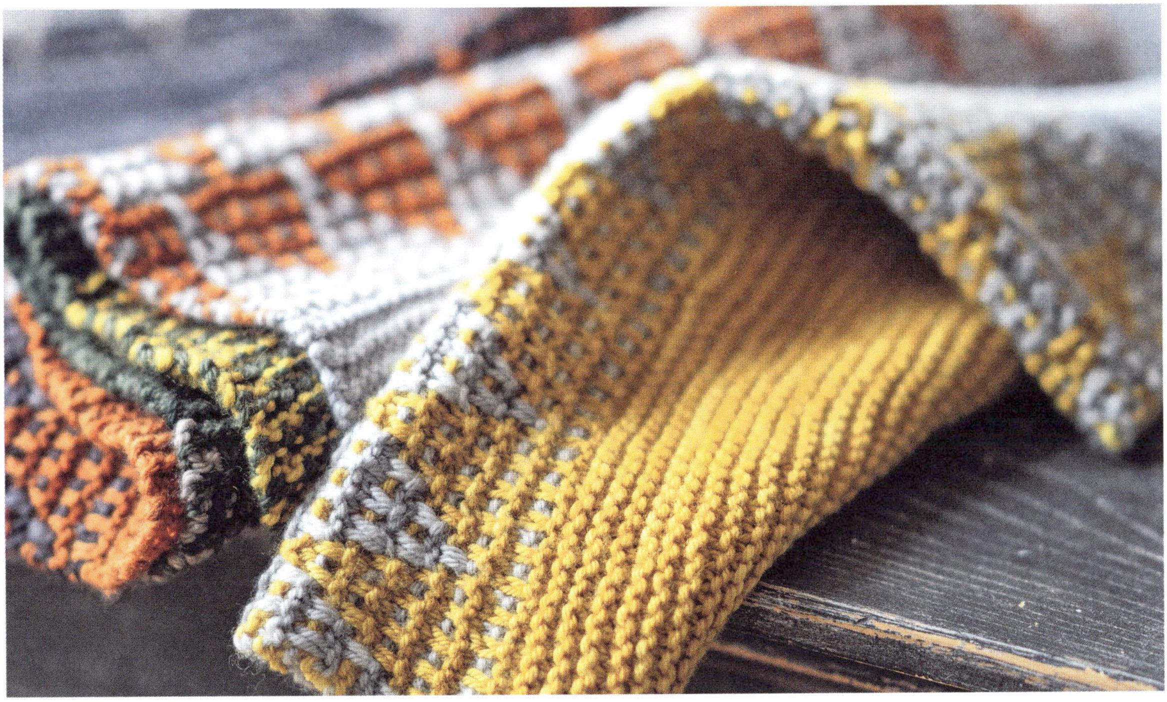

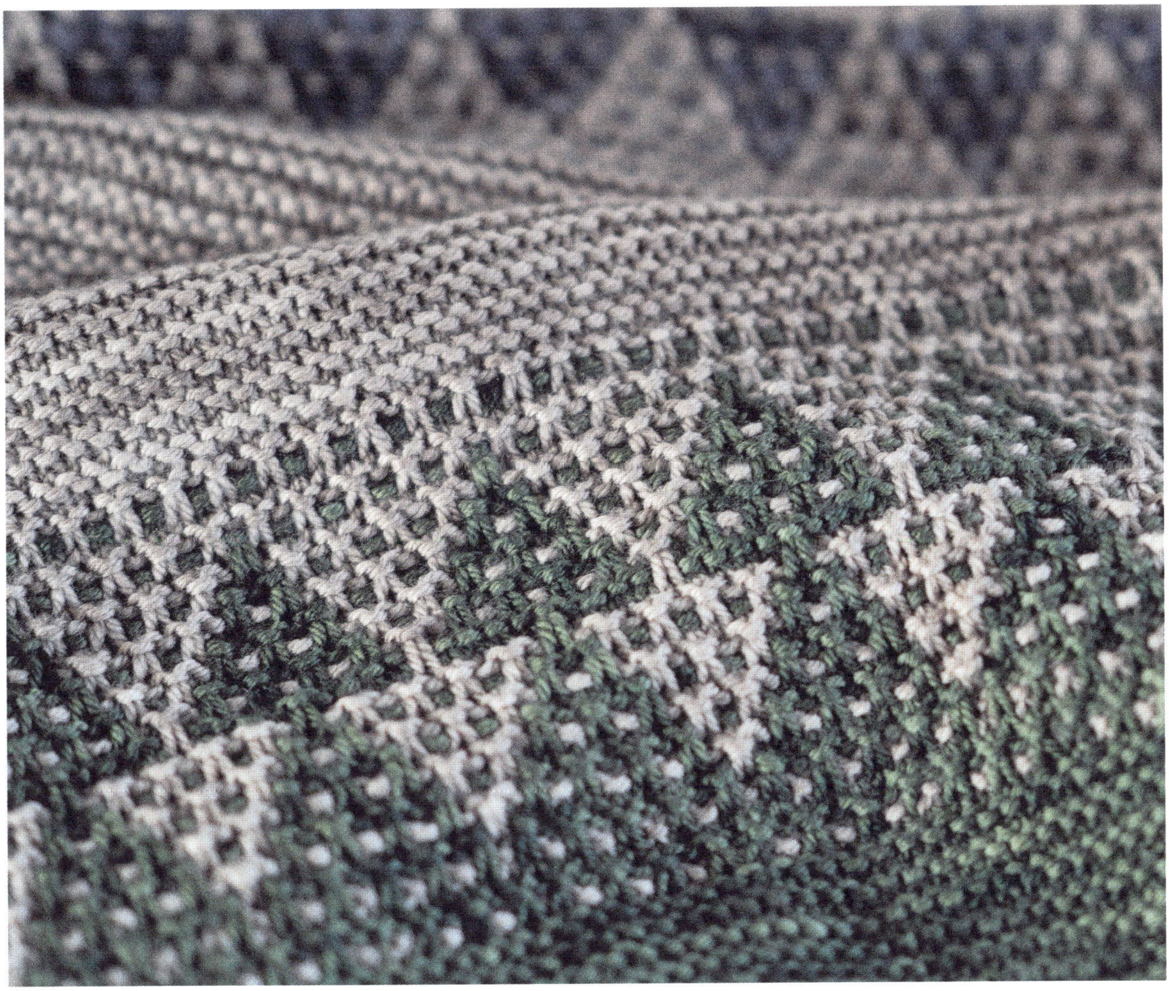

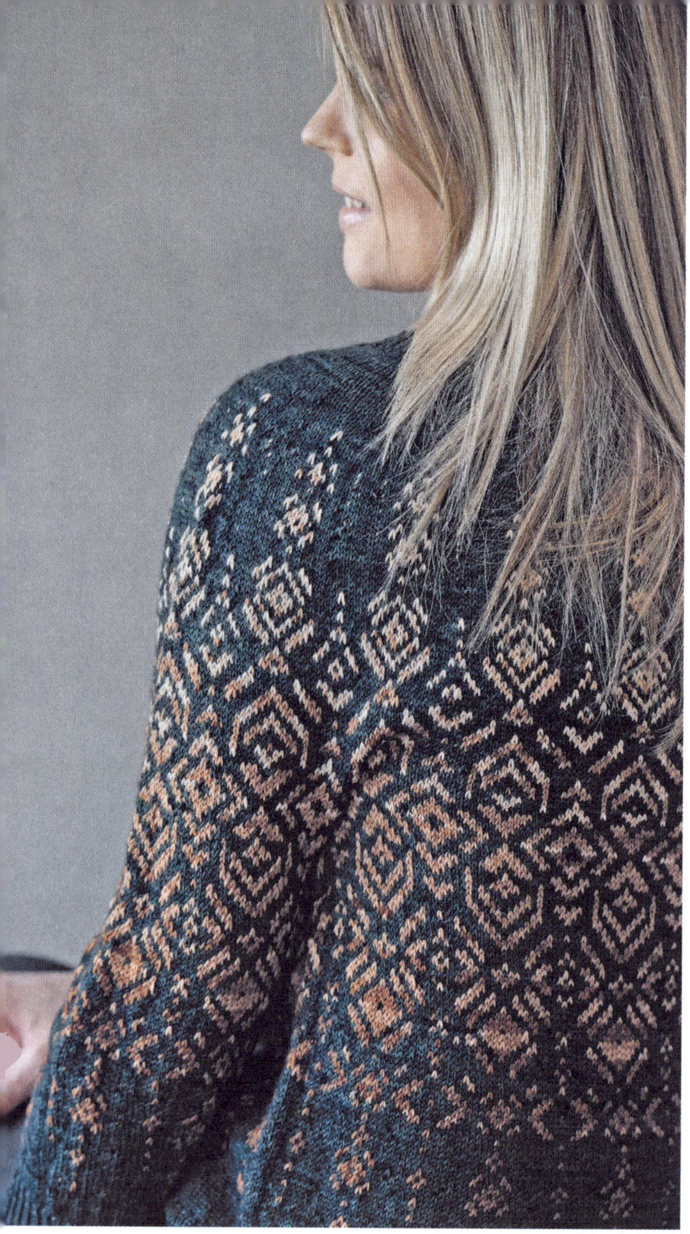
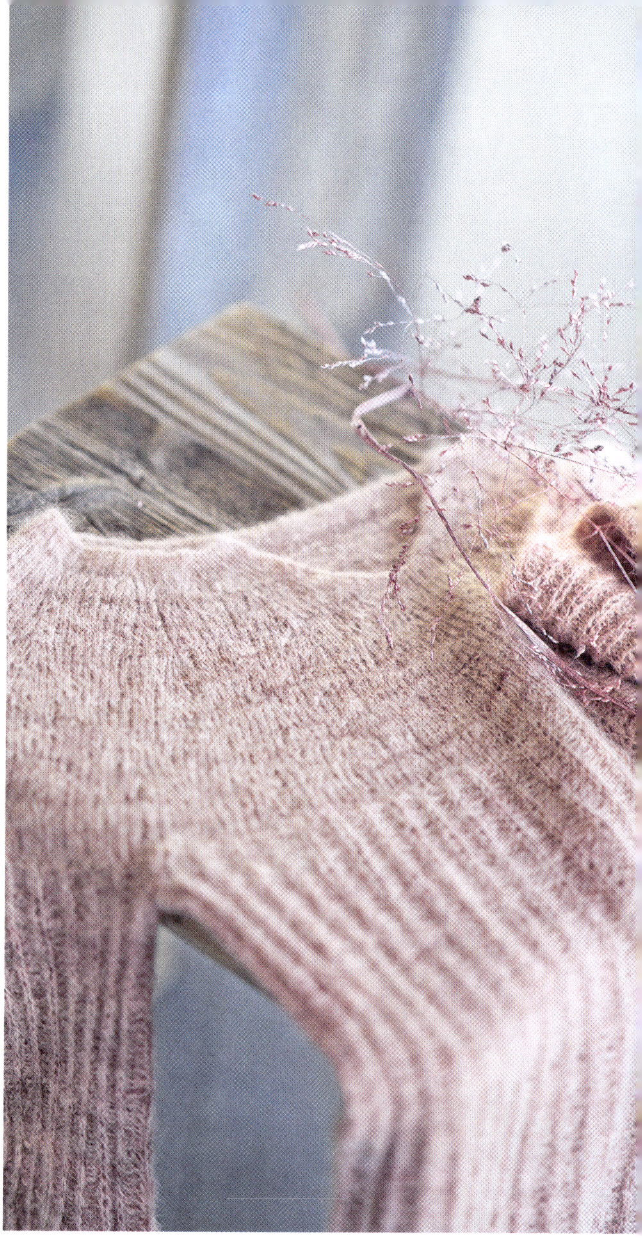
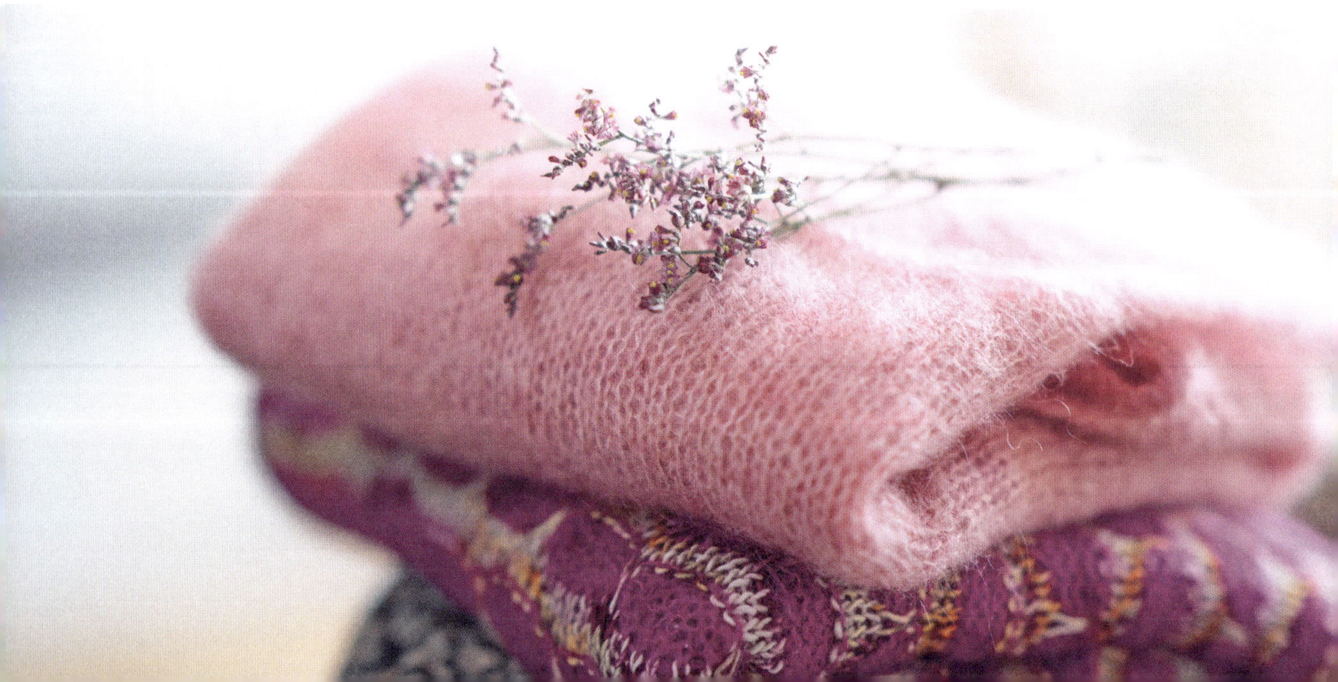

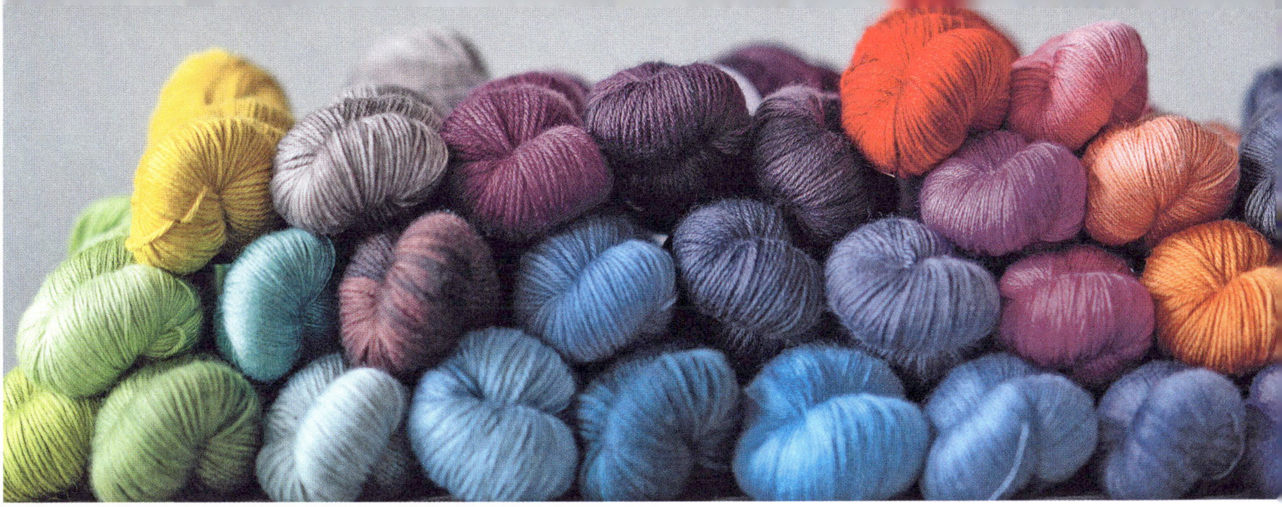

Pullis, Tops & Jacken

Mit schönen Struktur- und Einstrickmustern

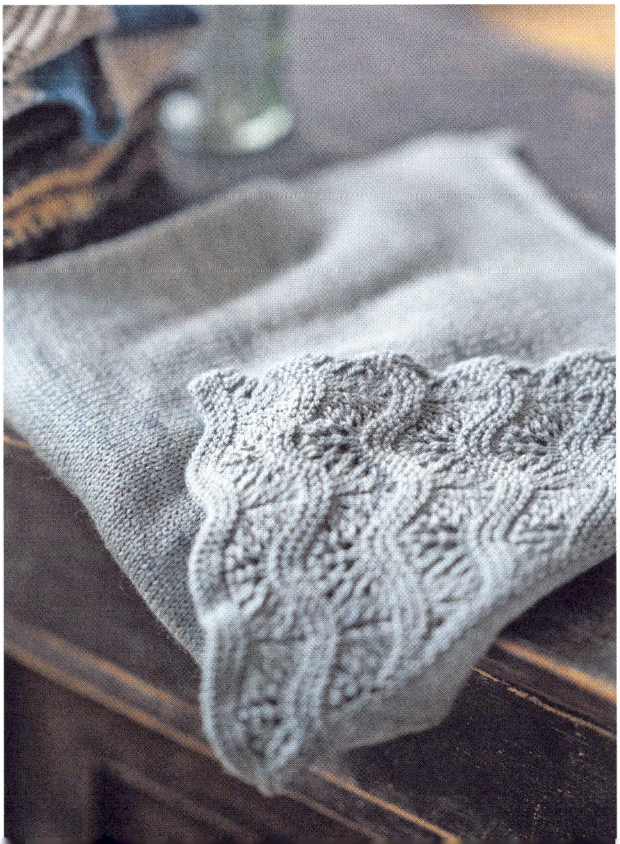

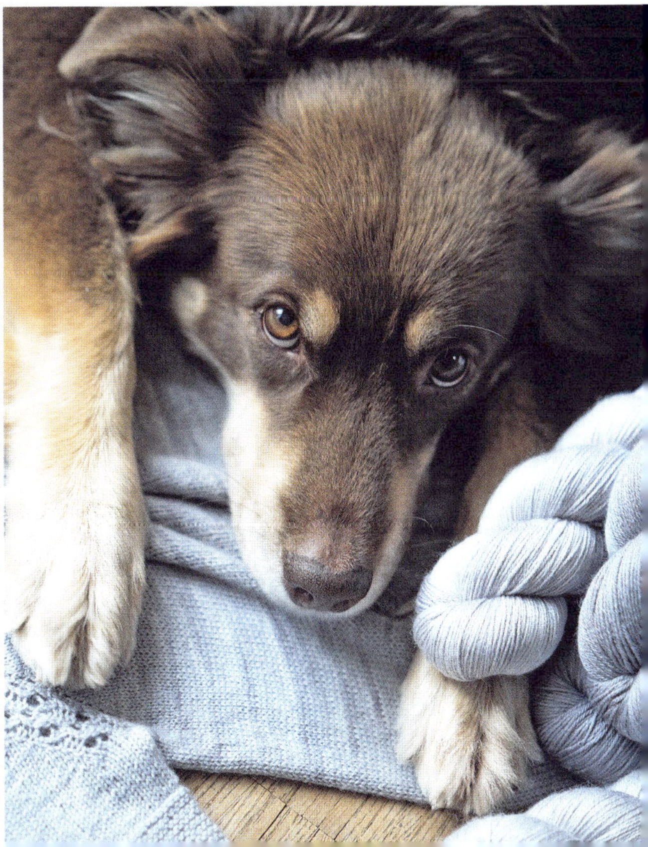

Pulli Karola

Schwierigkeit **mittel**

GRÖẞE

36/38, 40/42 und 44/46
Die Angaben für die größeren Größen stehen hintereinander in Klammern. Steht nur eine Angabe, so gilt diese für alle Größen.

MATERIAL

Locoporella **Merino 4ply** (100 % Schurwolle, LL = 400 m/100 g): 200 (200/300) g Tinte, 100 (100/200) g Himmelblau und je 100 g Lieblingsjeans, Jeans und Neue Jeans; Stricknadeln 3 mm und 3,5 mm; Rundstricknadel 3 mm.

MUSTER

Rippenmuster: 1 M rechts, 1 M links im Wechsel stricken.

Glatt rechts: In Hinreihen rechte M, in Rückreihen linke M stricken.

Intarsienmuster (M-Zahl teilbar durch 26 + 1 + 2 Randm): Nach dem Zählmuster glatt rechts in Intarsientechnik arbeiten. Für jede Fläche ein extra Knäuel verwenden und beim Farbwechsel die Fäden auf der Rückseite der Arbeit miteinander verkreuzen, damit keine Löcher entstehen. Gezeichnet sind nur die Hinreihen; in den Rückreihen die M in der erscheinenden Farbe links stricken. Mit der Randm vor dem rechten Pfeil beginnen, den Rapport von 26 M zwischen den Pfeilen stets wiederholen und mit der M und der Randm nach dem linken Pfeil enden.
1x die 1.–104. Reihe arbeiten.

MASCHENPROBE

Glatt rechts mit Nadelstärke 3,5 mm:
27,5 M und 35 Reihen = 10 cm x 10 cm.
Die Nadelstärke so wählen, dass die angegebene Maschenprobe nach dem Waschen und Trocknen möglichst genau erreicht wird.

SO WIRD'S GEMACHT

Rückenteil: 127 (137/147) M mit Nadeln 3 mm in Himmelblau anschlagen und für den Bund 7 cm = 31 Reihen im Rippenmuster stricken. In der letzten Bundreihe gleichmäßig verteilt 6 (8/10) M zunehmen = 133 (145/157) M.
Dann mit Nadeln 3,5 mm glatt rechts weiterarbeiten. Dabei ab der 3. Reihe das Intarsienmuster stricken:
Größe 36/38: Randm, 5x den Rapport von 26 M zwischen den Pfeilen arbeiten und mit der M nach dem linken Pfeil enden, Randm.
Größe 40/42: Randm, mit den letzten 6 M des Rapports beginnen, 5x den Rapport von 26 M zwischen den Pfeilen arbeiten und mit den ersten 7 M des Rapports enden, Randm.
Größe 44/46: Randm, mit den letzten 12 M des Rapports beginnen, 5x den Rapport von 26 M zwischen den Pfeilen arbeiten und mit den ersten 13 M des Rapports enden, Randm.
Nach den 104 Reihen des Intarsienmusters glatt rechts in Tinte weiterarbeiten.

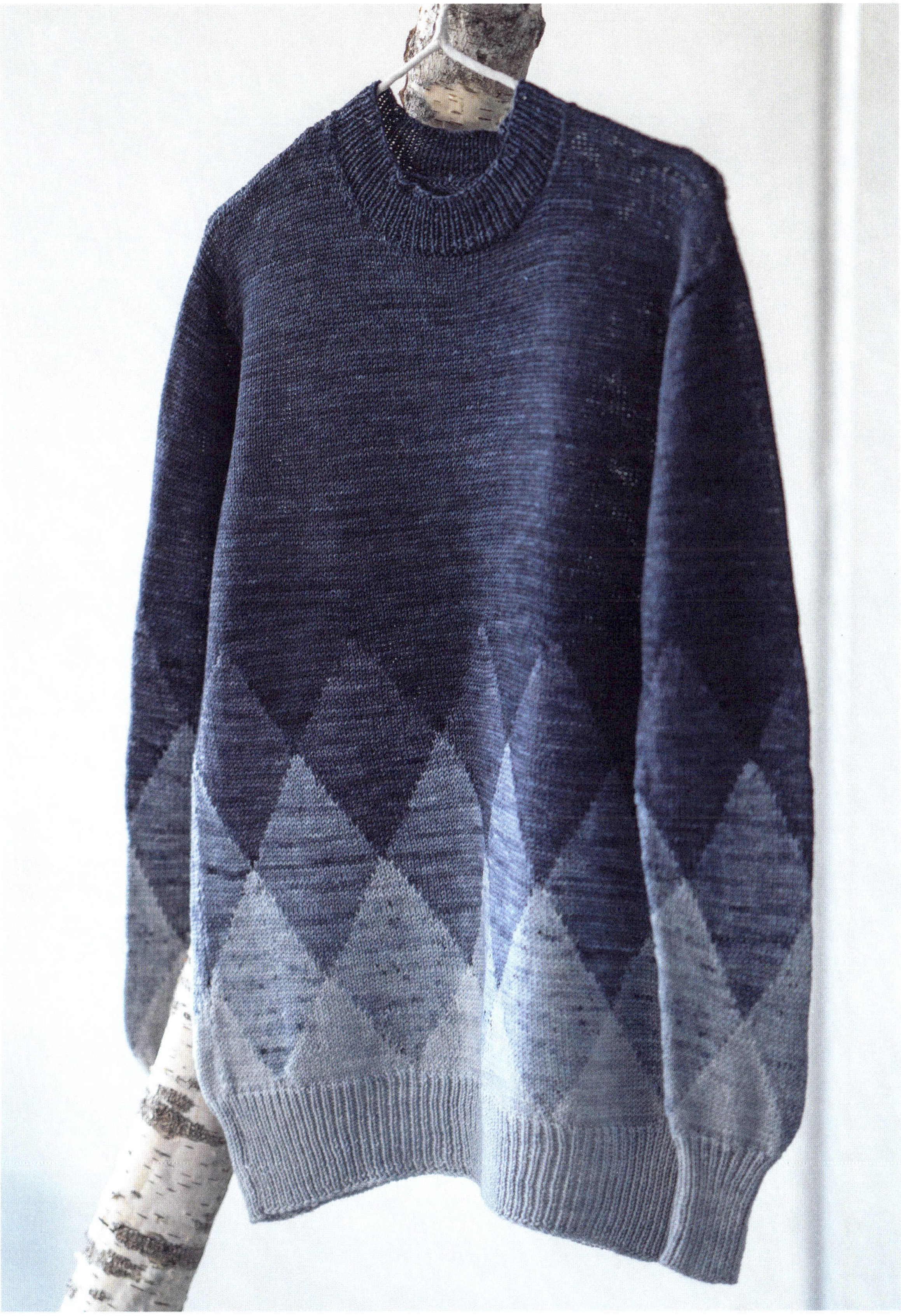

Nach 38 cm = 134 Reihen ab Bund für die Armausschnitte beidseitig 1x 4 M, dann in jeder 2. Reihe 1x 3 M, 1x 2 M abketten. Danach noch in jeder 2. Reihe 2x je 1 M und in der folgenden 4. Reihe 1x 1 M betont abnehmen = 109 (121/133) M, dafür wie folgt arbeiten: Nach der Randm 1 M glatt rechts stricken und dann 2 M rechts zusammenstricken, nun mustergemäß bis auf die letzten 4 M stricken, danach 2 M rechts überzogen zusammenstricken (= 1 M rechts abheben, 1 M rechts, dann die abgehobene M überziehen), 1 M glatt rechts und Randm stricken.
Nach 57 (59/61) cm = 200 (206/214) Reihen ab Bund für die Schulterschrägungen beidseitig 1x 6 (8/10) M und in jeder 2. Reihe 4x je 7 (8/9) abketten. Gleichzeitig mit Beginn der Schulterschrägungen für den Halsausschnitt die mittleren 29 M abketten und beide Seiten getrennt beenden. Für die Ausschnittrundung am inneren Rand in jeder 2. Reihe 1x 3 M, 1x 2 M abketten und 1x 1 M betont abnehmen.

Vorderteil: Wie das Rückenteil arbeiten, jedoch für den tieferen Halsausschnitt schon nach 50,5 (52,5/54,5) cm = 176 (184/190) Reihen ab Bund die mittleren 19 M abketten und beide Seiten getrennt beenden. Für die Ausschnittrundung am inneren Rand in jeder 2. Reihe 1x 3 M, 2x je 2 M abketten, 2x je 1 M, in der folgenden 4. Reihe 1x 1 M und in der folgenden 6. Reihe 1x 1 M betont abnehmen.

Ärmel: 46 (52/56) M mit Nadeln 3 mm in Himmelblau anschlagen und für den Bund 7 cm = 31 Reihen im Rippenmuster stricken. In der letzten Bundreihe gleichmäßig verteilt 11 M zunehmen = 57 (63/67) M. Dann mit Nadeln 3,5 mm glatt rechts weiterarbeiten. Dabei ab der 3. Reihe das Intarsienmuster stricken: Randm, mit den letzten 14 (17/19) M des Rapports beginnen, 1x den Rapport von 26 M zwischen den Pfeilen arbeiten und mit den ersten 15 (18/20) M des Rapports enden, Randm.
Gleichzeitig für die Ärmelschrägen beidseitig in der 9. (9./7.) Reihe ab Bund 1x 1 M, dann 4x in jeder 8. Reihe und 13x in jeder 6. Reihe (2x in jeder 8. Reihe und 17x in jeder 6. Reihe/20x in jeder 6. Reihe und 2x in jeder 4. Reihe) je 1 M zunehmen = 93 (103/113) M.
Nach den 104 Reihen des Intarsienmusters glatt rechts in Tinte weiterarbeiten.
Nach 35,5 (37,5/39,5) cm = 124 (132/138) Reihen ab Bund für die Armkugel beidseitig 1x 4 M, dann in jeder 2. Reihe 1x 3 M, 1x 2 M abketten, 2x je 1 M, in jeder 4. Reihe 7x je 1 M, dann wieder in jeder 2. Reihe 1x 1 M betont abnehmen, 1x 2 M und 1x 3 M abketten. Nach 48 (50/52) cm = 168 (176/182) Reihen ab Bund die restlichen 45 (55/65) M abketten.
Den 2. Ärmel ebenso arbeiten.

FERTIGSTELLUNG

Die Schulternähte schließen. Aus dem Halsausschnitt 116 M mit der Rundstricknadel 3 mm in Tinte auffassen und 4 cm = 15 Runden im Rippenmuster stricken. Dann die M abketten. Die Ärmel einsetzen und die Ärmel- und Seitennähte schließen.

Variante: Für einen kürzeren Pullover am Vorder- und Rückenteil die Zentimeter bzw. Reihenzahl zwischen dem Ende des Intarsienmusters und dem Armausschnittbeginn verringern. Dadurch ändert sich auch der Garnverbrauch von Tinte.

Strickschrift

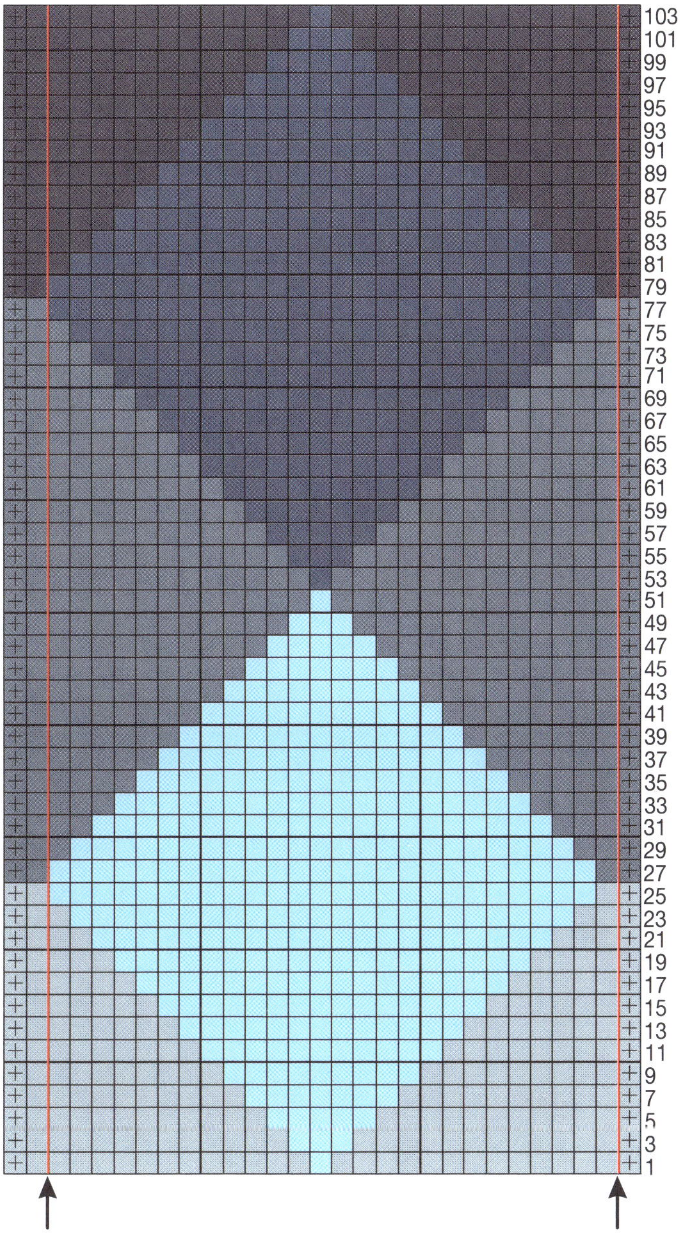

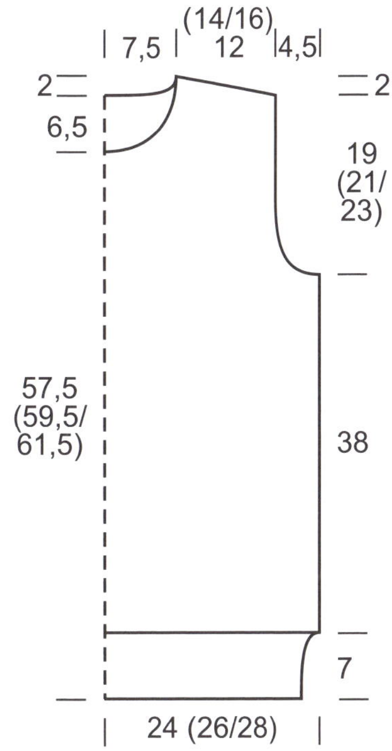

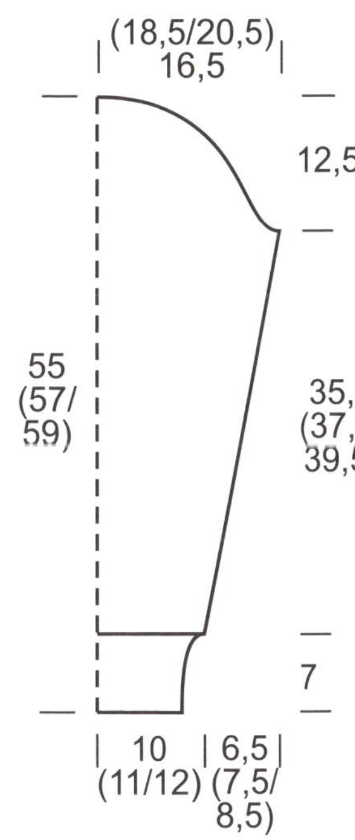

Zeichenerklärung

- ⊞ = Randm
- = Himmelblau
- = Lieblingsjeans
- = Jeans
- = Neue Jeans
- = Tinte

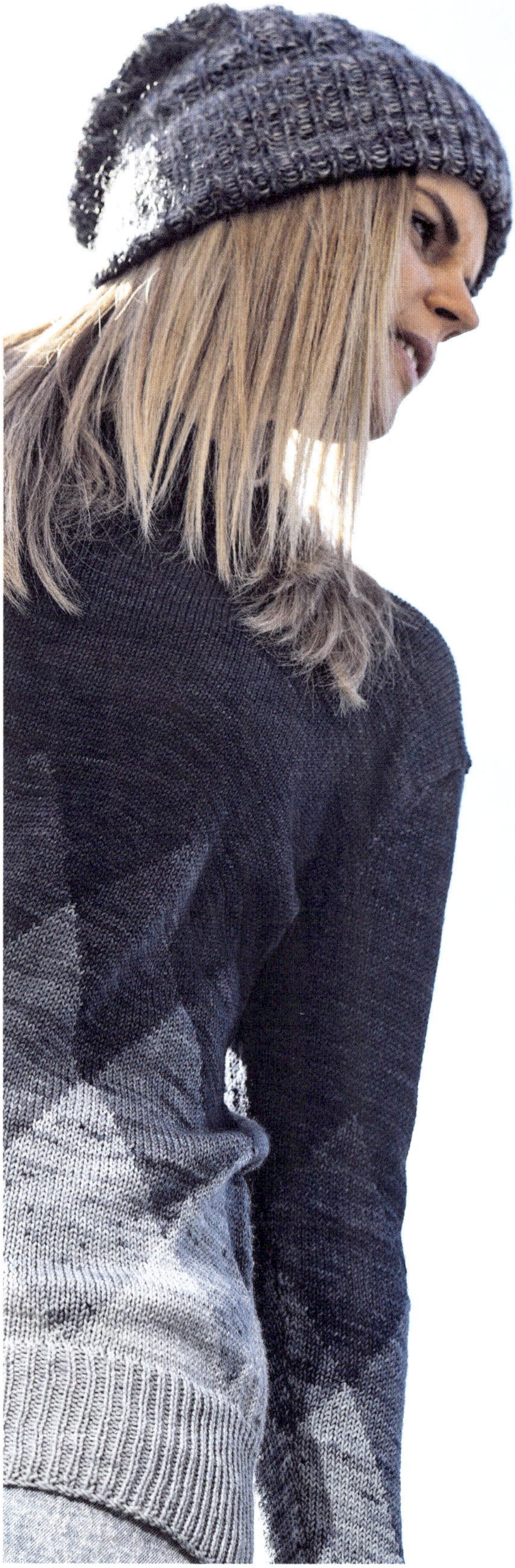
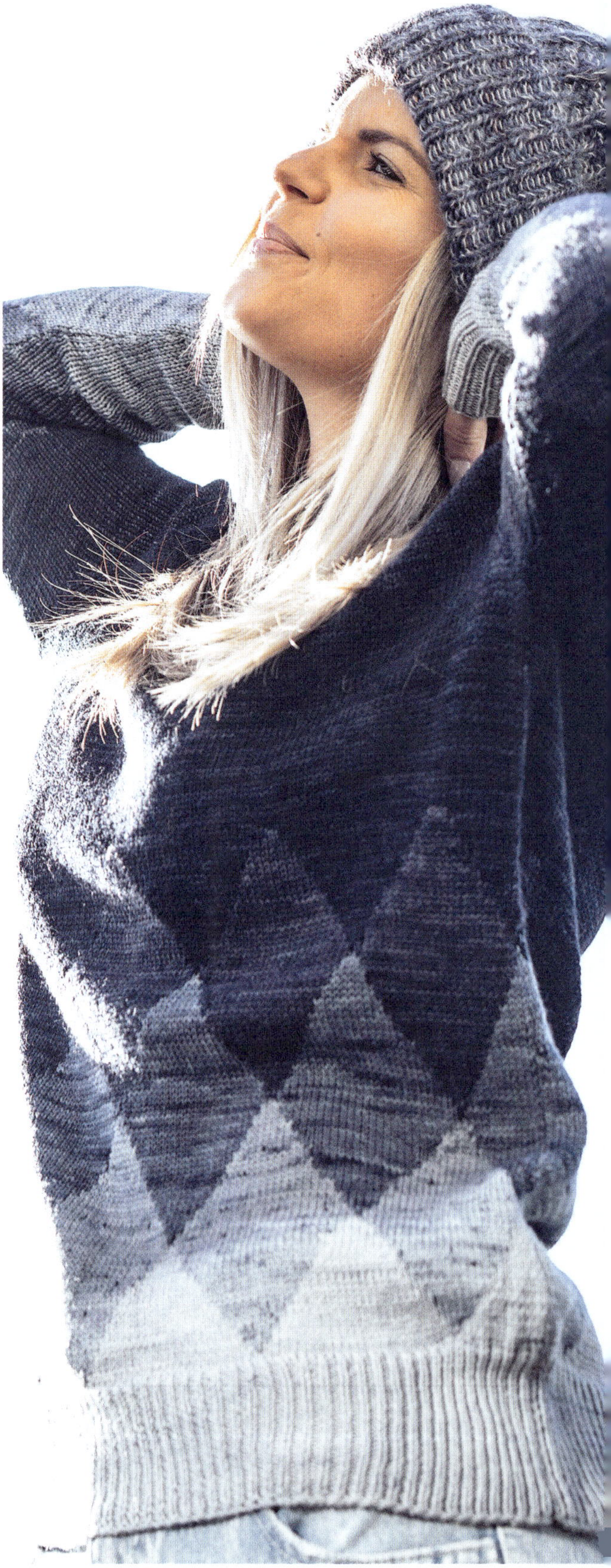

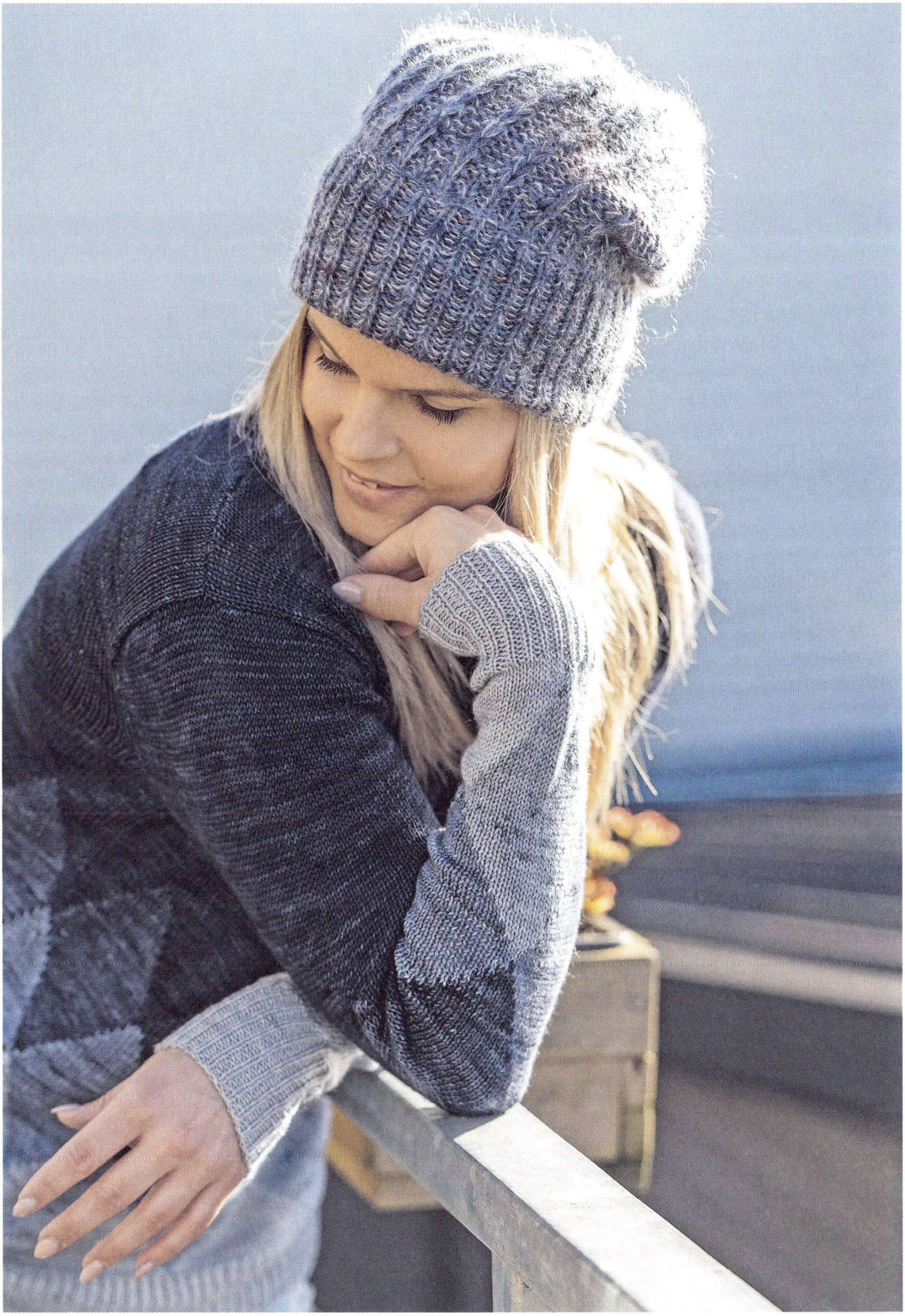

Pulli Inka

Schwierigkeit **anspruchsvoll**

GRÖßE

36/38, 42/44 und 46/48
Die Angaben für die größeren Größen stehen hintereinander in Klammern. Steht nur eine Angabe, so gilt diese für alle Größen.

MATERIAL

Locoporella **Merino 4ply** (100 % Schurwolle, LL = 400 m/100 g): 200 (200/300) g Tanne und je 100 g Toffee, Kandis und Zimt; verschieden lange Rundstricknadeln 3 mm und 3,5 mm.

MUSTER

Rippenmuster: 1 M links, 1 M rechts verschränkt im Wechsel.

Glatt rechts: In Hinreihen rechte M, in Rückreihen linke M stricken; in Runden immer rechte M stricken.

Jacquardmuster: M-Zahl in der 1. Runde teilbar durch 7 und ab der 45. Runde M-Zahl teilbar durch 22. Nach Zählmuster glatt rechts in Norwegertechnik stricken, dabei den unbenutzten Faden stets locker auf der Rückseite der Arbeit mitführen bzw. bei längeren Abständen den Faden immer wieder einweben. Gezeichnet ist jede Runde. Den Rapport zwischen den Pfeilen stets wiederholen. 1x die 1.–150. Runde arbeiten.

MASCHENPROBE

Jacquardmuster: 33 M und 33 Runden = 10 cm x 10 cm.
Die Nadelstärke so wählen, dass die angegebene Maschenprobe nach dem Waschen und Trocknen möglichst genau erreicht wird.

SO WIRD'S GEMACHT

Den Pulli in einem Stück von oben stricken, dabei mit dem Halsausschnitt des Rückenteils beginnen: 56 (60/64) M mit Nadeln 3,5 mm in Tanne anschlagen und glatt rechts in Reihen stricken, dabei mit einer Hinreihe beginnen.
Zur Formgebung in jeder Reihe am Reihenende 2x je 2 (4/6) M, 8x je 3 (5/7) M und 1x 56 (60/64) M dazu anschlingen = 140 (168/196) M. Die M zur Runde schließen und über die ersten 21 (25/42) M rechts stricken = Verlegung des Rundenanfangs zwischen den rechten Ärmel und das Rückenteil. Den Rundenanfang nun markieren.

Im Jacquardmuster weiterarbeiten, dabei sind durch die eingezeichneten Zunahmen nach 45 Runden 440 (528/616) M auf der Nadel. Nach 67 (72/79) Runden ab Beginn des Jacquardmusters M wie folgt markieren: 132 (154/176) M für das Rückenteil, 88 (110/132) M für den linken Ärmel, 132 (154/176) M für das Vorderteil und 88 (110/132) M für den rechten Ärmel.

Nun die Arbeit in die einzelnen Teile teilen und zuerst mit den M von **Vorder-** und **Rückenteil** weiterarbeiten: 11 M dazu anschlagen, 132 (154/176) M in der M-Einteilung, 22 M dazu anschlagen, 132 (154/176) M in der M-Einteilung, 11 M dazu anschlagen = 308 (352/396) M bzw. 154 (176/198) M pro Vorder- und Rückenteil.

Nach den 150 Runden des Jacquardmusters noch 2 (3,5/5,5) cm glatt rechts in Tanne weiterarbeiten. Dann für den Bund mit der Rundstricknadel 3 mm noch 5 cm = 20 Runden im Rippenmuster weiterarbeiten. Anschließend die M abketten, wie sie erscheinen.

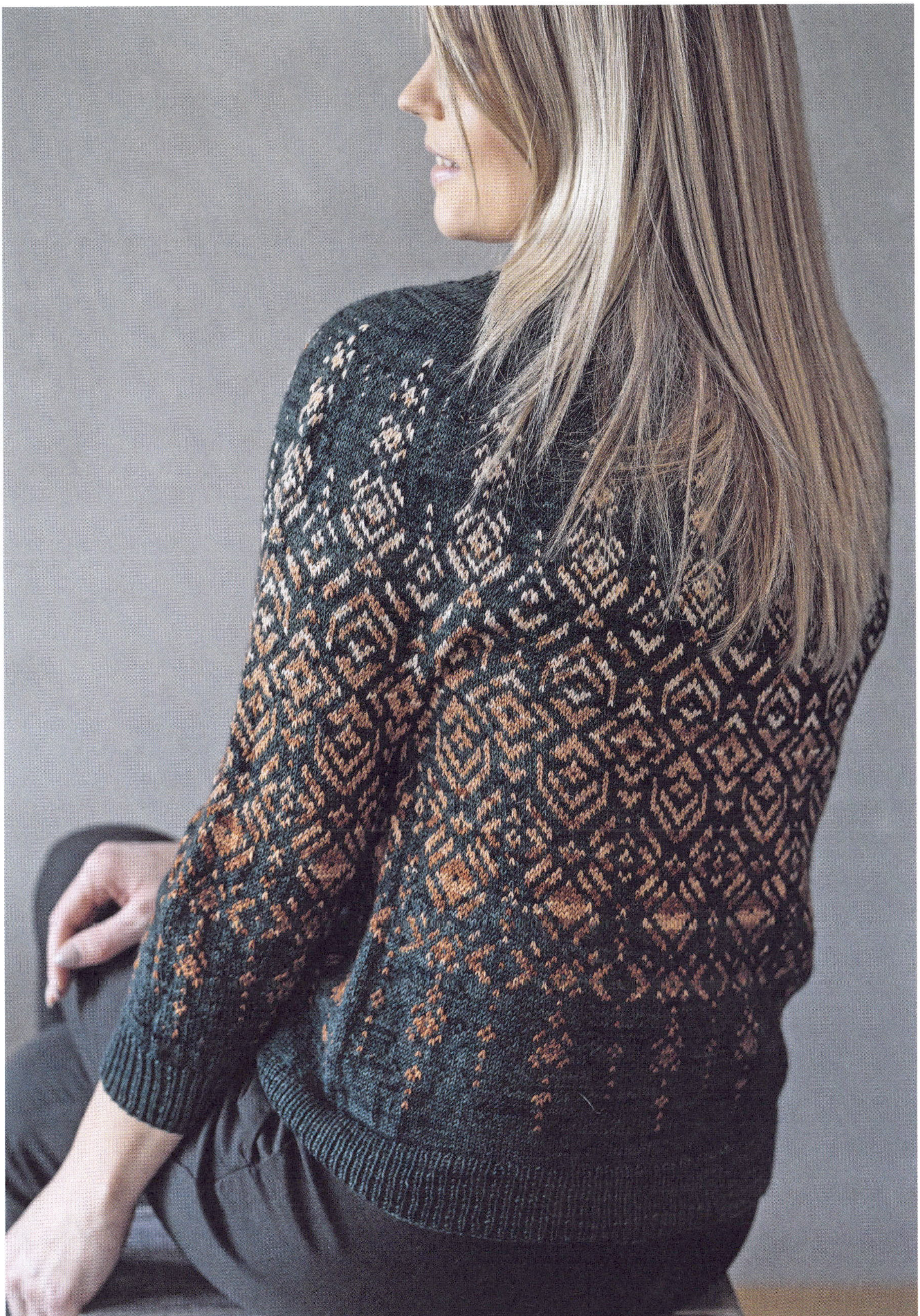

Nun mit einem **Ärmel** weiterarbeiten = 88 (110/132) M. Die restlichen M stilllegen. Am Rundenbeginn 11 M dazu anschlagen, die 88 (110/132) M in der M-Einteilung stricken und am Rundenende erneut 11 M dazu anschlagen = 110 (132/154) M. In der 125. Runde des Jacquardmusters gleichmäßig verteilt 4 (5/6) M abnehmen und dann 1x in der folgenden 3. Runde und 4x in jeder 4. Runde je 4 (5/6) M abnehmen = 86 (102/118) M. Nach den 150 Runden im Jacquardmuster noch 2 (3,5/6) cm glatt rechts in Tanne weiterarbeiten. Danach für den Bund mit der Rundstricknadel 3 mm noch 5 cm = 20 Runden im Rippenmuster weiterarbeiten, dabei in der 1. Runde gleichmäßig verteilt 20 M abnehmen = 66 (82/98) M. Dann die M abketten, wie sie erscheinen.

FERTIGSTELLUNG

Die Unterarmnähte schließen. Aus dem Halsausschnitt 120 (148/176) M mit der Rundstricknadel 3 mm in Tanne auffassen und 3 cm = 12 Runden im Rippenmuster stricken. Dann die M abketten, wie sie erscheinen.

Variante: Für einen Langarmpullover einfach die Ärmel verlängern, dadurch erhöht sich der Verbrauch von Tanne.

Die roten Linien kennzeichnen die zu schließenden Unterarmnähte.
Zur besseren Darstellung ist der Pullover erst ab Passenende gezeichnet.

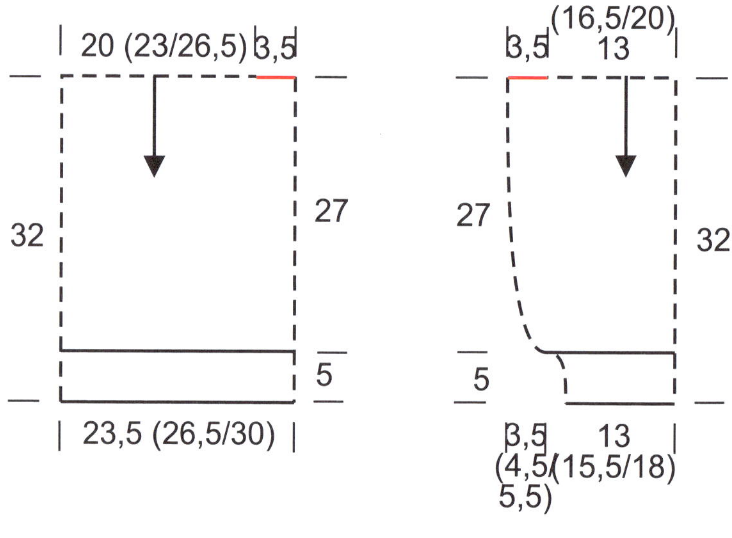

Zeichenerklärung

- = Toffee
- = Kandis
- = Zimt
- = Tanne
- = 1 M aus dem Querfaden rechts verschränkt herausstricken

Strickschrift

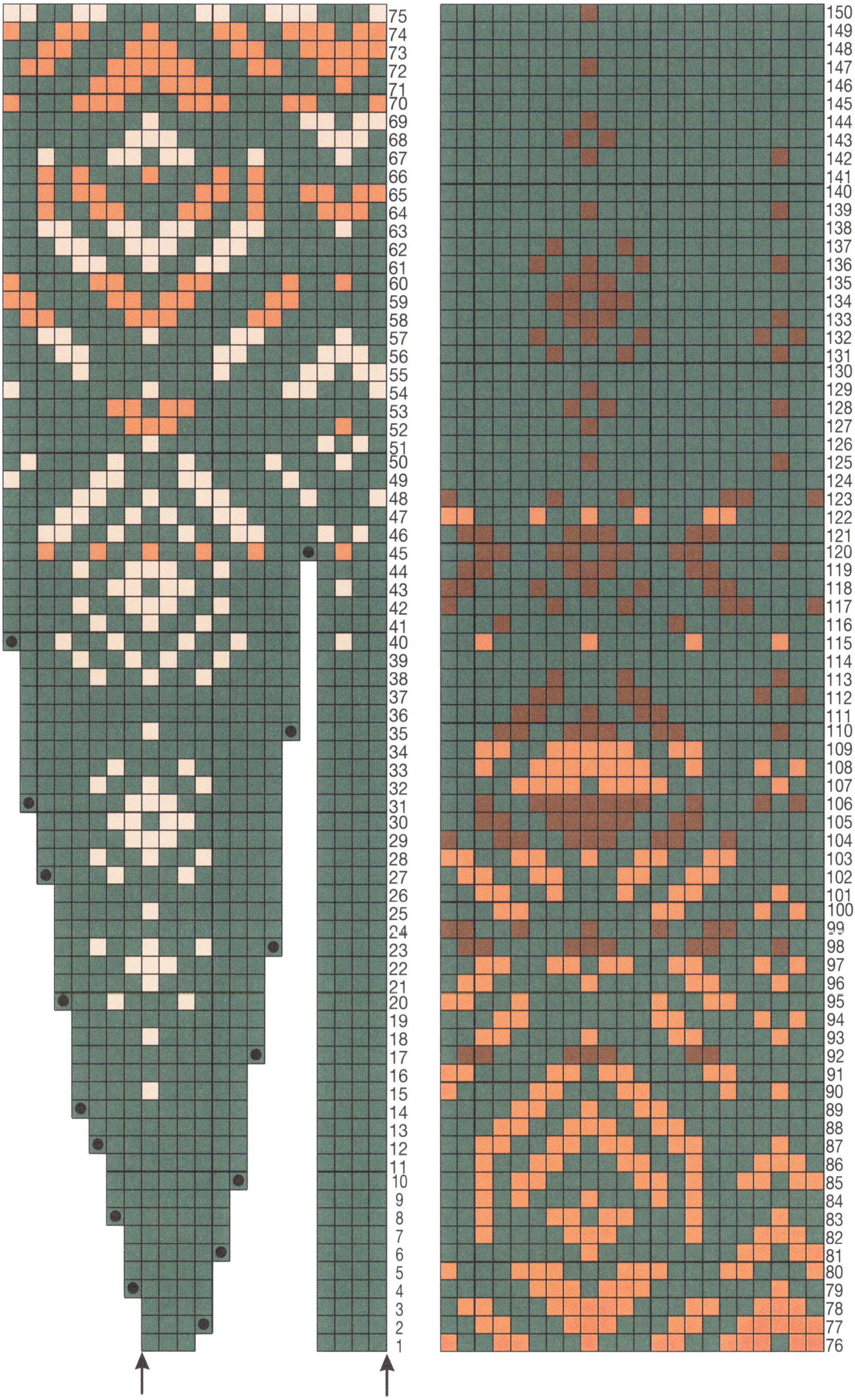

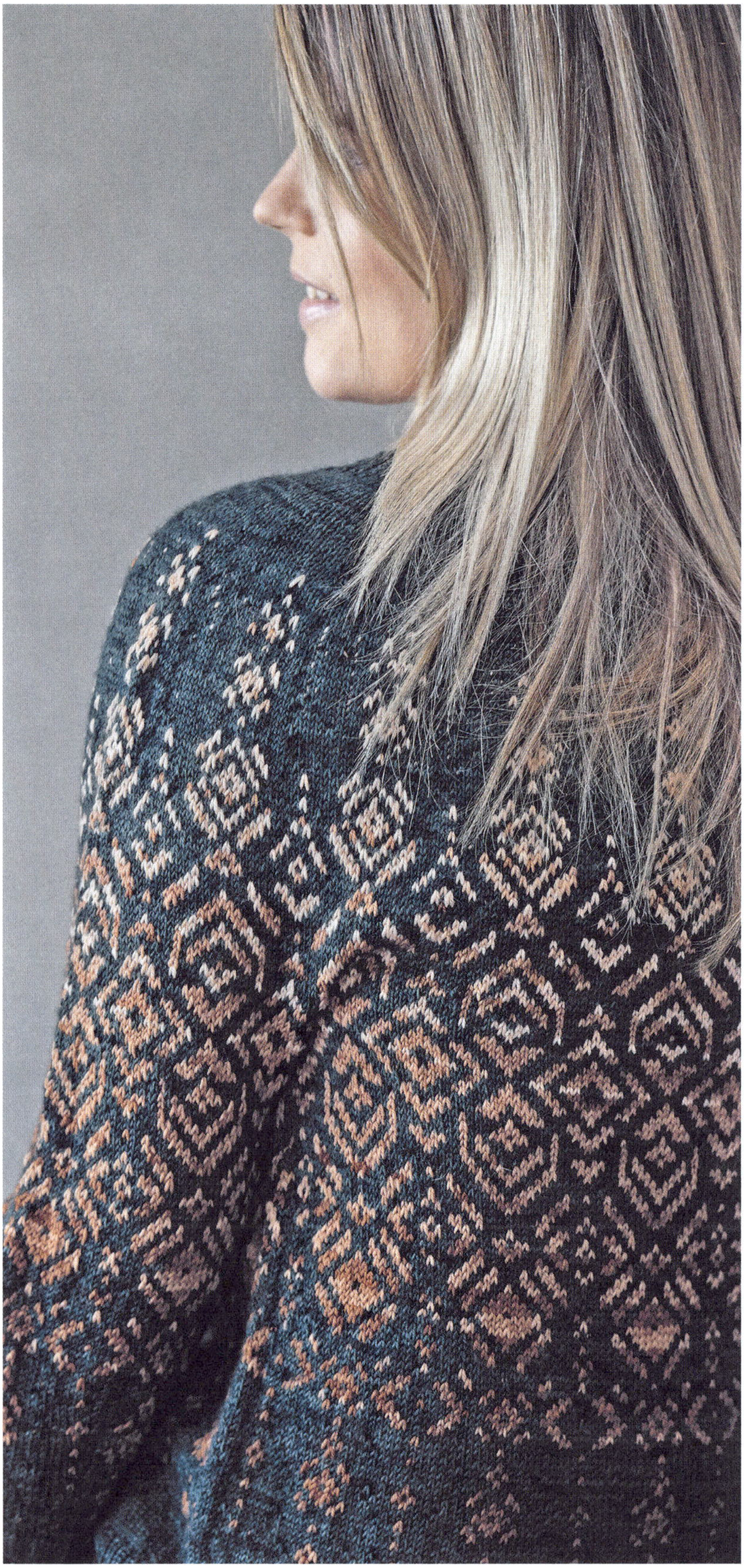

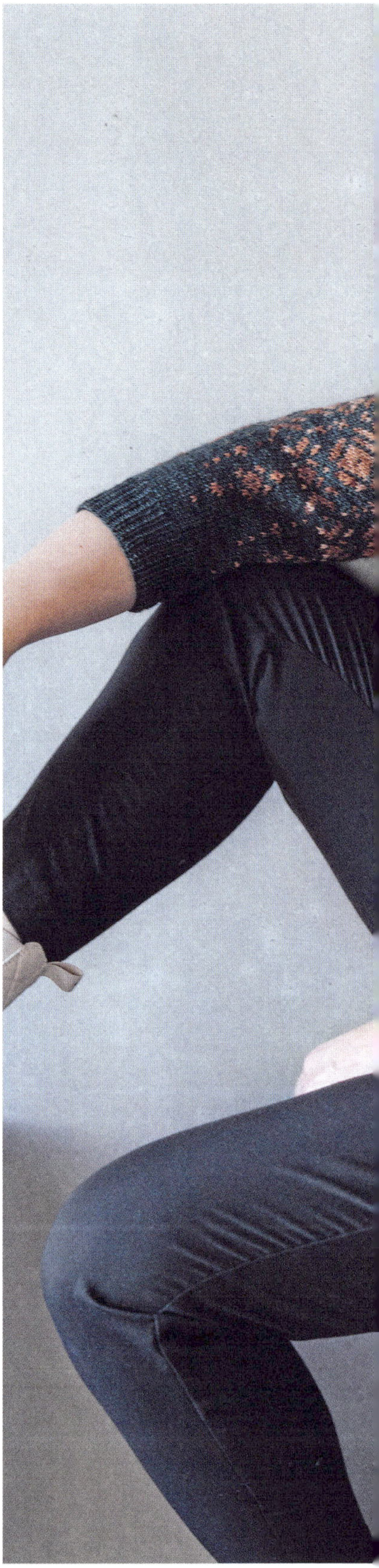

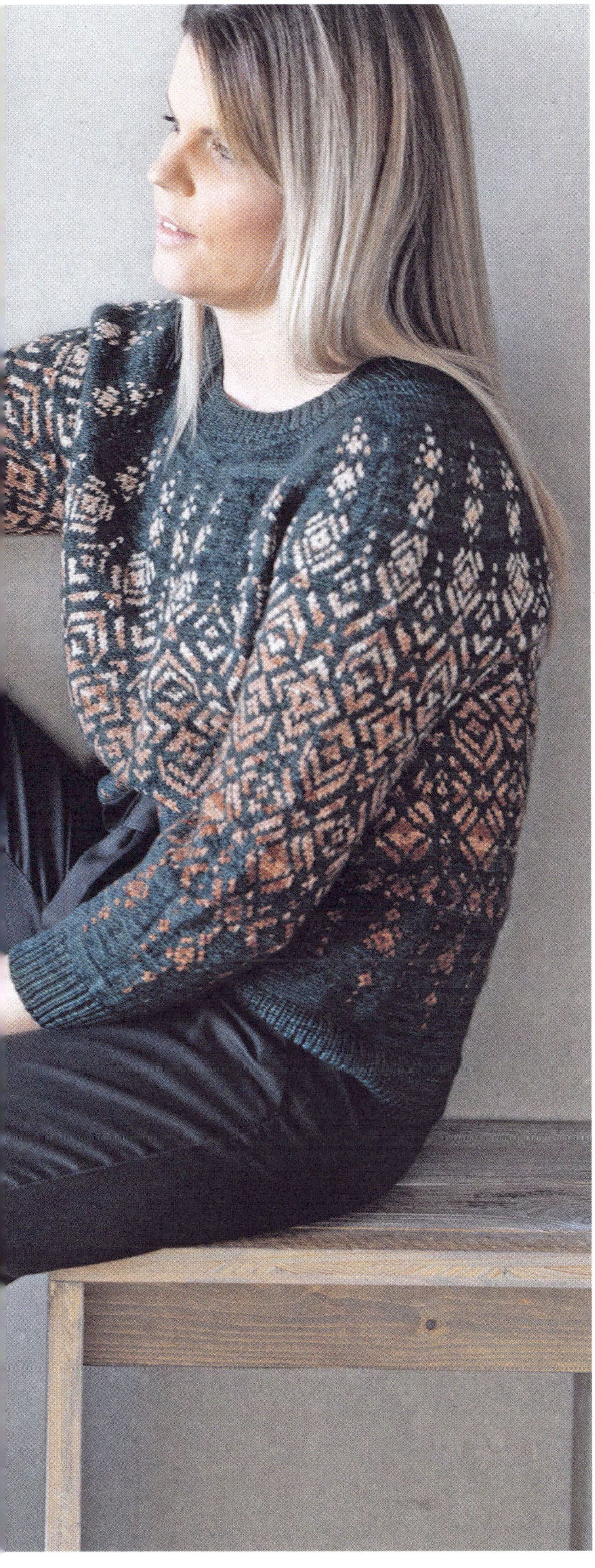
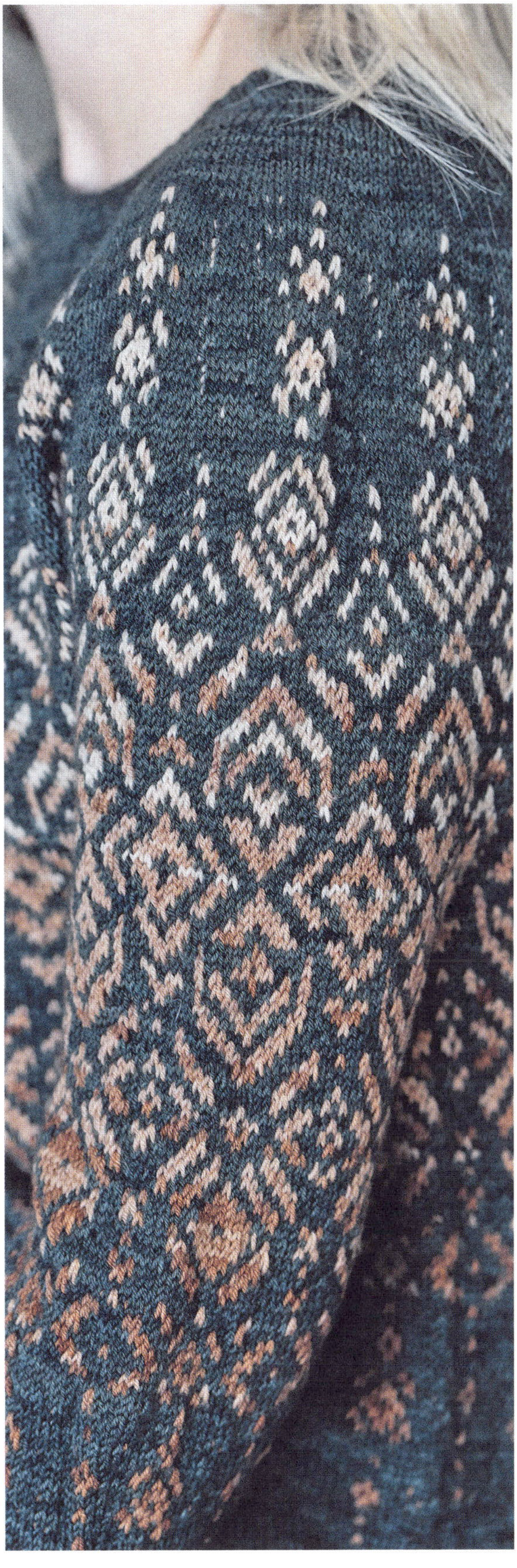

Shirt Tahita

Schwierigkeit **mittel**

GRÖẞE

36/38, 40/42 und 44/46

Die Angaben für die größeren Größen stehen hintereinander in Klammern. Steht nur eine Angabe, so gilt diese für alle Größen.

MATERIAL

Locoporella **Tahita Lace** (100 % Schurwolle, LL = 600 m/100 g): 200 (200/300) g Silber; verschieden lange Rundstricknadeln 3 mm.

MUSTER

Kraus rechts: 1 Runde linke M und 1 Runde rechte M im Wechsel stricken.

Glatt rechts: In Hinreihen rechte M, in Rückreihen linke M stricken; in Runden immer rechte M stricken.

Ajourzopf in Reihen (über 9 M): Nach der Strickschrift A arbeiten. Es ist jede Reihe gezeichnet. Die 1.–8. Reihe stets wiederholen.

Ajourzopf in Runden (über 9 M): Nach der Strickschrift B arbeiten. Es ist jede Runde gezeichnet. Die 1.–8. Runde stets wiederholen.

MASCHENPROBEN

Glatt rechts: 30 M und 42 Reihen/Runden = 10 cm x 10 cm.

Ajourzopf: 9 M und 42 Reihen/Runden = 2,5 cm x 10 cm.

Die Nadelstärke so wählen, dass die angegebene Maschenprobe nach dem Waschen und Trocknen möglichst genau erreicht wird.

SO WIRD'S GEMACHT

Den Pullover in einem Stück von oben stricken. Mit dem Halsausschnitt des Rückenteils beginnen: 56 M anschlagen und M wie folgt einteilen: Randm, 9 M Ajourzopf = Raglanschräge, 36 M glatt rechts, 9 M Ajourzopf = Raglanschräge, Randm.

Zur Formgebung in jeder 2. Reihe beidseitig 1x 2 M, 1x 9 M dazu anschlingen = 78 M. Nun M wie folgt einteilen: Randm, 9 M Ajourzopf = Raglanschräge, 2 M glatt rechts, 9 M Ajourzopf = Raglanschräge, 36 M glatt rechts, 9 M Ajourzopf = Raglanschräge, 2 M glatt rechts, 9 M Ajourzopf, Randm.

Nun für die Raglanschrägungen in jeder Hinreihe beidseitig der Raglanschrägen 48x (52x/58x) je 1 M aus dem Querfaden rechts verschränkt herausstricken. Gleichzeitig für die Ausschnittschrägungen beidseitig 17x in jeder Hinreihe je 1 M betont zunehmen, dafür nach der Randm, 1 M glatt rechts stricken, dann 1 M aus dem Querfaden rechts verschränkt herausstricken, bis zu den letzten 2 M mustergemäß stricken, danach 1 M aus dem Querfaden rechts verschränkt herausstricken, 1 M glatt rechts und Randm stricken = 496 (528/576) M bzw. 132 (140/152) M für Vorder- und Rückenteil, je 9 M pro Raglanschrägen, 98 (106/118) M pro Ärmel. Nach den Zunahmen der Ausschnittschrägungen ab der folgenden Hinreihe in Runden weiterarbeiten; der Rundenanfang liegt in der vorderen Mitte. Die Zunahmen der Raglanschrägungen fortsetzen.

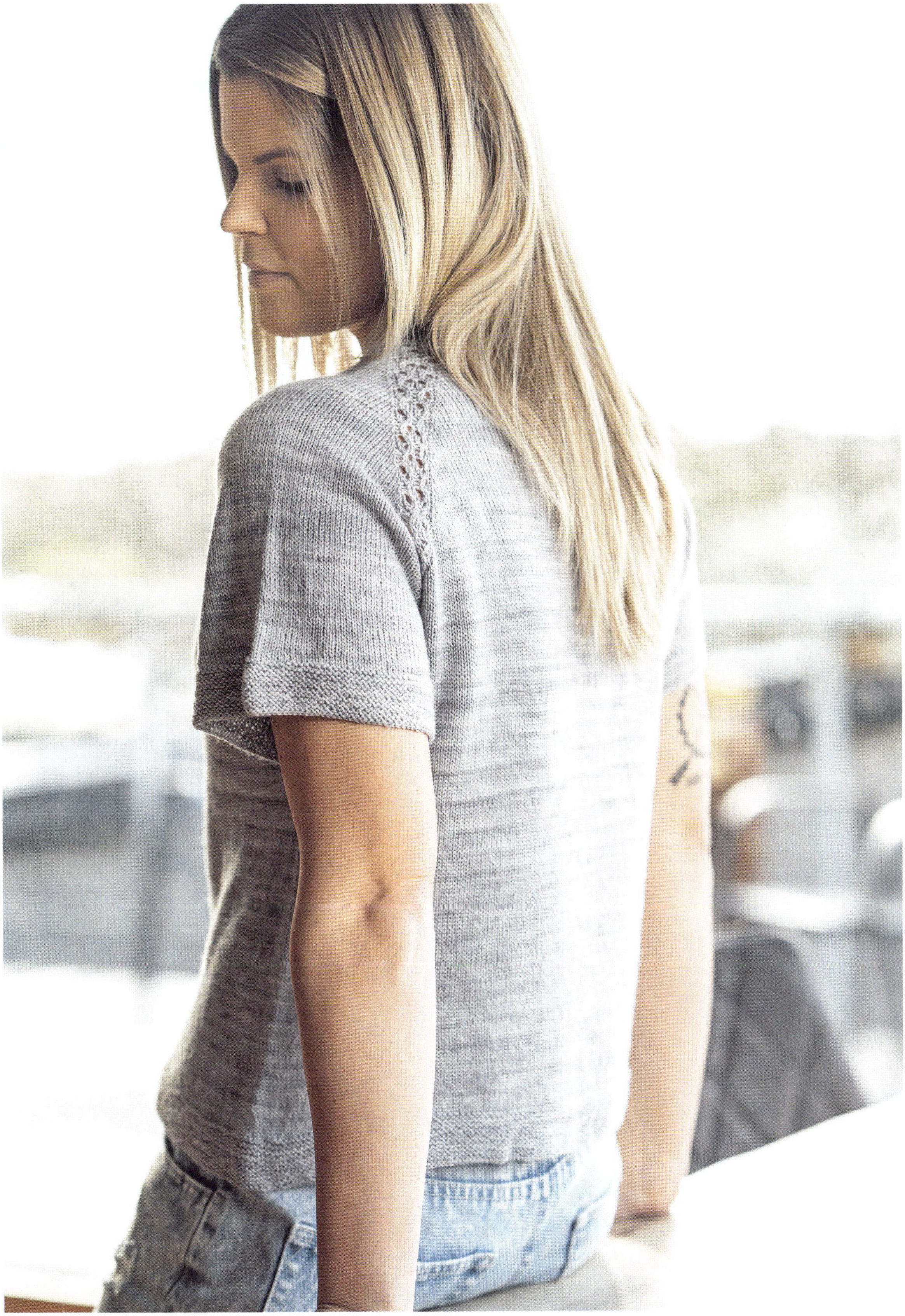

Nach den Zunahmen der Raglanschrägungen die Arbeit in die einzelnen Teile teilen, dabei die je 9 M der Raglanstreifen so aufteilen, dass jeweils 4 M zum Ärmel und 5 M zum Vorder- bzw. Rückenteil hinzugenommen werden. Die nun 106 (114/126) M pro Ärmel stilllegen und zuerst mit den M des **Vorder-** und **Rückenteils** weiterarbeiten, dabei den Rundenanfang zwischen Vorder- und Rückenteil versetzen: Am Rundenbeginn 3 (4/5) M dazu anschlagen, die 142 (150/162) M des Vorderteils rechts stricken, 6 (8/10) M dazu anschlagen, 142 (150/162) M des Rückenteils rechts stricken und am Rundenende erneut 3 (4/5) M dazu anschlagen = 296 (316/344) M. Über alle M glatt rechts in Runden weiterarbeiten. Den Rundenanfang markieren. In 28 cm = 118 Runden ab Passenende für den Bund noch 3,5 cm = 20 Runden kraus rechts stricken. Dann die M abketten.

Nun mit einem **Ärmel** weiterarbeiten, die restlichen M stilllegen. Am Rundenbeginn 3 (4/5) M dazu anschlagen, die 106 (114/126) M rechts stricken und am Rundenende erneut 3 (4/5) M dazu anschlagen = 112 (122/136) M. Glatt rechts in Runden weiterarbeiten. In 4 cm = 16 Runden ab Passenende für den Bund noch 3,5 cm = 20 Runden kraus rechts stricken. Dann die M abketten.

FERTIGSTELLUNG

Die Unterarmnähte schließen. Aus dem Halsausschnitt 136 M mit der Rundstricknadel 3 mm auffassen und 3 Runden kraus rechts stricken. M abketten.

Varianten: Wenn gewünscht können die Ärmel verlängert werden; gegebenenfalls Ärmelschrägungen einarbeiten. Auch Vorder- und Rückenteil können verlängert werden, für einen Pullover in A-Linie kann eine Seitenschrägung gestrickt werden.

Strickschrift A

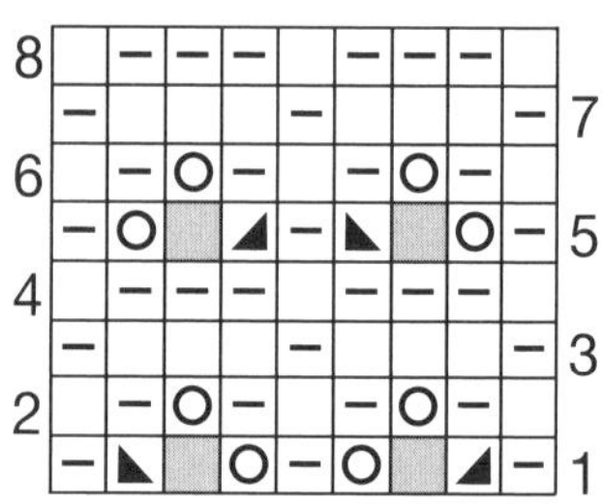

Strickschrift B

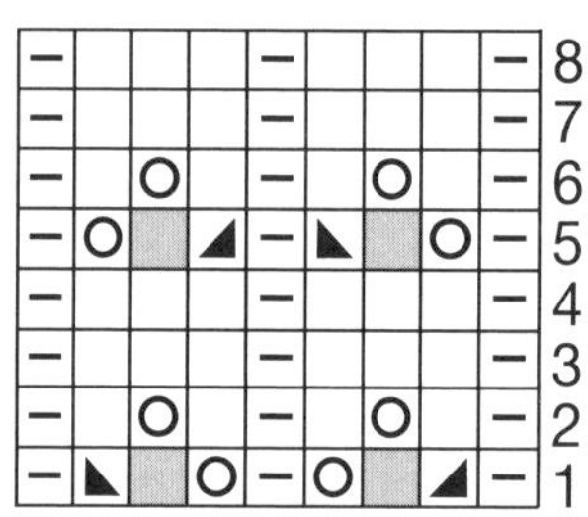

Zeichenerklärung

- = 1 M rechts
- = 1 M links
- = keine M, dient nur der besseren Übersichtlichkeit
- = 1 Umschlag
- = 3 M rechts zusammenstricken
- = 3 M rechts überzogen zusammenstricken (= 1 M wie zum Rechtsstricken abheben, 2 M rechts zusammenstricken, dann die abgehobene M überziehen)

Die roten Linien kennzeichnen die zu schließenden Unterarmnähte.
Zur besseren Darstellung ist der Pullover erst ab Passenende gezeichnet.

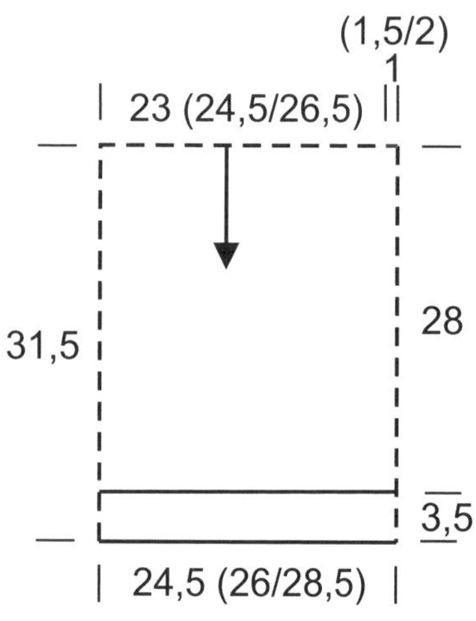

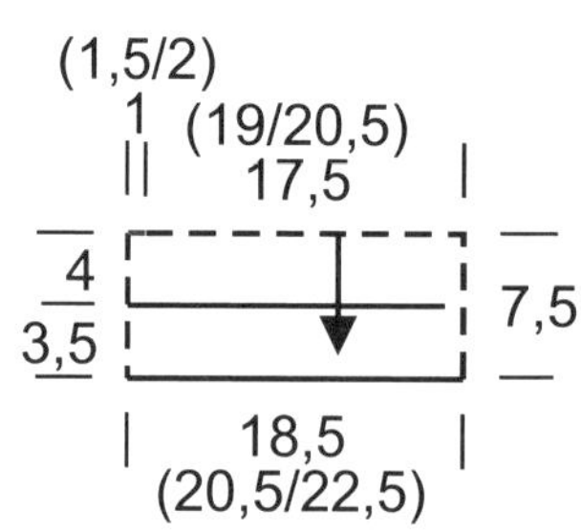

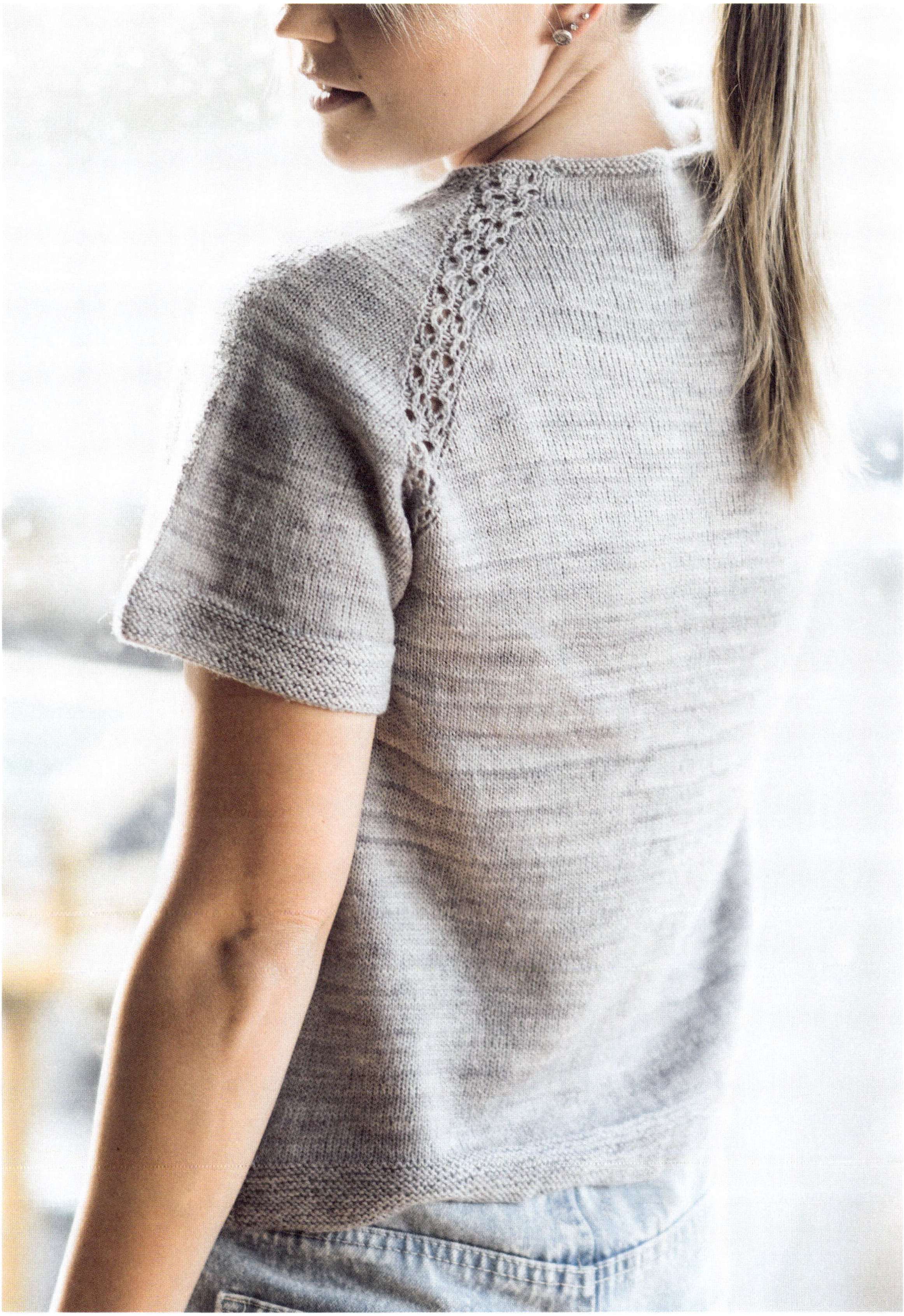

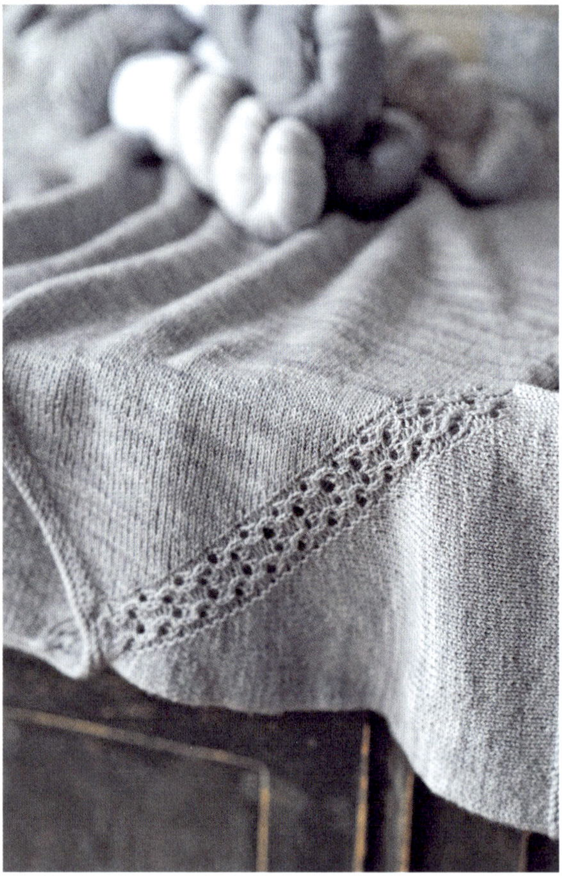

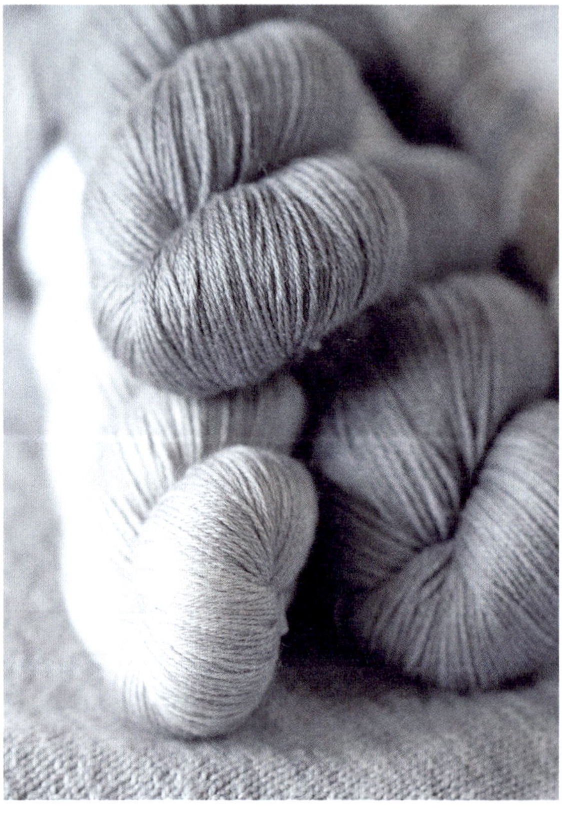

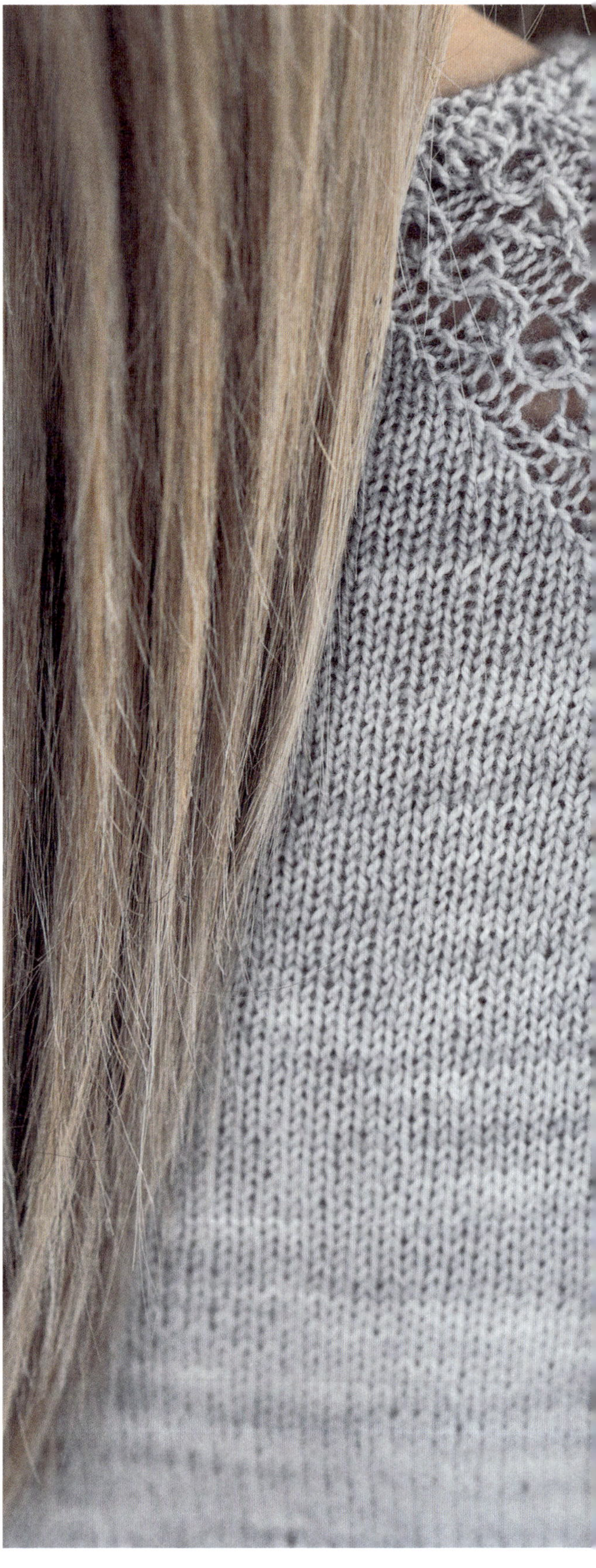

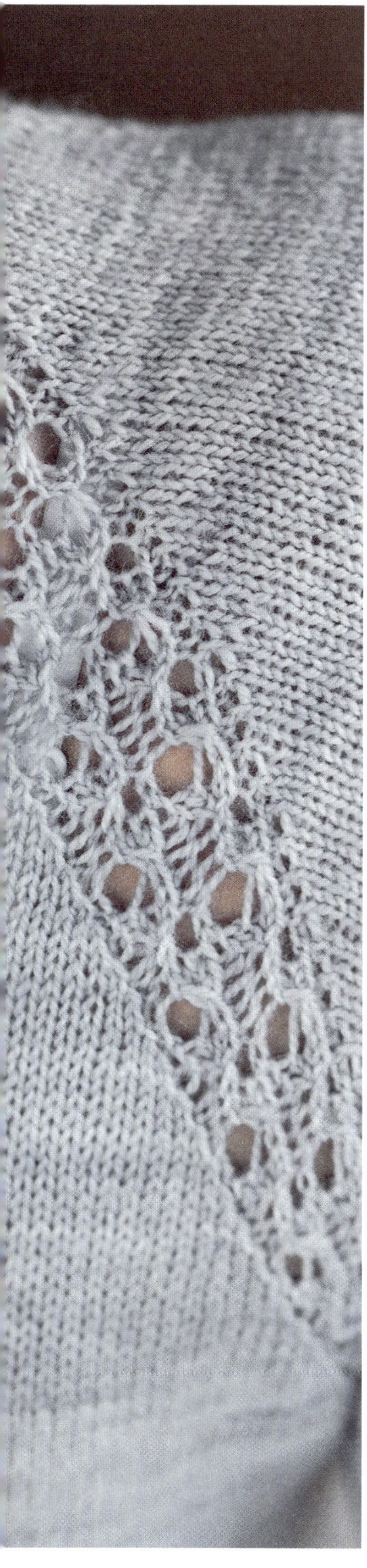

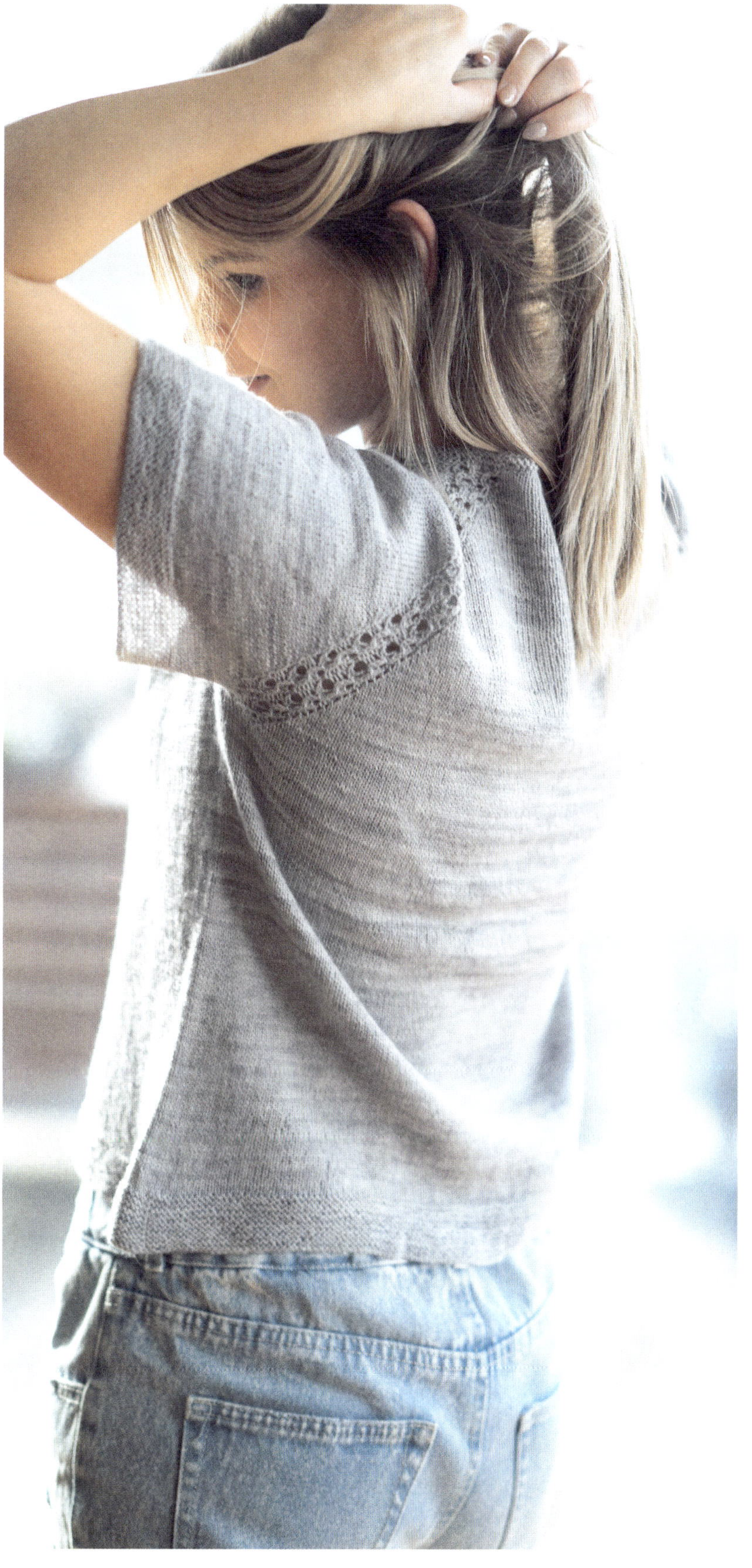

Pulli Corvina

Schwierigkeit **anspruchsvoll**

GRÖẞE

36/38, 40/42 und 44/46
Die Angaben für die größeren Größen stehen hintereinander in Klammern. Steht nur eine Angabe, so gilt diese für alle Größen.

MATERIAL

Locoporella **Merino Silk** (60 % Schurwolle, 40 % Seide, LL = 425 m/100 g) 300 g Salbei; verschieden lange Rundstricknadeln 3,5 mm.

MUSTER

Kraus rechts: In Hin- und Rückreihen rechte M stricken; in Runden: 1 Runde rechte M und 1 Runde linke M im Wechsel stricken.

Glatt rechts: In Hinreihen rechte M, in Rückreihen linke M stricken; in Runden immer rechte M stricken.

Pfauenmuster in Reihen (M-Zahl teilbar durch 17):
1. Reihe (= Hinreihe): * 3x je 2 M rechts zusammenstricken, 5x [1 Umschlag, 1 M rechts], 1 Umschlag, 3x je 2 M rechts überzogen zusammenstricken (= 1 M wie zum Rechtsstricken abheben, 1 M rechts stricken, dann die abgehobene M überziehen), ab * stets wiederholen.
2. Reihe (= Rückreihe): Alle M und Umschläge links stricken.
3.–6. Reihe: Die 1. und 2. Reihe noch 2x wiederholen = 6 Reihen.

Pfauenmuster in Runden (M-Zahl teilbar durch 17):
1. Runde: * 3x je 2 M rechts zusammenstricken, 5x [1 Umschlag, 1 M rechts], 1 Umschlag, 3x je 2 M rechts überzogen zusammenstricken, ab * stets wiederholen.
2. Runde: Alle M und Umschläge rechts stricken.
3.–6. Runde: Die 1.–2. Runde noch 2x wiederholen = 6 Runden.

Halsausschnittrundung: Nach der Strickschrift A arbeiten. 1x die 1.–8. Reihe arbeiten.

Pfauenmuster mit Ärmelzunahmen (M-Zahl teilbar durch 17 in Runden): Nach der Strickschrift B arbeiten. Mit den M vor dem rechten Pfeil beginnen, den Rapport von 17 M zwischen den Pfeilen stets wiederholen und mit den M nach dem linken Pfeil enden. 1x die 1.–76. (82./92.) Runde arbeiten.

Musterfolge: * 2 Reihen/Runden glatt rechts, 6 Reihen/Runden Pfauenmuster, 6 Reihen/Runden kraus rechts, ab * stets wiederholen.

Doppel-M: Nach dem Wenden am Anfang der Reihe den Faden vor die Arbeit legen, von rechts in die 1. M einstechen, die M und den Faden zusammen abheben. Danach den Faden fest über die Nadel nach hinten ziehen. Dadurch wird die M über die Nadel gezogen und liegt doppelt. In der folgenden Reihe beide M-Teile zusammen erfassen und mustergemäß abstricken.

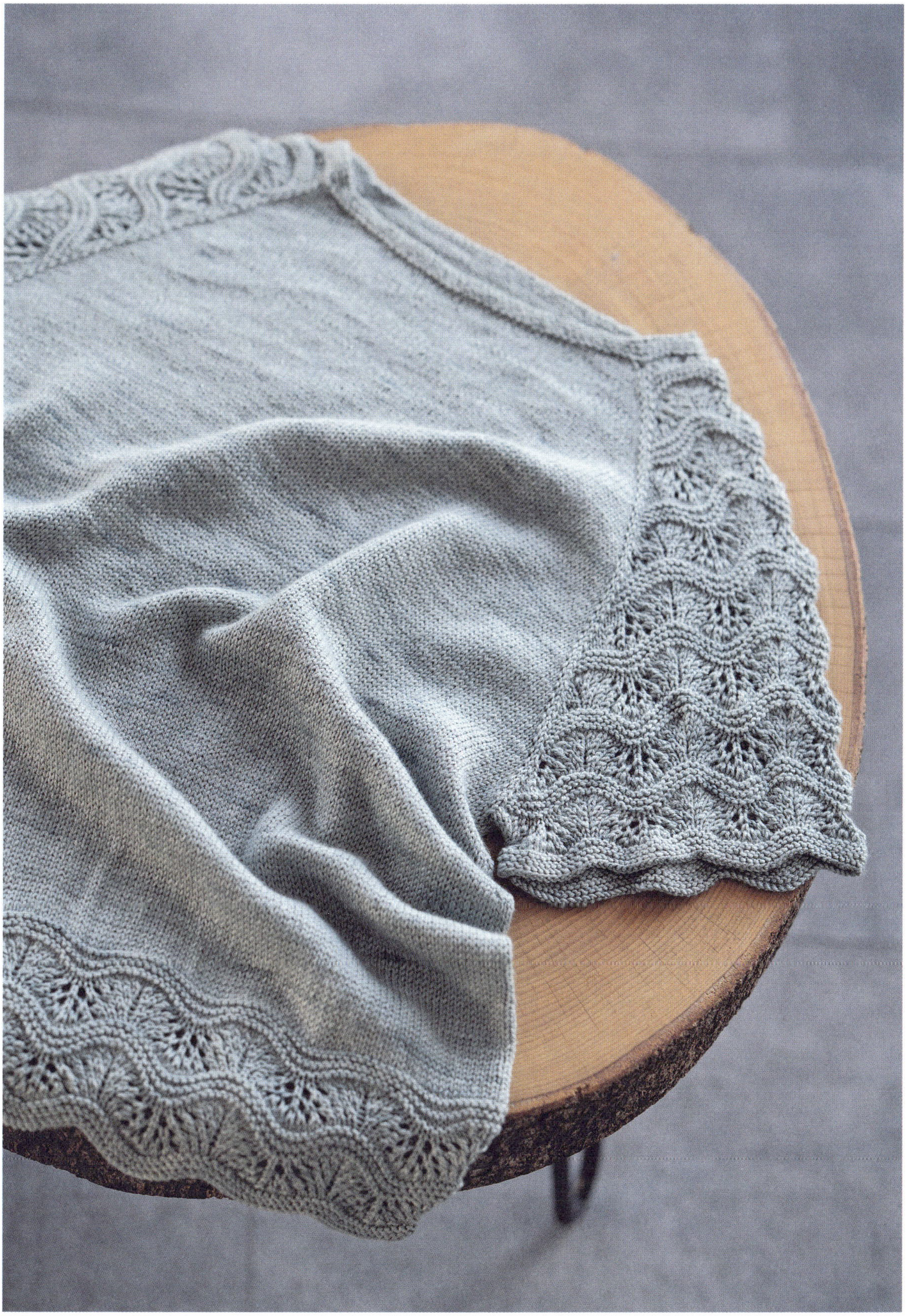

MASCHENPROBEN

Glatt rechts: 28 M und 31 Reihen/Runden = 10 cm x 10 cm.
Musterfolge: 28,5 M und 38 Reihen/Runden = 10 cm x 10 cm.
Die Nadelstärke so wählen, dass die angegebene Maschenprobe nach dem Waschen und Trocknen möglichst genau erreicht wird.

SO WIRD'S GEMACHT

Den Pullover in einem Stück von oben stricken: 126 M anschlagen und in der Musterfolge stricken. Nach 6 Runden ab Anschlag die M wie folgt markieren: 1 M Raglanschräge, 44 M glatt rechts = Rückenteil, 1 M Raglanschräge, 17 M Musterfolge = rechter Ärmel, 1 M Raglanschräge, 44 M glatt rechts = Vorderteil, 1 M Raglanschräge, 17 M Musterfolge = linker Ärmel. Die M der Raglanschrägen markieren.

Für den **Halsausschnitt** 8 Reihen nach Strickschrift A in verkürzten Reihen arbeiten, dabei nach und nach über mehr M stricken, beim Wenden je 1 Doppel-M arbeiten und gleichzeitig die ersten Zunahmen der Raglanschrägen arbeiten (die Raglan-M sind in der Strickschrift grau hinterlegt). Nach den 8 Reihen der Strickschrift weiterhin in verkürzten Reihen arbeiten, dabei die M-Einteilung und die Musterfolge über den M der Ärmel fortsetzen und noch 3x in jeder 2. Reihe beidseitig der 4 Raglan-M jeweils 1 M aus dem Querfaden rechts verschränkt herausstricken, gleichzeitig am Ende der folgenden 2 Reihen (= 9. und 10. Reihe) über je 3 M, dann am Ende der folgenden 2 Reihen (= 11. und 12. Reihe) über je 5 M mehr stricken und am Ende der folgenden Reihe (= 13. Reihe) über die restlichen stillgelegten M stricken, dabei die Arbeit stets mit 1 Doppel-M wenden.

Nun über alle M in Runden weiterarbeiten. Den Faden abschneiden und den Rundenanfang zwischen linkem Ärmel und dem Rückenteil legen = 178 M. Die M wie folgt markieren: 58 M glatt rechts = Rückenteil, 1 M = Raglanschräge, 29 M Musterfolge fortsetzen = rechter Ärmel (siehe auch Strickschrift B für das Pfauenmuster mit Ärmelzunahmen), 1 M Raglanschräge, 58 M glatt rechts = Vorderteil, 1 M = Raglanschräge, 29 M Musterfolge fortsetzen = linker Ärmel, 1 M Raglanschräge.
Für die weiteren Raglanzunahmen 38x (41x/46x) in jeder 2. Runde beidseitig der markierten Raglanschrägen je 1 M rechts verschränkt aus dem Querfaden zunehmen = 482 (506/546) M, die sich verteilen zu je 134 (140/150) M pro Vorder- und Rückenteil, 105 (111/121) M pro Ärmel und insgesamt 4 M Raglanschrägen.

Nun die Arbeit in die einzelnen Teile teilen und zuerst mit den M des **Vorder-** und **Rückenteils** glatt rechts weiterarbeiten, dabei in der 1. Runde die bisherigen M der Raglanschrägen mit der M davor rechts zusammenstricken = 268 (280/300) M. Den Rundenanfang markieren. In 27 cm = 84 Runden ab Passenende für den Bund noch 9 cm = 34 Runden in der Musterfolge stricken, dabei in der 1. Runde gleichmäßig verteilt 4 (9/6) M zunehmen = 272 (289/306) M. Dann die M abketten.

Nun mit einem **Ärmel** in der Musterfolge in Runden weiterarbeiten = 105 (111/121) M, dabei in der 1. Runde gleichmäßig verteilt 3 (9/2) M abnehmen = 102 (102/119) M. Nach insgesamt 8 (16/6) Runden alle M abketten.

FERTIGSTELLUNG

Für die Blende aus dem Halsausschnitt 126 M mit der Rundstricknadel 3,5 mm auffassen und 5 Runden kraus rechts stricken. M abketten.

Variante: Die Ärmel können nach Wunsch verlängert werden, dafür die Musterfolge fortsetzen. Dabei erhöht sich der Materialverbrauch.

Strickschrift A

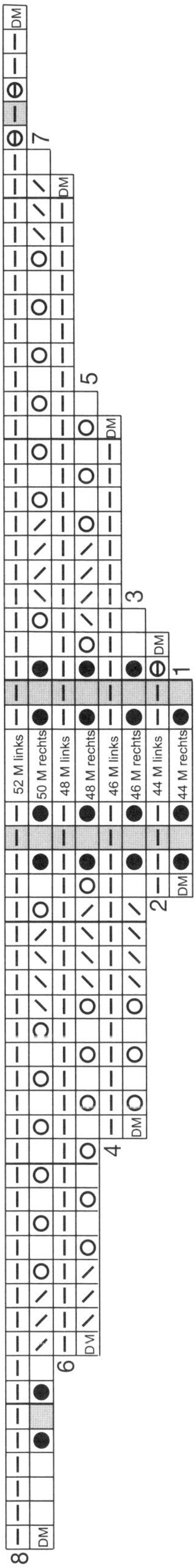

Zur besseren Darstellung ist der Pullover erst ab Passenende gezeichnet.

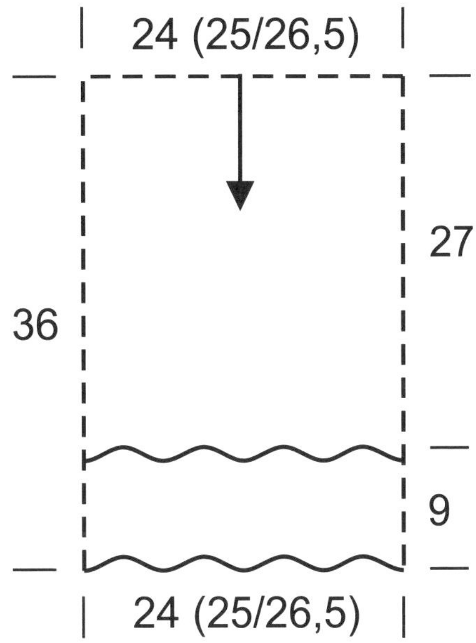

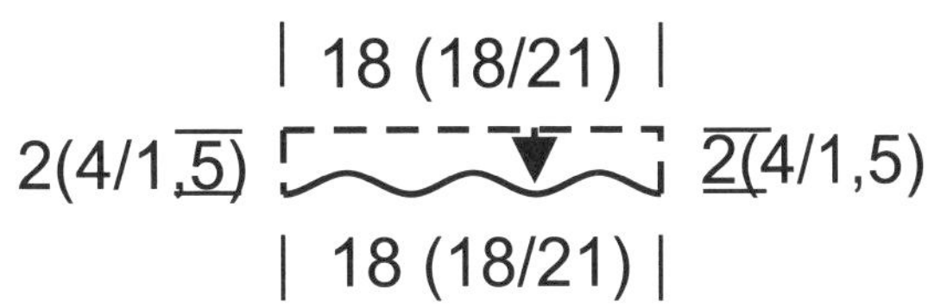

Zeichenerklärung

☐ = 1 M glatt rechts (in Hinreihen rechte M, in Rückreihen linke M stricken)

⊟ = 1 M glatt links (in Hinreihen linke M, in Rückreihen rechte M stricken)

☒ = 1 M kraus rechts (in Hin- und Rückreihen rechte M stricken)

O = 1 Umschlag

● = 1 M aus dem Querfaden rechts verschränkt herausstricken

⊖ = 1 M aus dem Querfaden links verschränkt herausstricken

DM = 1 Doppel-M (= Nach dem Wenden am Anfang der Reihe den Faden vor die Arbeit legen, von rechts in die 1. M einstechen, die M und den Faden zusammen abheben. Danach den Faden fest über die Nadel nach hinten ziehen. Dadurch wird die M über die Nadel gezogen und liegt doppelt. In der folgenden Reihe beide M-Teile zusammen erfassen und mustergemäß abstricken.)

⧄ = 2 M rechts zusammenstricken

⧅ = 2 M rechts überzogen zusammenstricken (= 1 M wie zum Rechtsstricken abheben, 1 M rechts stricken, dann die abgehobene M überziehen)

Strickschrift B

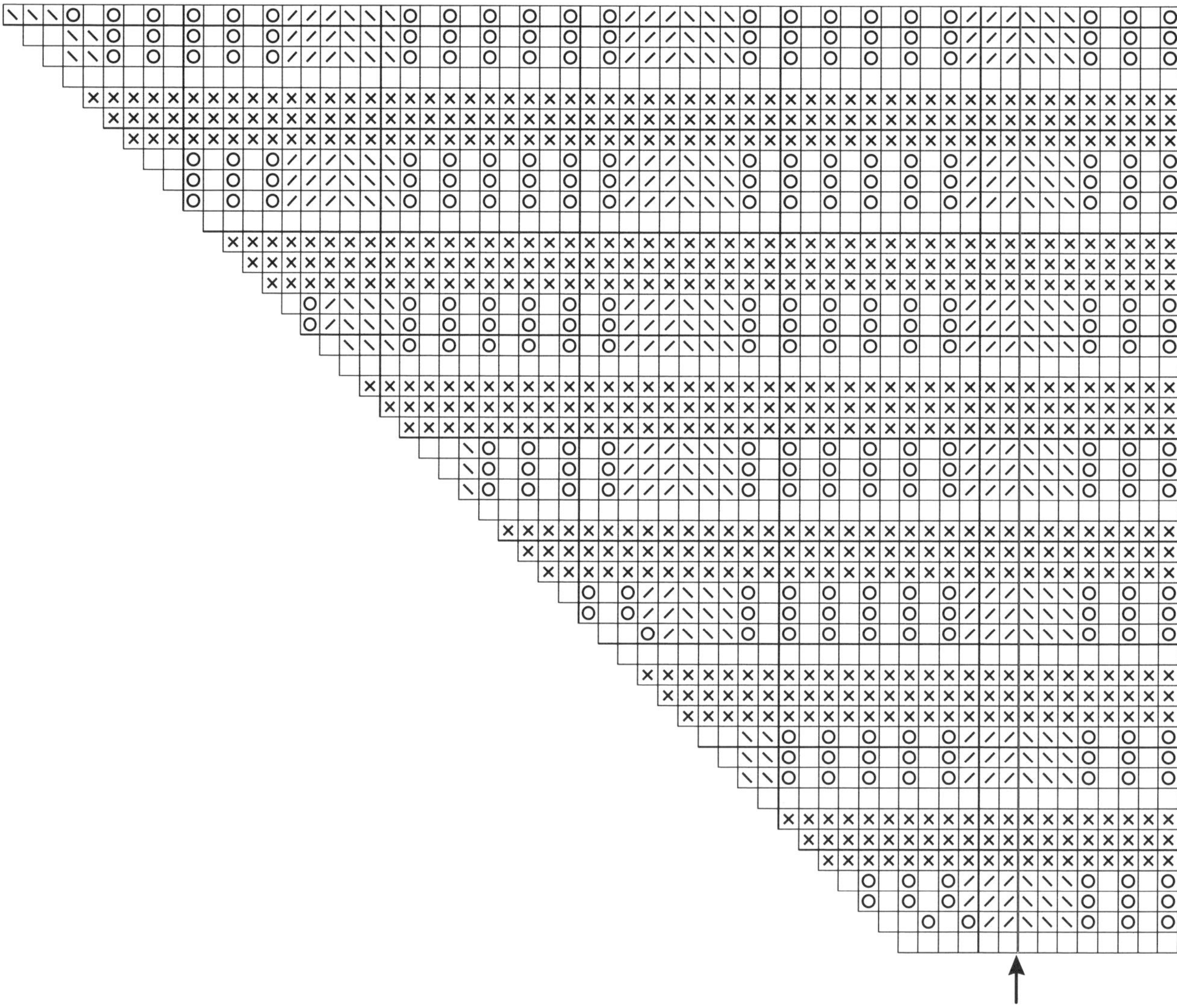

Zeichenerklärung

☐ = 1 M glatt rechts (in Hinreihen rechte M, in Rückreihen linke M stricken)

⊟ = 1 M glatt links (in Hinreihen linke M, in Rückreihen rechte M stricken)

⊠ = 1 M kraus rechts (in Hin- und Rückreihen rechte M stricken)

O = 1 Umschlag

● = 1 M aus dem Querfaden rechts verschränkt herausstricken

⊖ = 1 M aus dem Querfaden links verschränkt herausstricken

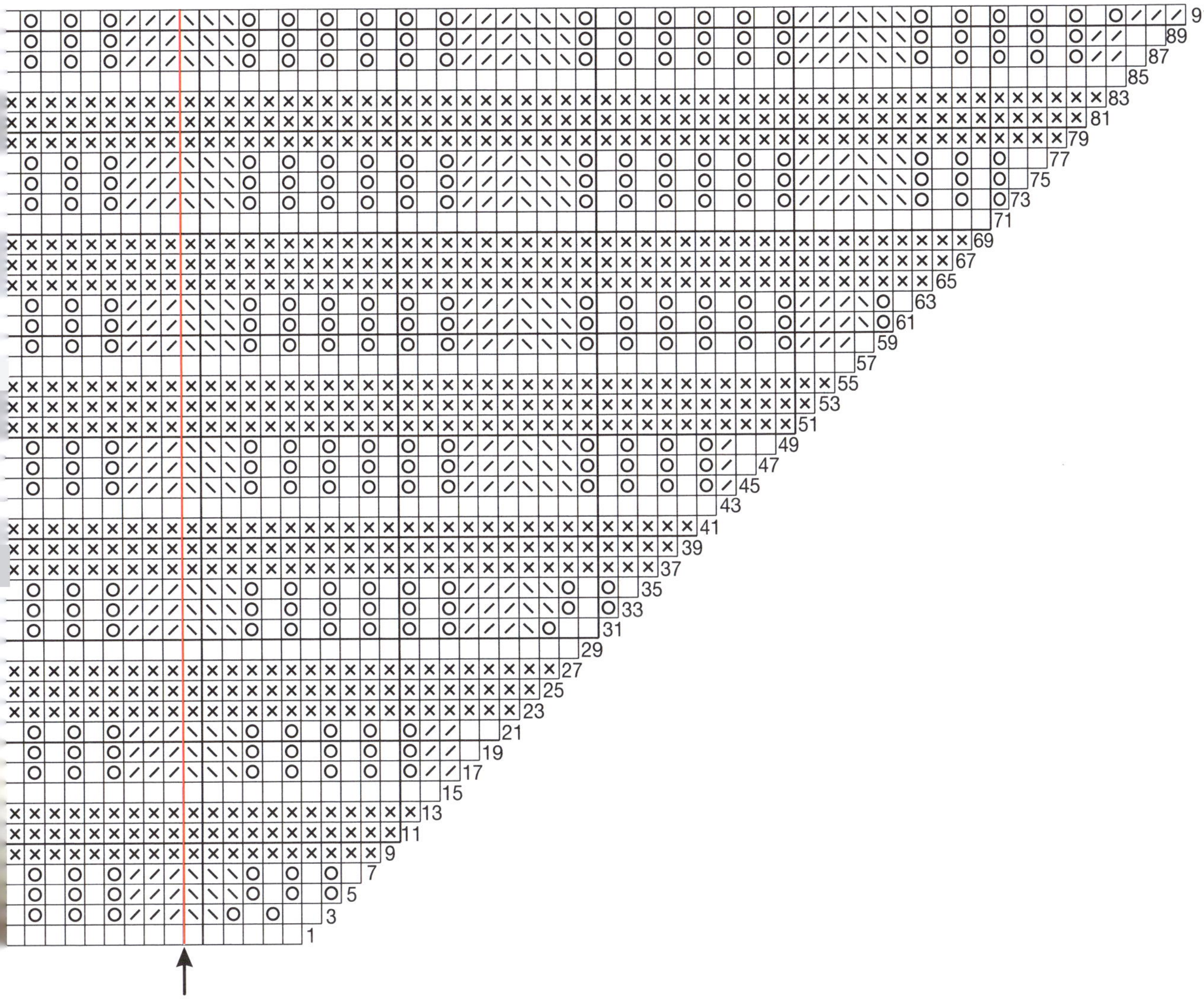

DM = 1 Doppel-M (= Nach dem Wenden am Anfang der Reihe den Faden vor die Arbeit legen, von rechts in die 1. M einstechen, die M und den Faden zusammen abheben. Danach den Faden fest über die Nadel nach hinten ziehen. Dadurch wird die M über die Nadel gezogen und liegt doppelt. In der folgenden Reihe beide M-Teile zusammen erfassen und mustergemäß abstricken.)

/ = 2 M rechts zusammenstricken

\ = 2 M rechts überzogen zusammenstricken (= 1 M wie zum Rechtsstricken abheben, 1 M rechts stricken, dann die abgehobene M überziehen)

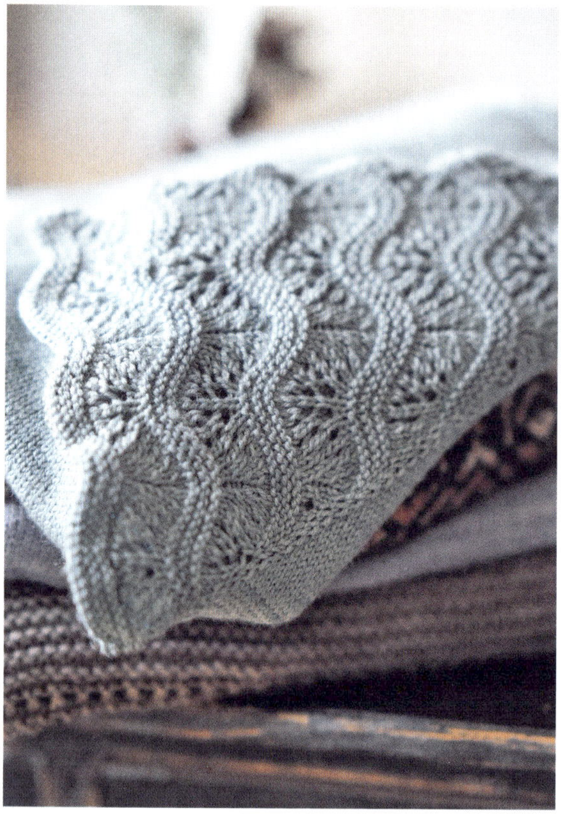

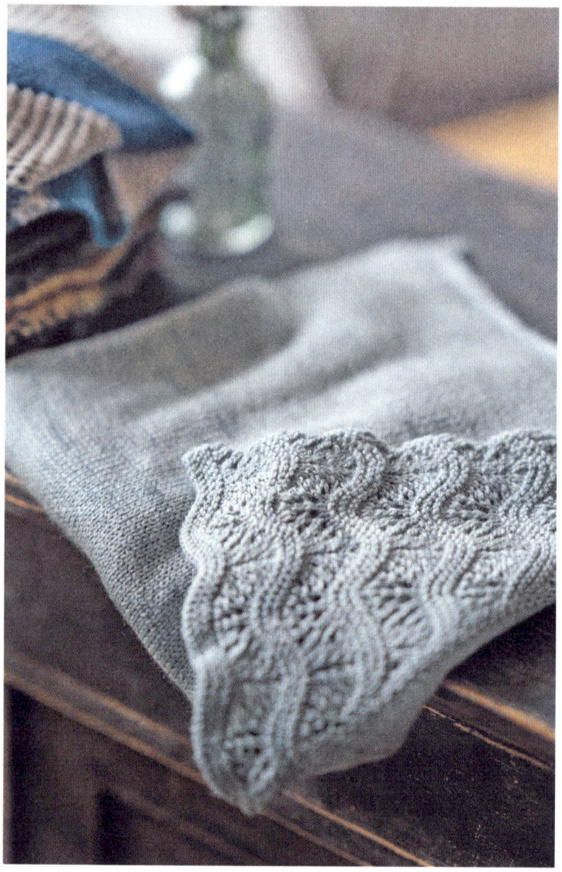

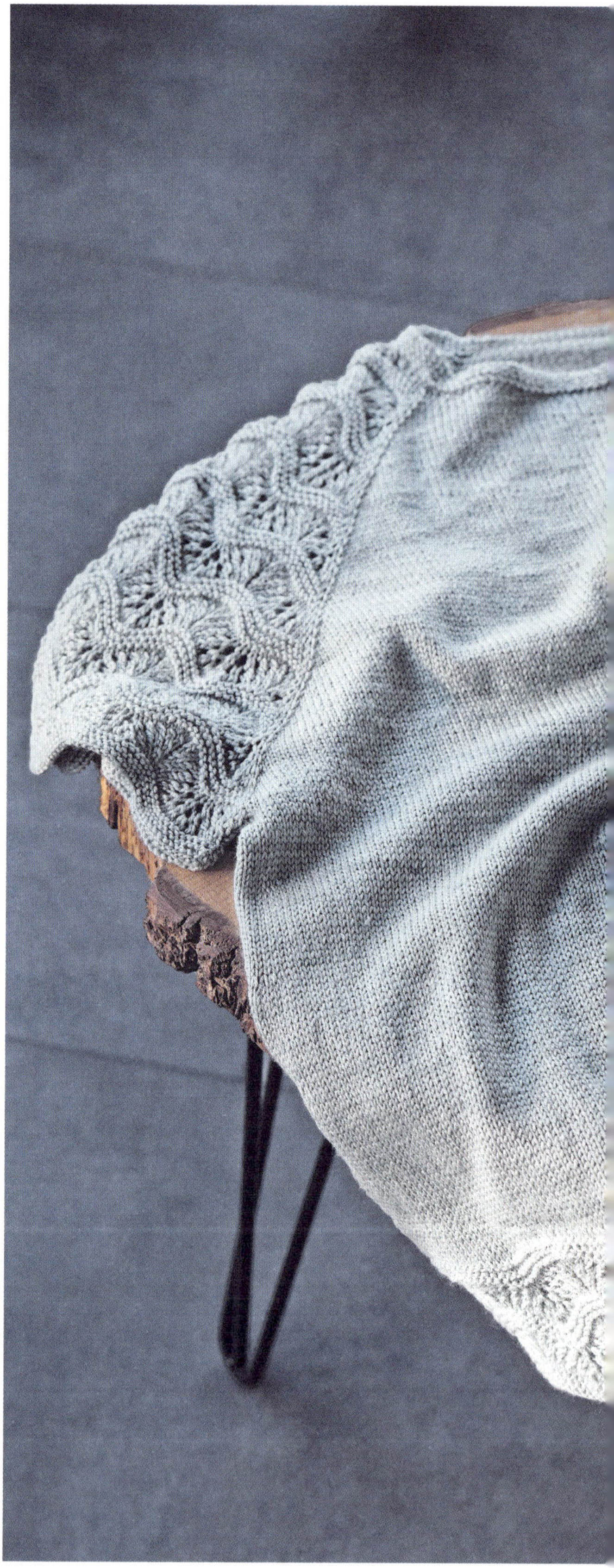

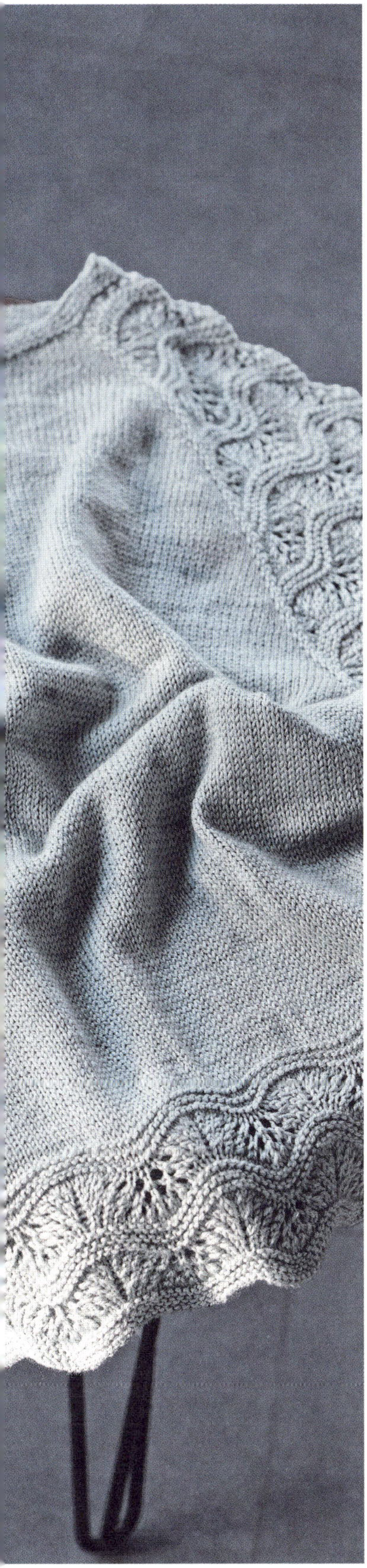

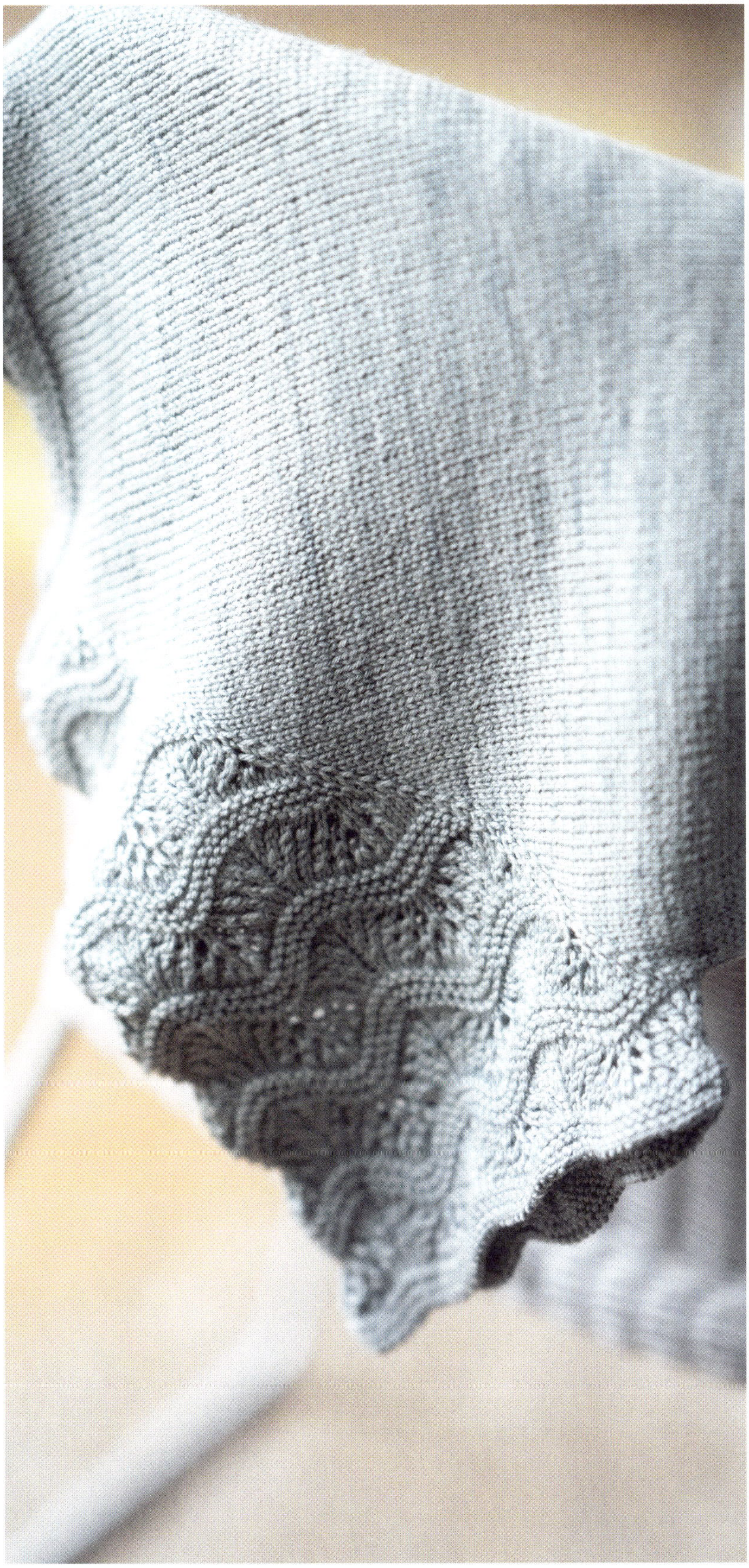

Top Wölkchen

Schwierigkeit **einfach**

GRÖẞE

36/38, 40/42 und 44/46
Die Angaben für die größeren Größen stehen hintereinander in Klammern. Steht nur eine Angabe, so gilt diese für alle Größen.

MATERIAL

Locoporella **Kid Silk Lace** (72 % Mohair, 28 % Seide, LL = 420 m/50 g): 100 (100/150) g Blush; Stricknadeln 3 mm und 3,5 mm; Rundstricknadel 3,5 mm.

MUSTER

Glatt rechts: In Hinreihen rechte M, in Rückreihen linke M stricken; in Runden immer rechte M stricken.

MASCHENPROBEN

Glatt rechts (einfädig mit Nadel 3 mm):
16 M und 27 Reihen = 10 cm x 10 cm.
Glatt rechts (zweifädig mit Nadel 3,5 mm):
16 M und 24,5 Reihen = 10 cm x 10 cm.
Die Nadelstärke so wählen, dass die angegebene Maschenprobe nach dem Waschen und Trocknen möglichst genau erreicht wird.

SO WIRD'S GEMACHT

Das Top von oben stricken. Mit dem linken Träger des Rückenteils beginnen: 14 (16/18) M mit Nadeln 3 mm einfädig anschlagen und glatt rechts stricken. Für die Ausschnittrundung am linken Rand in jeder 2. Reihe 2x je 1 M, 1x 2 M und 1x 3 M dazu anschlagen = 21 (23/25) M. Dann die M stilllegen.
Den **rechten Träger** gegengleich stricken, dafür die Ausschnittrundung am rechten Rand arbeiten. Nun zwischen den beiden Trägern 26 M dazu anschlagen = 68 (72/76) M und glatt rechts weiterarbeiten.
Nach 18 (20/22) cm = 48 (54/60) Reihen ab Anschlag mit Nadeln 3,5 mm zweifädig weiterarbeiten.
Nach 19 (21/23) cm ab Anschlag für die Armausschnitte beidseitig 1x 1 M und in jeder 2. Reihe 1x 1 M, 1x 2 M, 1x 3 M und 1x 3 (4/5) M dazu anschlagen = 86 (92/98) M. Dann die M stilllegen.

Mit dem rechten Träger des Vorderteils beginnen: 14 (16/18) M mit Nadeln 3 mm einfädig anschlagen und glatt rechts stricken. Für die Ausschnittrundung am linken Rand in der 14. Reihe ab Anschlag 1x 1 M, dann 2x in jeder 6. Reihe je 1 M, 2x in jeder 4. Reihe je 1 M, dann in jeder 2. Reihe 1x 1 M, 2x je 2 M und 1x 3 M dazu anschlagen = 27 (29/31) M. Dann die M stilllegen. Den **linken Träger** gegengleich arbeiten, dafür die Ausschnittrundung am rechten Rand arbeiten. Nun zwischen den beiden Träger 14 M dazu anschlagen = 68 (72/76) M und glatt rechts weiterarbeiten.
Nach 18 (20/22) cm = 48 (54/60) Reihen ab Anschlag mit Nadeln 3,5 mm zweifädig weiterarbeiten.
Nach 22 (24/26) cm ab Anschlag für die Armausschnitte beidseitig 1x 1 M und in jeder 2. Reihe 1x 1 M, 1x 2 M, 1x 3 M und 1x 3 (4/5) M dazu anschlagen = 86 (92/98) M. Dann die M stilllegen.

Nun die M beider Teile auf eine Rundstricknadel 3,5 mm nehmen = 172 (184/196) M und weitere 41 cm = 100 Runden zweifädig glatt rechts stricken. Dann die M locker links abketten.

FERTIGSTELLUNG

Die Schulternähte schließen. Aus dem Halsausschnitt 160 M mit der Rundstricknadel 3 mm einfädig auffassen und 1 Runde linke M stricken. Dann die M rechts abketten. Aus den Armausschnitten je 126 (136/146) M mit der Rundstricknadel 3 mm einfädig auffassen, 1 Runde linke M stricken, dann die M rechts abketten.

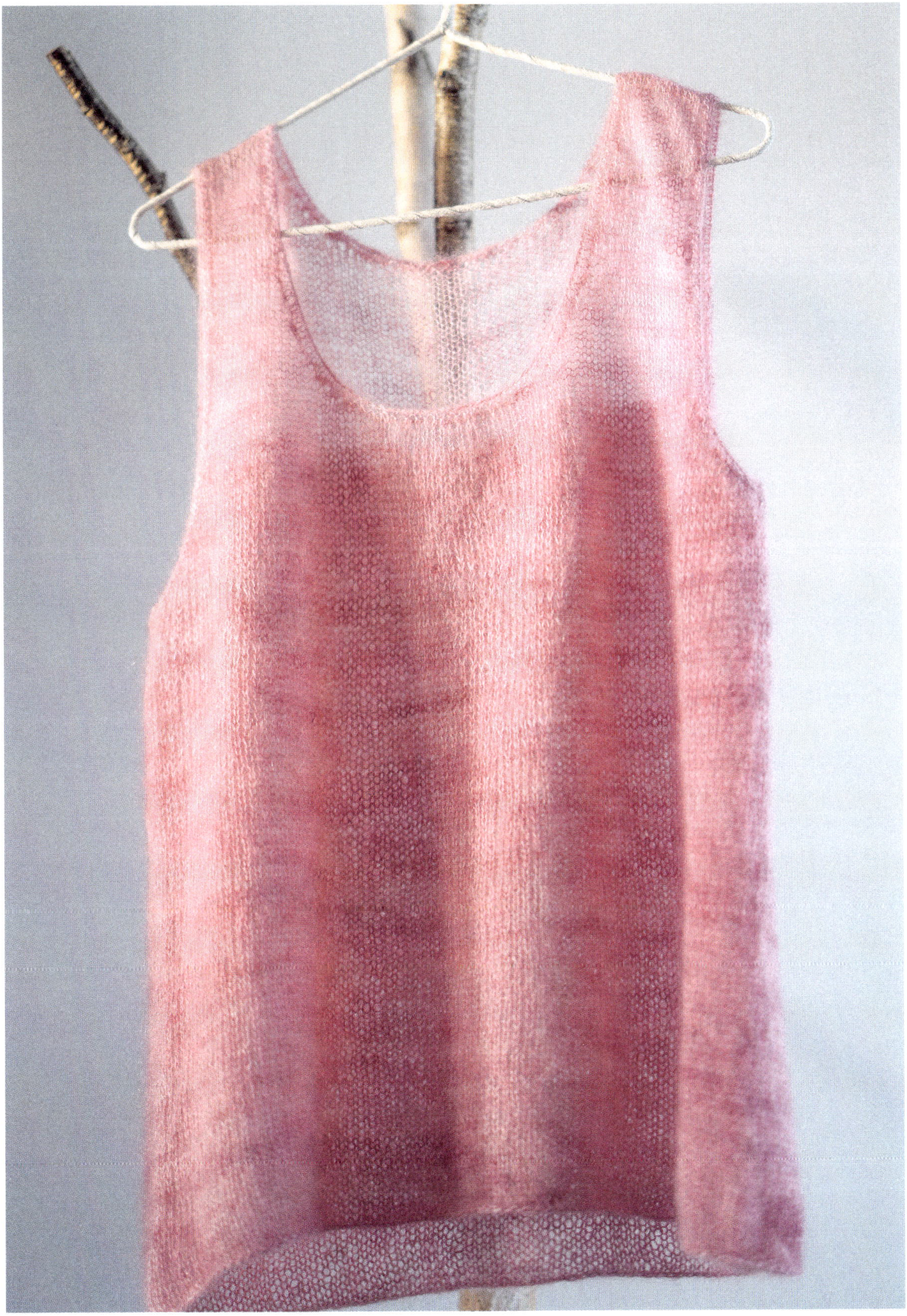

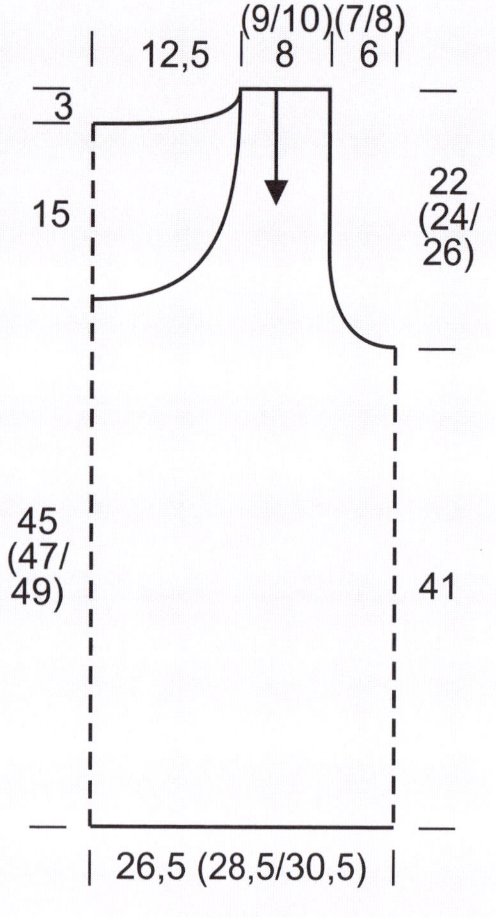
(9/10)(7/8)
12,5
8
6
3
15
22
(24/
26)
45
(47/
49)
41
26,5 (28,5/30,5)

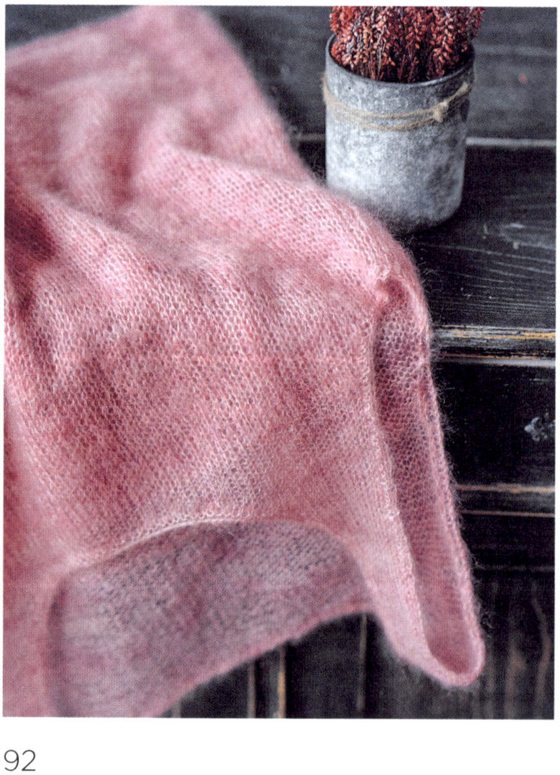

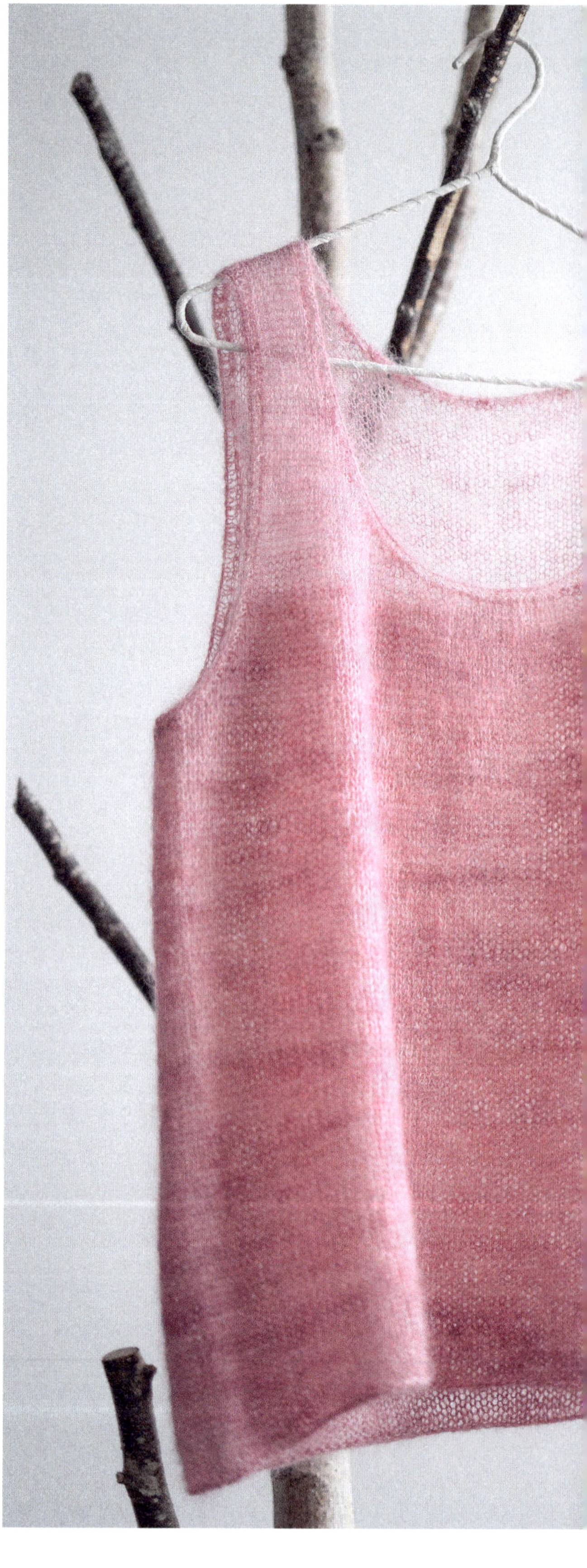

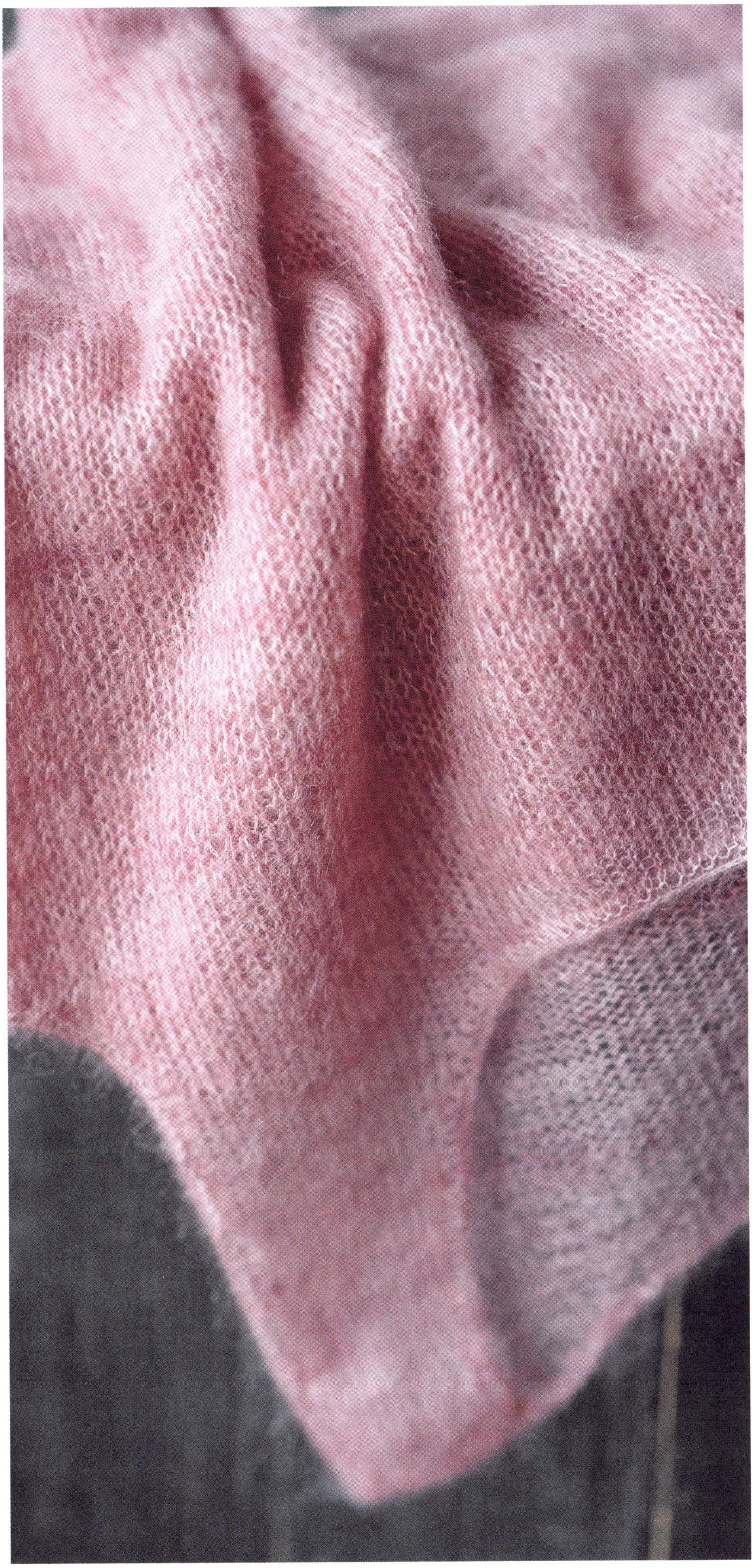

Pulli Fairy Rose

Schwierigkeit **mittel**

GRÖßE

36/38, 40/42 und 44/46
Die Angaben für die größeren Größen stehen hintereinander in Klammern. Steht nur eine Angabe, so gilt diese für alle Größen.

MATERIAL

Locoporella **Suri Silk Cloud** (74 % Alpaka, 26 % Seide, LL = 300 m/50 g): 200 (250/250) g Rosenholz; Stricknadeln 3,5 mm; Rundstricknadel 3 mm und 3,5 mm.

MUSTER

Rippenmuster: 1 M links, 1 M rechts im Wechsel stricken.

Glatt rechts: In Hinreihen rechte M, in Rückreihen linke M stricken; in Runden immer rechte M stricken.

Glatt links: In Runden immer linke M stricken.

Tiefgestochene M: In die M 1 Runde tiefer einstechen und rechts stricken.

MASCHENPROBEN

Glatt rechts und Mustereinteilung:
22 M und 33 Reihen/Runden = 10 cm x 10 cm.
Die Nadelstärke so wählen, dass die angegebene Maschenprobe nach dem Waschen und Trocknen möglichst genau erreicht wird.

SO WIRD'S GEMACHT

Den Pulli in einem Stück von oben stricken:
108 (112/116) M mit den Nadeln 3,5 mm anschlagen und glatt rechts in Hin- und Rückreihen stricken. Zur Formgebung in jeder 4. Reihe gleichmäßig verteilt 0x (2x/1x) 32 M, 2x (1x/2x) je 24 M, 7x (5x/3x) 16 M, 4x (5x/7x) je 8 M, 0x (1x/0x) 4 M zunehmen, dafür je 1 M aus dem Querfaden rechts verschränkt herausstricken = 300 (324/348) M. Gleichzeitig nach 7 cm = 22 Reihen ab Anschlag die Arbeit zur Runde schließen. Der Rundenbeginn liegt in der vorderen Mitte. Nach 18 (20/22) cm = 59 (66/72) Reihen/ Runden ab Anschlag M wie folgt einteilen:
* 1 M glatt links, 1 tiefgestochene M, 1 M glatt link, ab * stets wiederholen. Nach 19 (21/23) cm ab Anschlag M wie folgt markieren: 45 (48/51) M für die linke Vorderteilhälfte und 60 (66/72) M für den linken Ärmel, 90 (96/102) M für das Rückenteil, 60 (66/72) M für den rechten Ärmel, 45 (48/51) M für die rechte Vorderteilhälfte.

Nun die Arbeit in die einzelnen Teile teilen und zuerst mit den M der **Vorderteile** und des **Rückenteils** weiterarbeiten: 45 (48/51) M in der M-Einteilung, 6 (9/12) M dazu anschlagen, 90 (96/102) M in der M-Einteilung, 6 (9/12) M dazu anschlagen, 45 (48/51) M in der M-Einteilung = 192 (210/228) M. Nach 14,5 cm = 60 Runden ab Passenende in jeder Linksrippe 1 M links verschränkt aus dem Querfaden herausstricken = 256 (280/304) M. Nun 1 tiefgestochene M und 3 M links im Wechsel arbeiten. Nach 29 cm = 122 Runden ab Passenende für den Bund mit der Rundstricknadel 3 mm noch 13,5 cm = 50 Runden im Rippenmuster weiterarbeiten, dabei in der 1. Runde gleichmäßig verteilt 80 M abnehmen = 176 (200/224) M. Dann die M locker abketten, wie sie erscheinen.

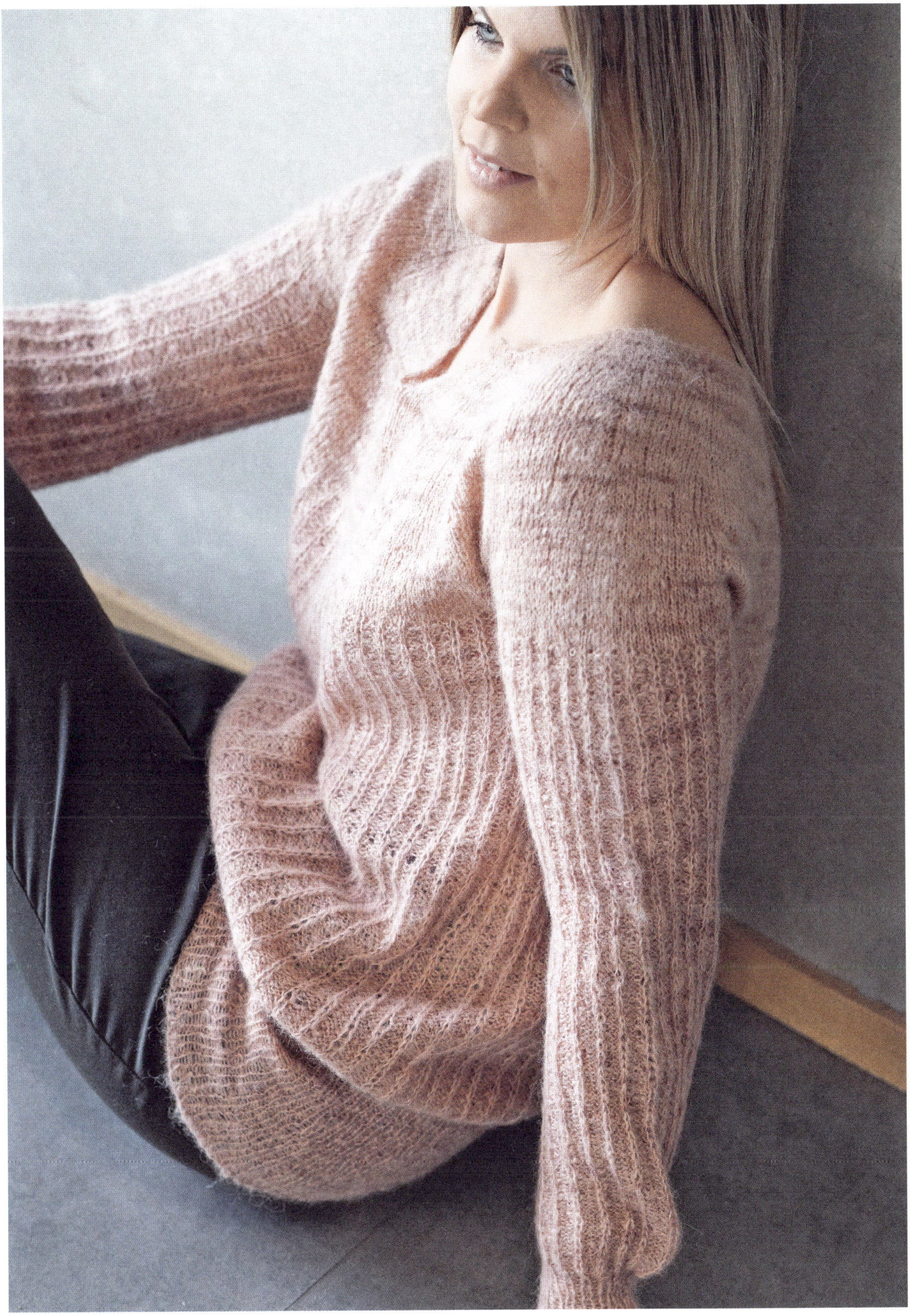

Nun mit einem **Ärmel** weiterarbeiten = 60 (66/72) M.

Am Rundenbeginn 3 (4/6) M dazu anschlagen, die 60 (66/72) M in der M-Einteilung stricken und am Rundenende 3 (5/6) M dazu anschlagen = 66 (75/84) M. Nach 18 cm = 76 Runden ab Passenende in jeder Linksrippe 1 M links verschränkt aus dem Querfaden herausstricken = 88 (100/112) M. Nun 1 tiefgestochene M und 3 M links im Wechsel arbeiten. Nach 36 cm = 118 Runden ab Passenende für den Bund mit der Rundstricknadel 3 mm noch 9 cm = 34 Runden im Rippenmuster weiterarbeiten, dabei in der 1. Runde gleichmäßig verteilt 44 (50/56) M abnehmen = 44 (50/56) M. Dann die M locker abketten, wie sie erscheinen.

FERTIGSTELLUNG

Die Unterarmnähte schließen.

Die roten Linien kennzeichnen die zu schließenden Unterarmnähte.
Zur besseren Darstellung ist der Pullover erst ab Passenende gezeichnet.

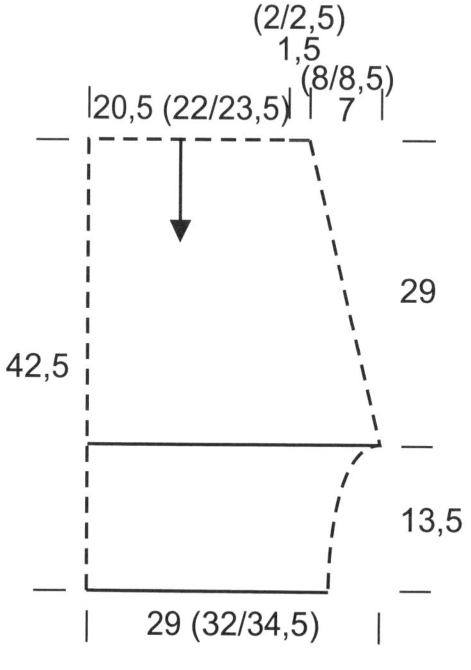

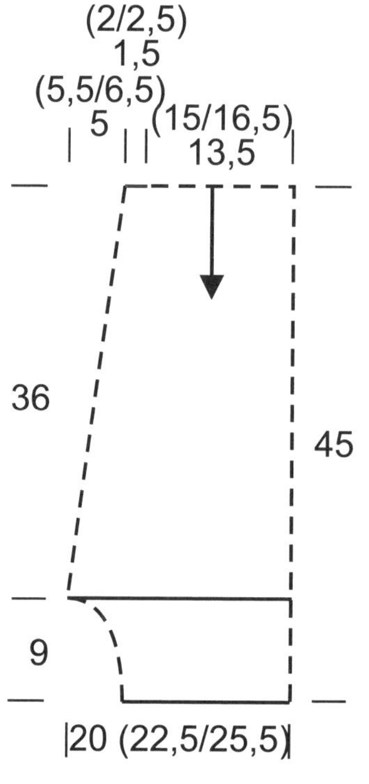

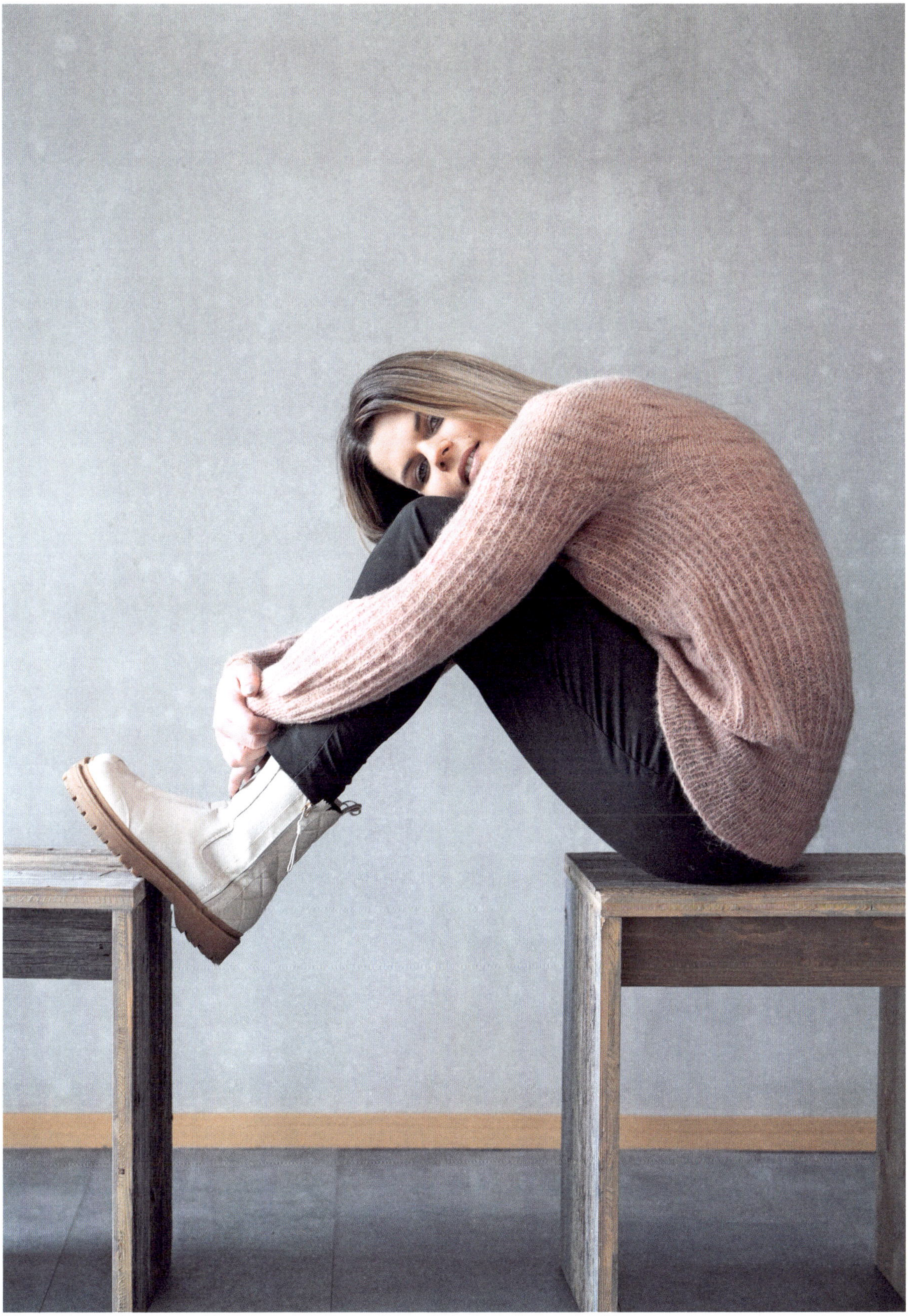

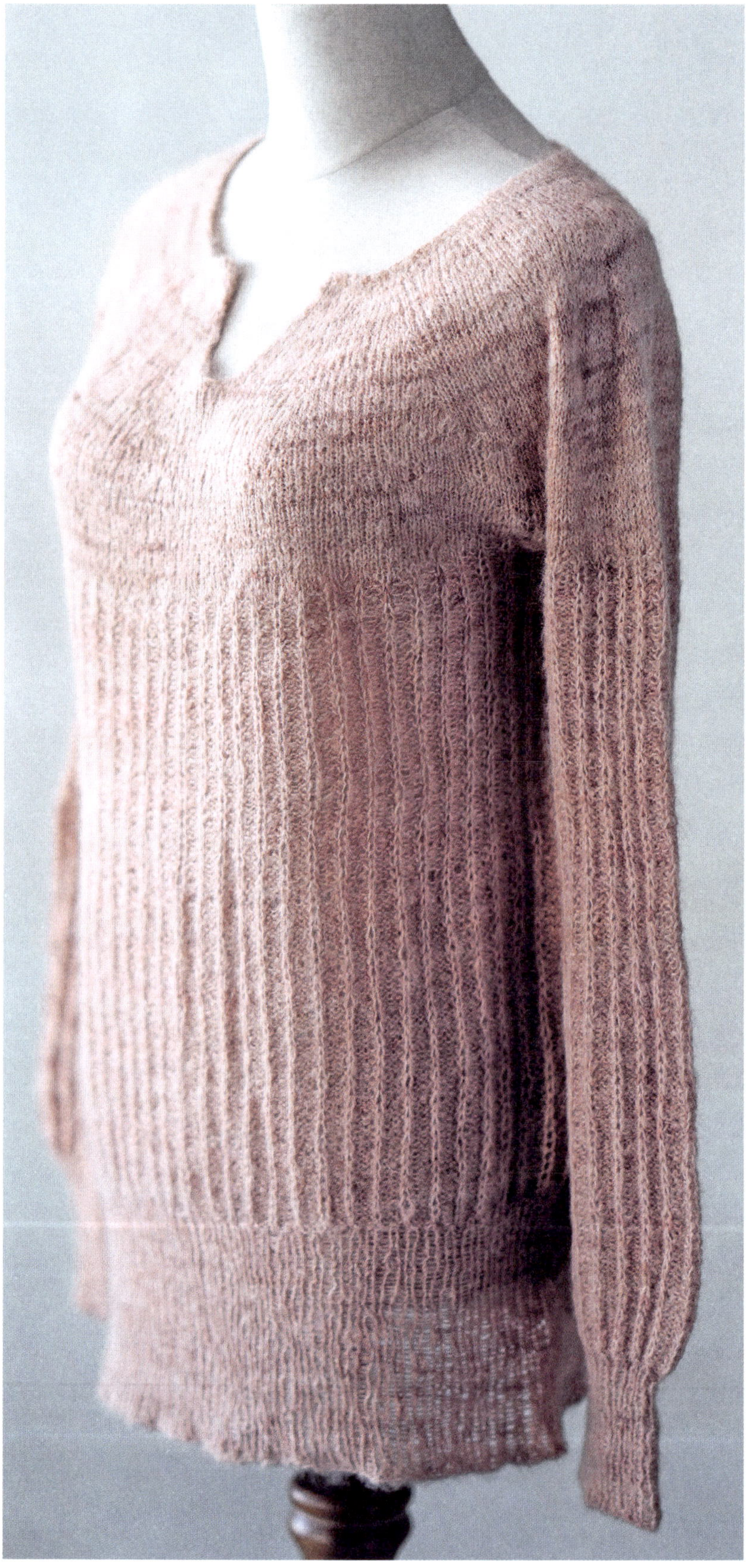

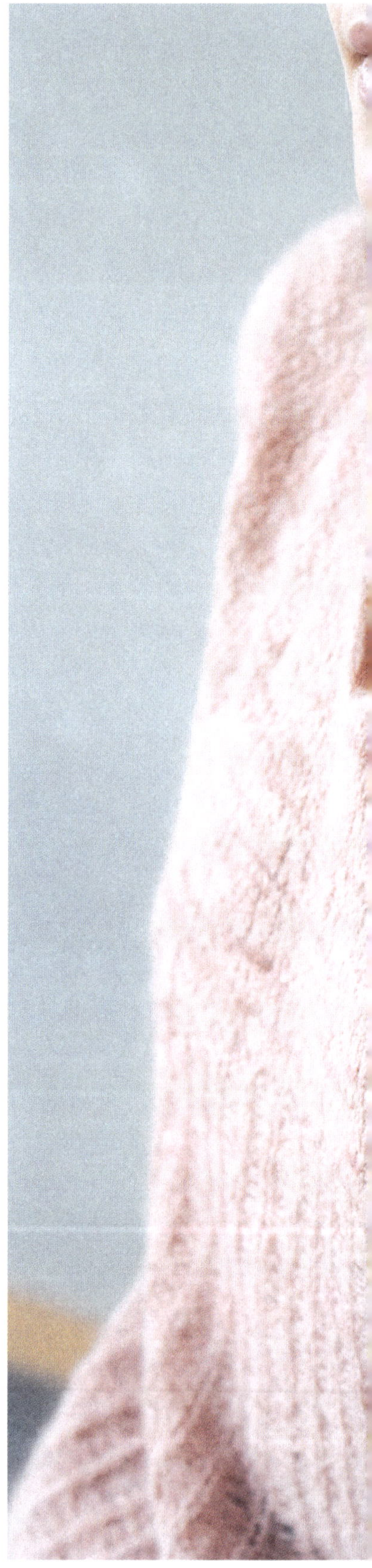

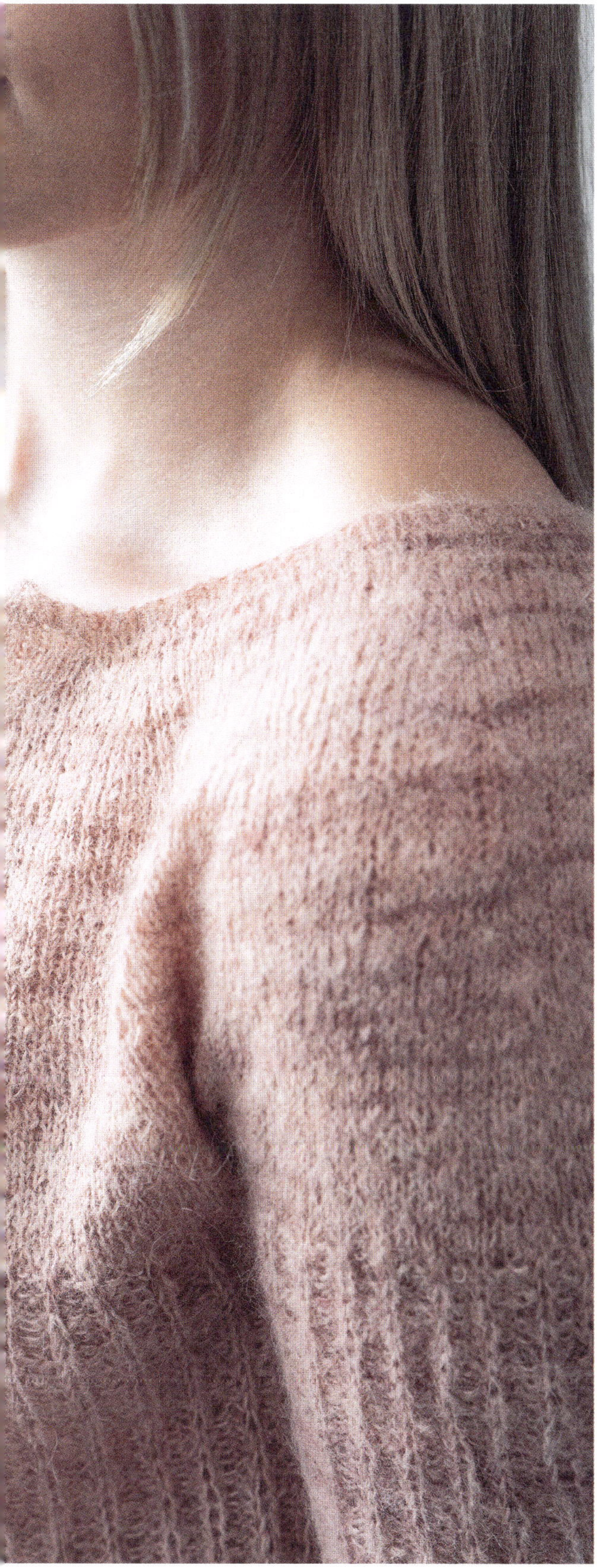
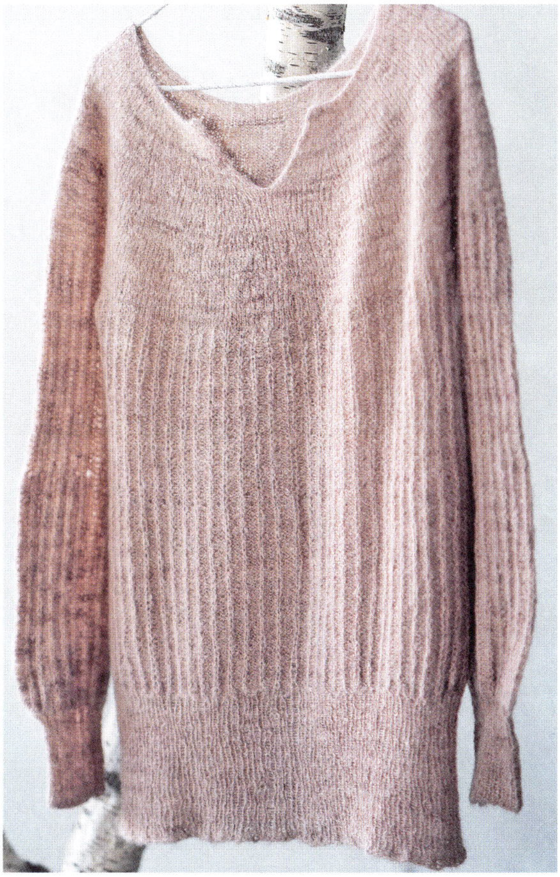
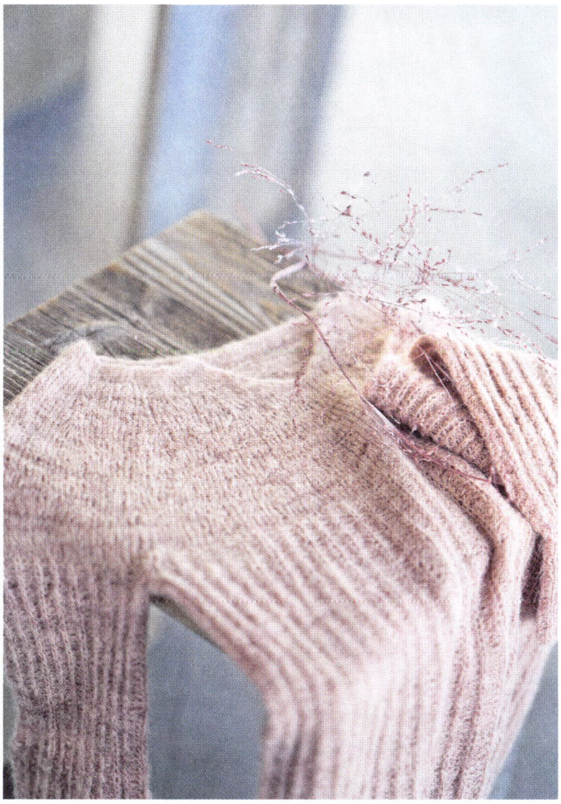

Jacke La vie est belle

Schwierigkeit **mittel**

GRÖẞE

36/38, 40/42 und 44/46
Die Angaben für die größeren Größen stehen hintereinander in Klammern. Steht nur eine Angabe, so gilt diese für alle Größen.

MATERIAL

Locoporella **Kid Silk Lace** (72 % Mohair, 28 % Seide, LL = 420 m/50 g): 100 (150/150) g Endless Love; Stricknadeln 4 mm; Rundstricknadel 4 mm.

MUSTER

Rippenmuster: 1 M links, 1 M rechts im Wechsel stricken.

Glatt rechts: In Hinreihen rechte M, in Rückreihen linke M stricken; in Runden immer rechte M stricken.

Glatt links: In Hinreihen linke M, in Rückreihen rechte M stricken.

Tiefgestochene M: In die M 1 Reihe tiefer einstechen und rechts stricken.

Randm (Verschlussränder der Vorderteile): **In den Hinreihen:** Die 1. und letzte M rechts stricken. **In den Rückreihen:** Die 1. und letzte M abheben (Faden vor der Arbeit).

2 M Raglanschräge: Glatt rechts stricken.

MASCHENPROBEN

Glatt rechts: 16 M und 27 Reihen = 10 cm x 10 cm.
Mustereinteilung: 17 M und 27 Reihen = 10 cm x 10 cm.
Die Nadelstärke so wählen, dass die angegebene Maschenprobe nach dem Waschen und Trocknen möglichst genau erreicht wird.

SO WIRD'S GEMACHT

Die Jacke in einem Stück von oben stricken:
26 (30/34) M anschlagen und M wie folgt einteilen: Randm = rechtes Vorderteil, 2 M = Raglanschräge, 1 M glatt rechts = rechter Ärmel, 2 M = Raglanschräge, 14 (18/22) M glatt rechts = Rückenteil, 2 M = Raglanschräge, 1 M glatt rechts = linker Ärmel, 2 M = Raglanschräge, Randm = linkes Vorderteil. Zur Formgebung 31x (34x/37x) in jeder 2. Reihe beidseitig der Raglanschrägen-M je 1 M rechts verschränkt aus dem Querfaden herausstricken. Dabei über die zugenommenen M der Vorderteile abwechselnd 1x 1 rechte M und 2x je 1 linke M verschränkt aus dem Querfaden herausstricken und über die zugenommenen M ab der folgenden Hinreihe abwechselnd 1 tiefgestochene M und 2 M glatt links arbeiten. In den Rückreihen die M stricken, wie sie erscheinen. <u>Gleichzeitig</u> über die gesamte Länge des Vorderteils 11x (12x/13x) in jeder 8. Reihe immer in einer Linksrippe der Vorderteile je 1 M links zunehmen (mit der Linksrippe neben der Ausschnittschräge beginnen, dann jede weitere Zunahme in die jeweils nächste Linksrippe versetzen) und über diese Streifen fortan entsprechend 1 tiefgestochene M und 3 M links stricken. Anschließend noch 9x in jeder 8. Reihe immer in einer Linksrippe der Vorderteile je 1 M links zunehmen (wieder mit der Linksrippe

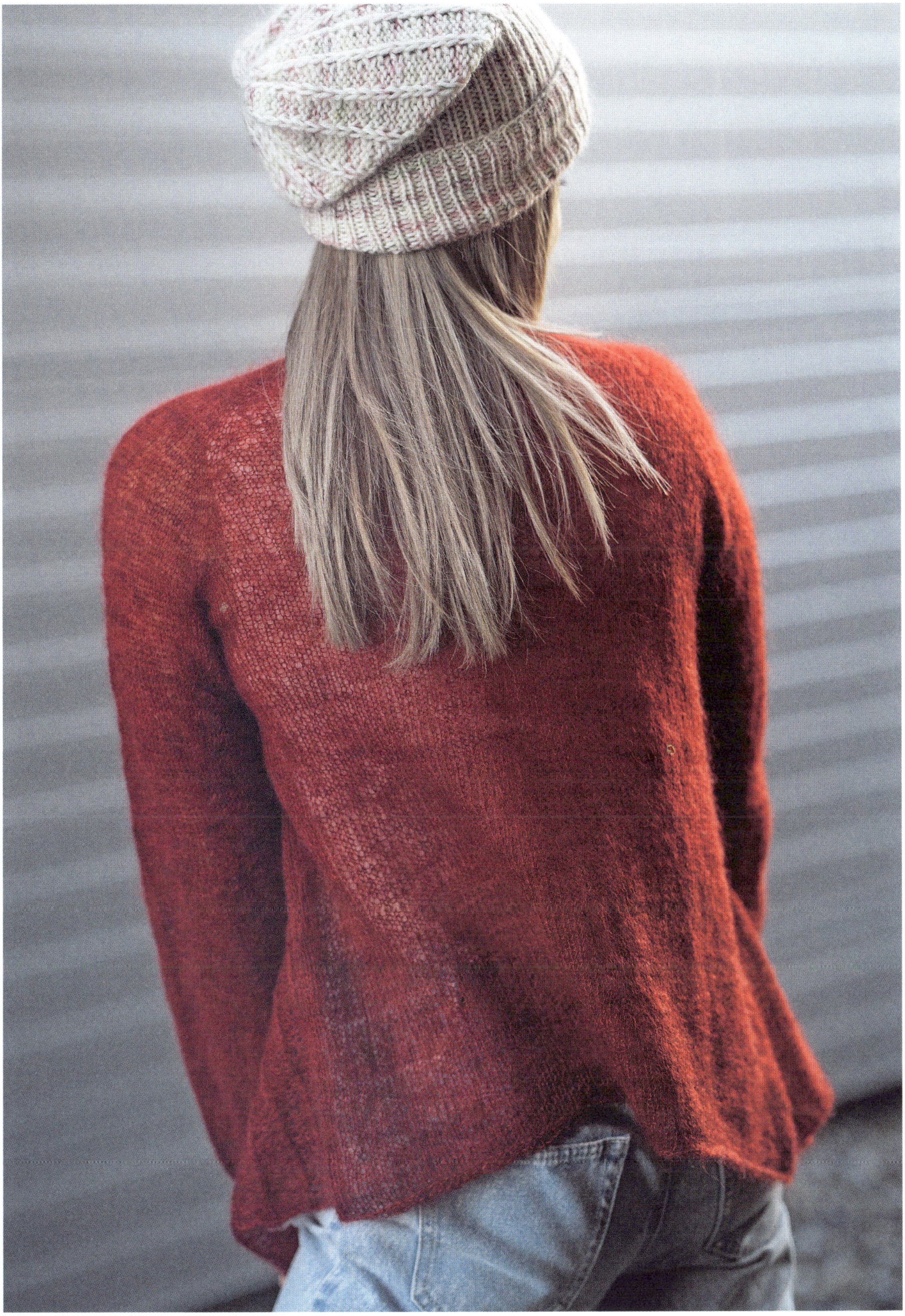

neben der Ausschnittschräge beginnen, dann jede weitere Zunahme in die jeweils nächste Linksrippe versetzen) und über diese Streifen fortan entsprechend 1 tiefgestochene M und 4 M links stricken.

Nach 23,5 (26/28) cm= 64 (70/76) Reihen ab Anschlag die M wie folgt einteilen: 41 (44/48) M für das rechte Vorderteil, 65 (71/77) M für den rechten Ärmel, 78 (88/98) M für das Rückenteil, 65 (71/77) M für den linken Ärmel, 41 (44/48) M für das linke Vorderteil. Nun die Arbeit in die einzelnen Teile teilen und zuerst mit den M der **Vorderteile** und des **Rückenteils** weiterarbeiten: 41 (44/48) M des Vorderteils in der M-Einteilung stricken (die Zunahmen fortsetzen), 8 (10/12) M dazu anschlagen, 78 (88/98) M Rückenteil, 8 (10/12) M dazu anschlagen, 41 (44/48) M des Vorderteils in der M-Einteilung stricken (die Zunahmen fortsetzen) = 176 (196/218) M. In der M-Einteilung weiterarbeiten. Nach 38,5 cm = 104 Reihen ab Passenende die M abketten.

Nun mit einem **Ärmel** weiterarbeiten = 65 (71/77) M. Am Rundenbeginn 4 (5/6) M dazu anschlagen, die 65 (71/77) M rechts stricken und am Rundenende erneut 4 (5/6) M dazu anschlagen und die M zur Runde schließen = 73 (81/89) M. Glatt rechts in Runden weiterarbeiten. Nach 40 cm = 108 Runden ab Passenende für den Bund noch 7 cm im Rippenmuster stricken, dabei in der 1. Runde gleichmäßig verteilt 33 M abnehmen = 40 (48/56) M. Dann die M locker abketten, wie sie erscheinen.

FERTIGSTELLUNG

Die Unterarmnähte schließen.

Die roten Linien kennzeichnen die zu schließenden Unterarmnähte.
Zur besseren Darstellung ist die Jacke erst ab Passenende gezeichnet.

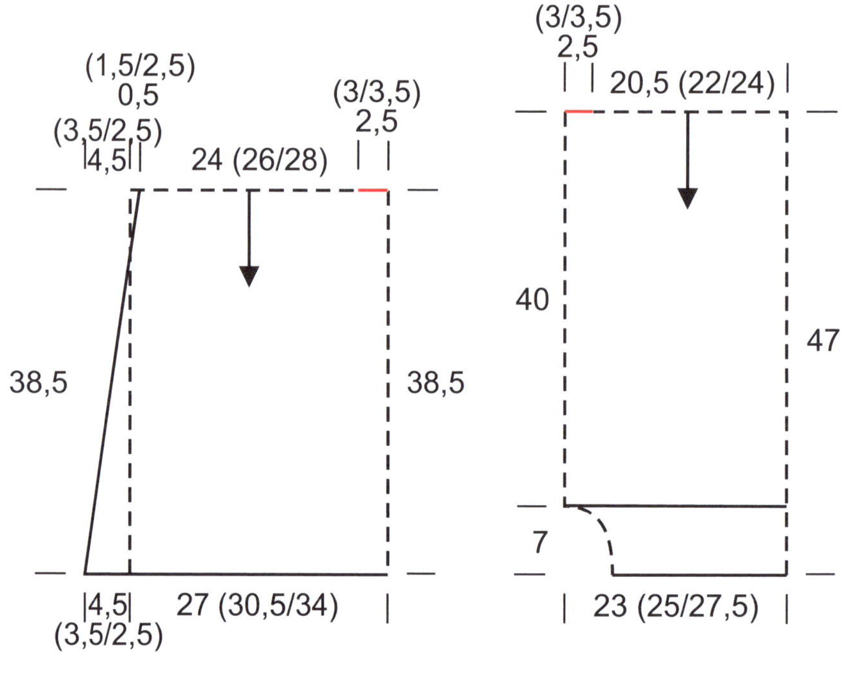

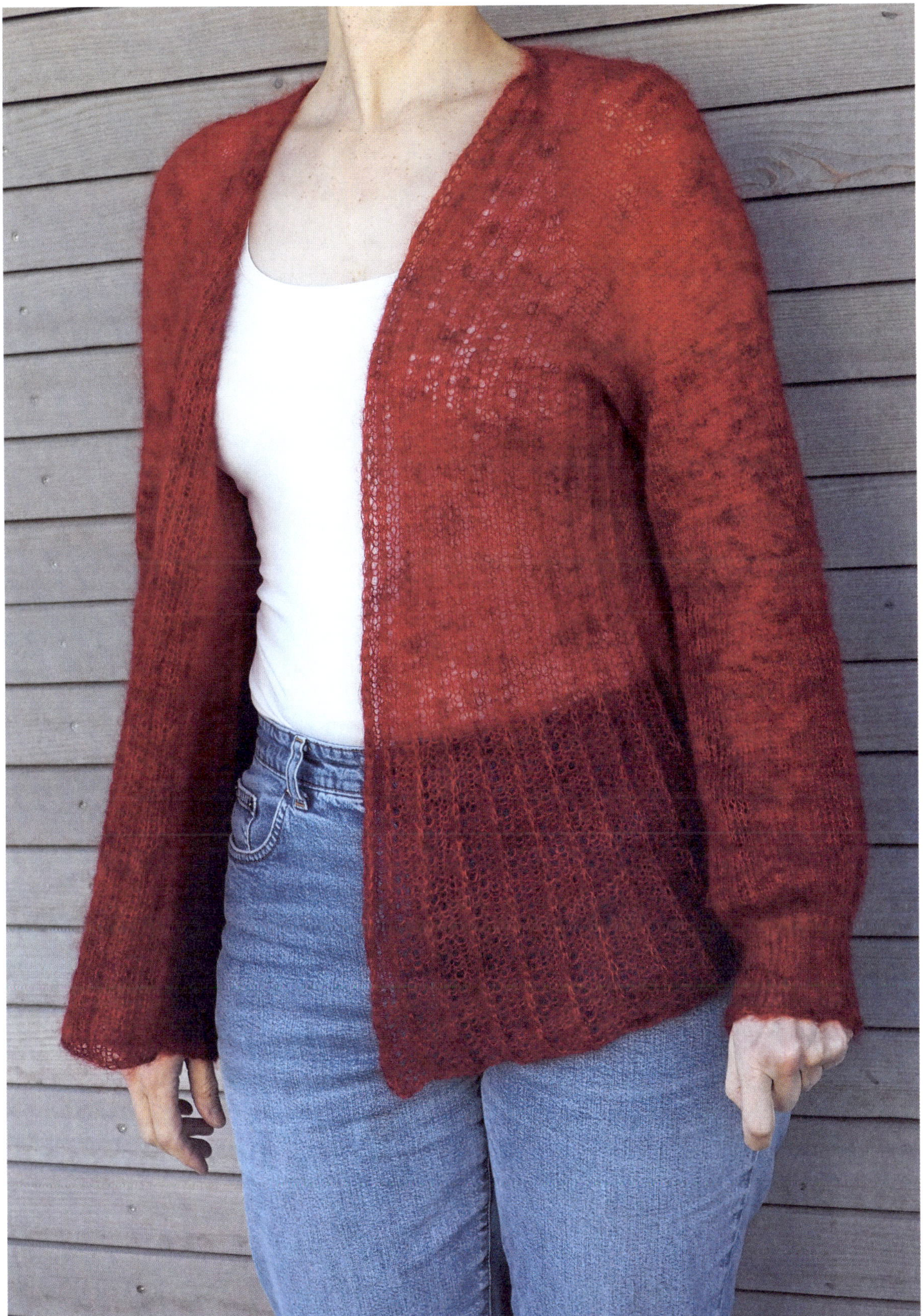

Jacke Balsam

Schwierigkeit **mittel**

GRÖẞE

36/38, 40/42 und 44/46
Die Angaben für die größeren Größen stehen hintereinander in Klammern. Steht nur eine Angabe, so gilt diese für alle Größen.

MATERIAL

Locoporella **Tahita Lace** (100 % Schurwolle, LL = 600 m/100 g): 200 (200/300) g Sandstein und **Suri Silk Cloud** (74 % Alpaka, 26 % Seide, LL = 300 m/50 g): 150 (200/200) g Stranddüne; Stricknadeln 4,5 mm; Rundstricknadel 4,5 mm.

MUSTER

Rippenmuster: 2 M rechts, 2 M links im Wechsel stricken.

Glatt links: In Hinreihen linke M, in Rückreihen rechte M stricken.

Glatt rechts: In Hinreihen rechte M, in Rückreihen linke M stricken; in Runden immer rechte M stricken.

Musterfolge: 2 Reihen glatt rechts, 2 Reihen glatt links im Wechsel stricken.

Raglanzunahmen: 1. Reihe (Hinreihe): 2 Umschläge, 2 M rechts zusammenstricken, 2 M rechts überzogen zusammenstricken (= 1 M wie zum Rechtsstricken abheben, 1 M rechts stricken, dann die abgehobene M überziehen), 2 Umschläge. **2. Reihe (= Rückreihe):** Den ersten Umschlag links und den zweiten Umschlag links verschränkt stricken, 2 M links, den ersten Umschlag links und den zweiten Umschlag links verschränkt stricken.

MASCHENPROBE

Glatt rechts (zweifädig mit je 1 Faden pro Garn): 20 M und 21 Reihen/Runden = 10 cm x 10 cm.
Die Nadelstärke so wählen, dass die angegebene Maschenprobe nach dem Waschen und Trocknen möglichst genau erreicht wird.

SO WIRD'S GEMACHT

Die Jacke in einem Stück von oben stricken: Für den dreiseitigen M-Anschlag in der hinteren Mitte beginnen. 9 M zweifädig mit je 1 Faden pro Garn anschlagen und 56 Reihen in der Musterfolge stricken, dafür 2 Reihen glatt rechts und 2 Reihen glatt links im Wechsel stricken.
Nach der 56. Reihe (= Hinreihe) die Arbeit nicht wenden, sondern um 90° im Uhrzeigersinn drehen. Nun aus dem linken seitlichen Rand 54 M auffassen (= aus jeder Randm je 1 M) und aus der Anschlag-Reihe noch einmal 9 M auffassen = 9 + 54 + 9 = 72 M. In der folgenden Rückreihe alle M links stricken.

Dann die M wie folgt markieren: 9 M Musterfolge = Blende, 2 M glatt rechts = Vorderteil, 4 M Raglanschräge, 5 M glatt rechts = Ärmel, 4 M = Raglanschräge, 24 M glatt rechts = Rückenteil, 4 M Raglanschräge, 5 M glatt rechts = Ärmel, 4 M = Raglanschräge, 2 M glatt rechts = Vorderteil, 9 M Musterfolge = Blende.

Für die Raglanzunahmen 28x (31x/33x) in jeder 2. Reihe je 8 M zunehmen, dafür über den 4 M der Raglanschrägen die Raglanzunahmen wie oben beschrieben arbeiten. Gleichzeitig für die Ausschnittschrägen beidseitig 1x in der folgenden 4. Reihe und 13x in jeder 2. Reihe je 1 M betont zunehmen, dafür wie folgt stricken:

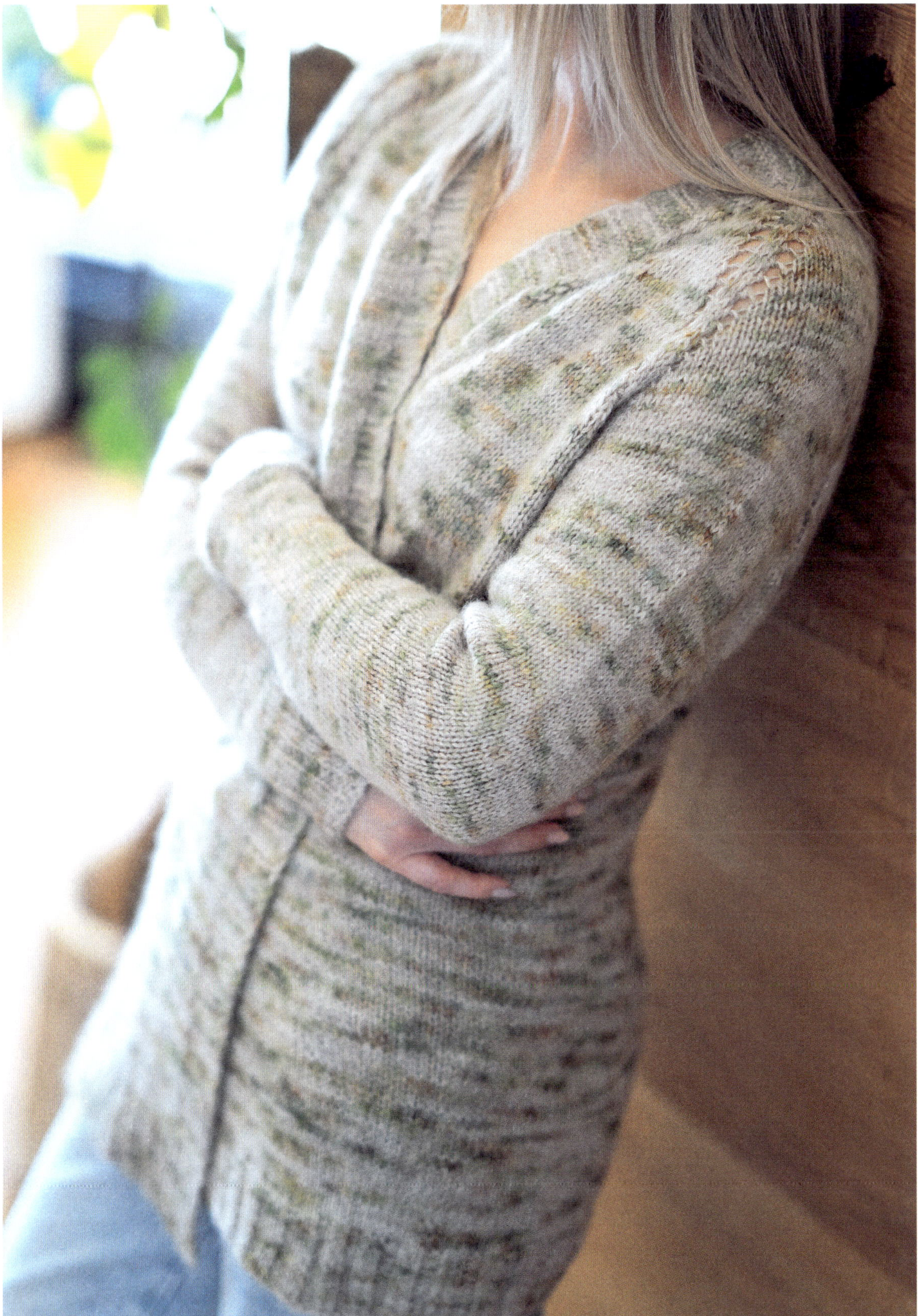

<u>Rechter Rand:</u> Randm und 8 M in der Musterfolge, 2 M rechts überzogen zusammenstricken, 2 Umschläge (in der folgenden Rückreihe den ersten Umschlag links und den zweiten Umschlag links verschränkt stricken). <u>Linker Rand:</u> Bis zu den letzten 11 M mustergemäß stricken, dann 2 Umschläge (in der folgenden Rückreihe den ersten Umschlag links und den zweiten Umschlag links verschränkt stricken), 2 M rechts zusammenstricken, 8 M und Randm in der Musterfolge.
Dies ergibt eine M-Zahl von insgesamt 324 (348/364) M: je 4 M pro Raglanschräge, 80 (86/90) M für das Rückenteil, 53 (56/58) M pro Vorderteil und 61 (67/71) M pro Ärmel.

Nun die Arbeit in die einzelnen Teile teilen und zuerst mit den M der **Vorderteile** und des **Rückenteils** in der M-Einteilung weiterarbeiten, dabei über die M der Raglanschrägen jeweils glatt rechts stricken: 55 (58/60) M in der M-Einteilung des rechten Vorderteils (plus 2 M der Raglanschräge), 6 (8/10) M dazu anschlagen, 84 (90/94) M glatt rechts = M des Rückenteils plus beidseitig je 2 M der Raglanschrägen, 6 (8/10) M dazu anschlagen, 55 (58/60) M in der M-Einteilung des linken Vorderteils (plus 2 M der Raglanschräge) = 206 (222/234) M.

Nach 43 cm = 90 Reihen ab Passenende für den Bund noch 5 cm = 13 Reihen im Rippenmuster stricken, dabei in der 1. Reihe (= Hinreihe) gleichmäßig verteilt 2 M abnehmen = 204 (220/232) M und nach der Randm mit 2 M rechts, 2 M links beginnen und gegengleich enden. Dann die M abketten, wie sie erscheinen.

Nun mit einem **Ärmel** in Runden weiterarbeiten: Am Rundenbeginn 3 (4/5) M dazu anschlagen, die 61 (67/71) M rechts stricken und am Rundenende erneut 3 (4/5) M dazu anschlagen = 67 (75/81) M. Glatt rechts in Runden weiterarbeiten. Für die Ärmelschrägung 0x (10x/13x) in jeder 4. Runde und 13x (7x/5x) in jeder 6. Runde je 2 M abnehmen, dafür jeweils die 2. und 3. M der Runde rechts überzogen zusammenstricken und die 2.- und 3.-letzte M der Runde rechts zusammenstricken = 41 (41/55 45) M.
Nach 41,5 cm = 88 Runden ab Passenende für den Bund noch 5 cm = 13 Runden im Rippenmuster stricken, dabei in der 1. Runde gleichmäßig verteilt 1 M abnehmen = 40 (40/44) M. Dann die M abketten, wie sie erscheinen.

Die roten Linien kennzeichnen die zu schließenden Unterarmnähte.
Zur besseren Darstellung ist die Jacke erst ab Passenende gezeichnet.

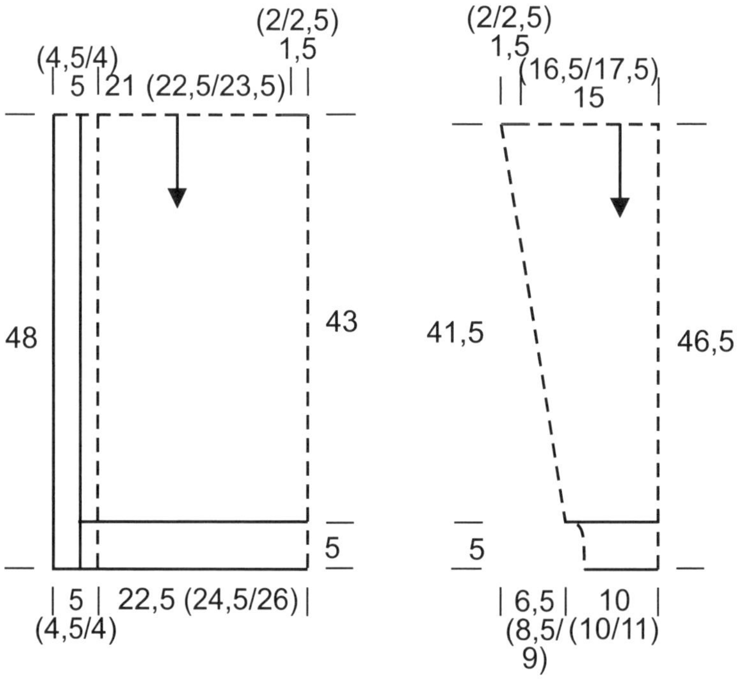

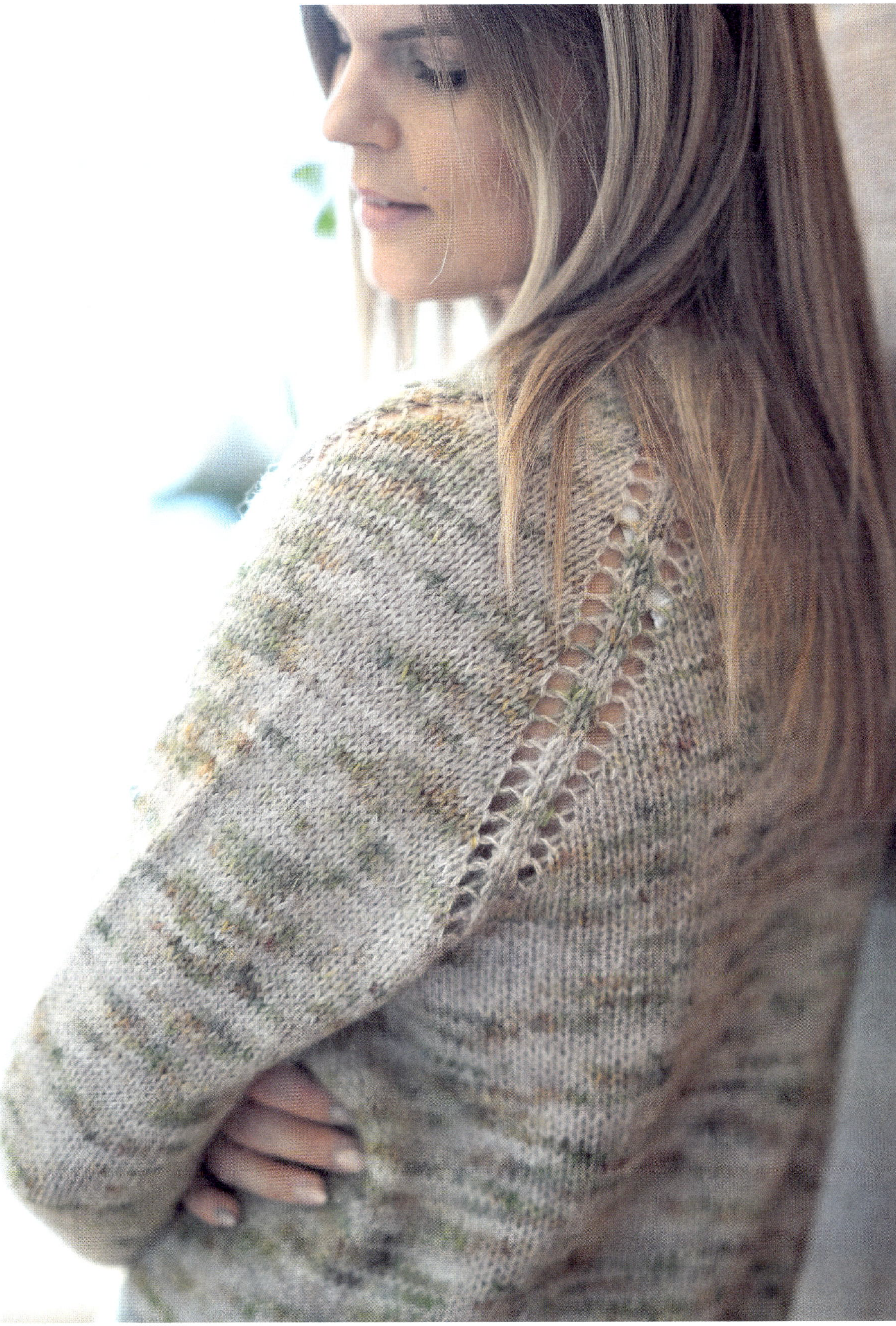

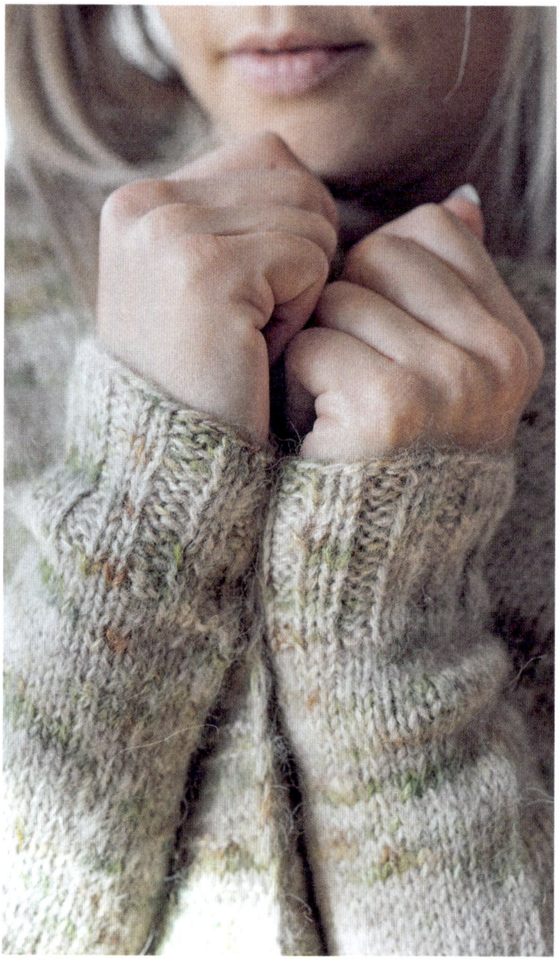

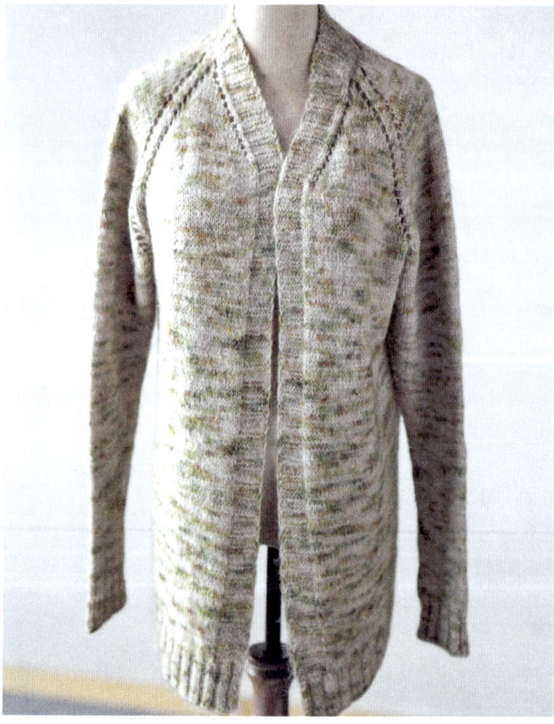

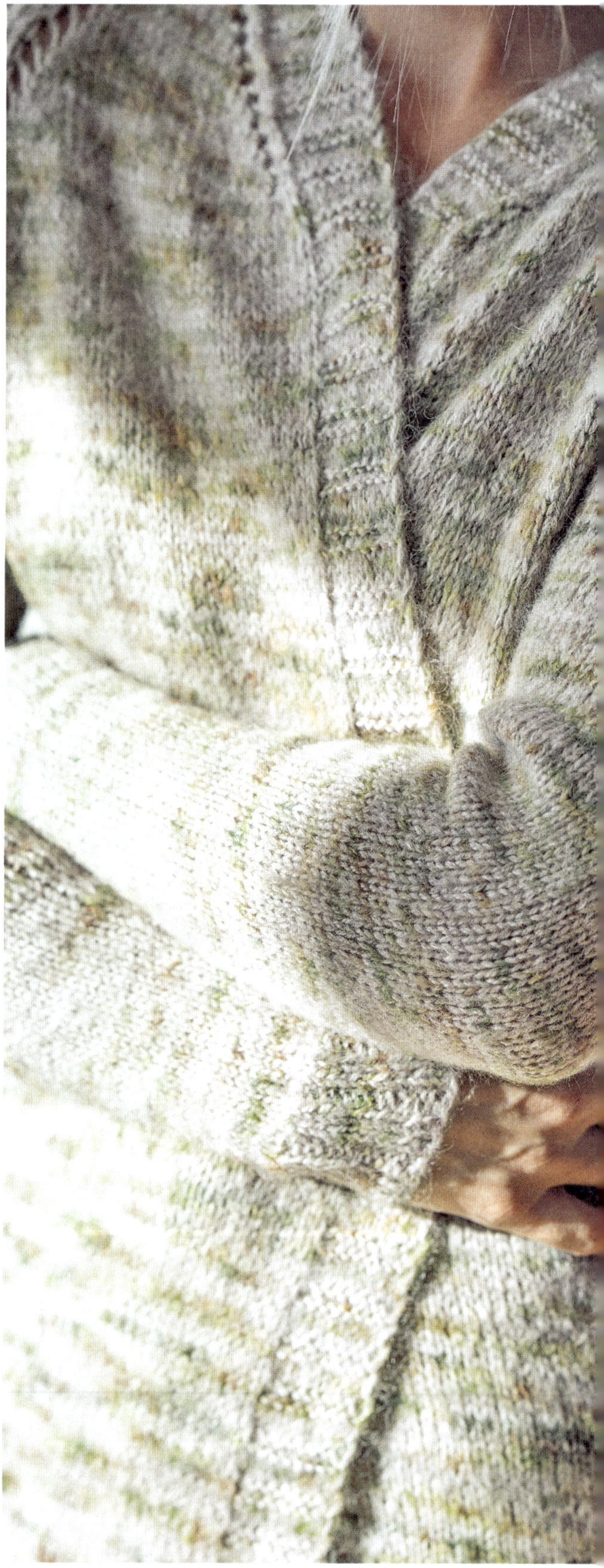

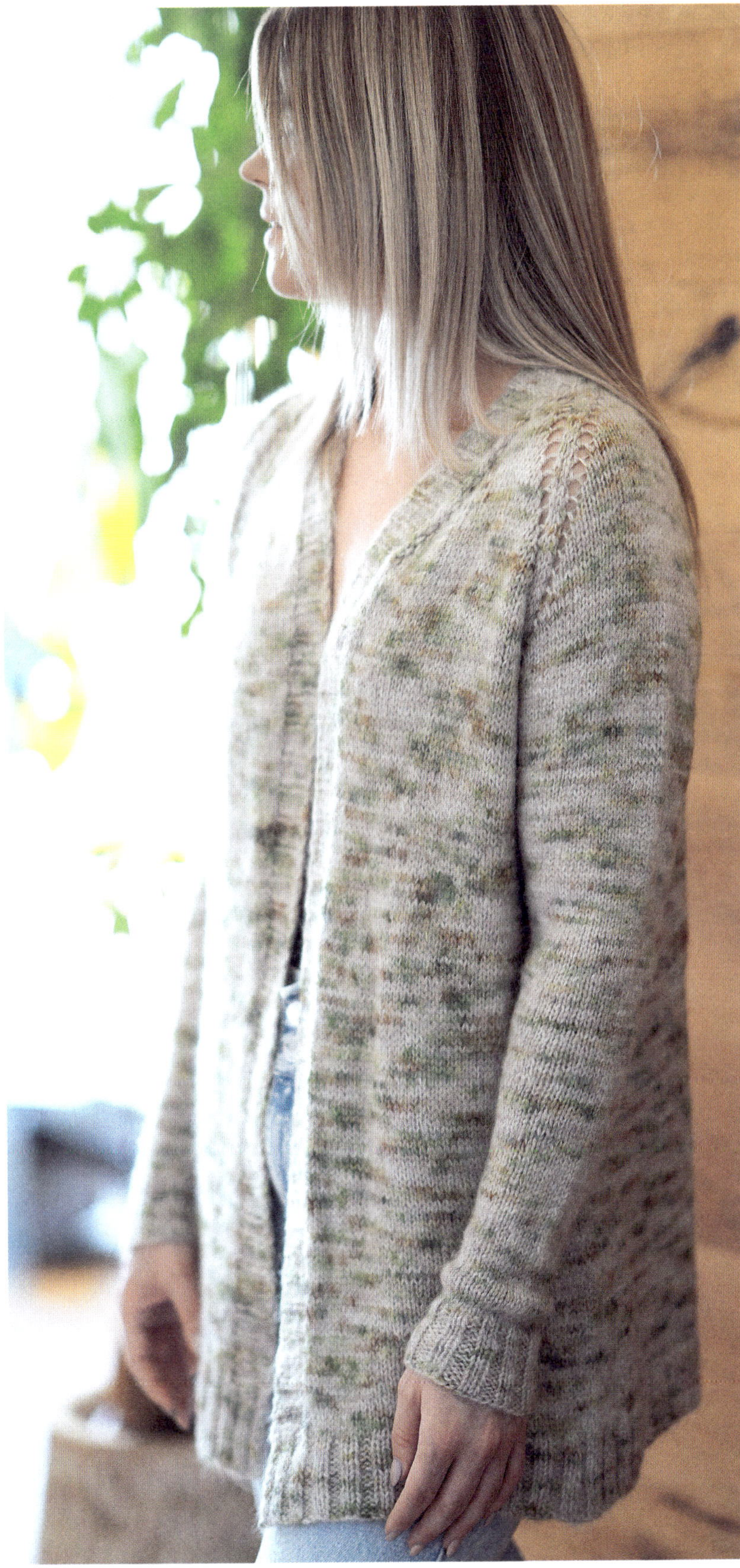

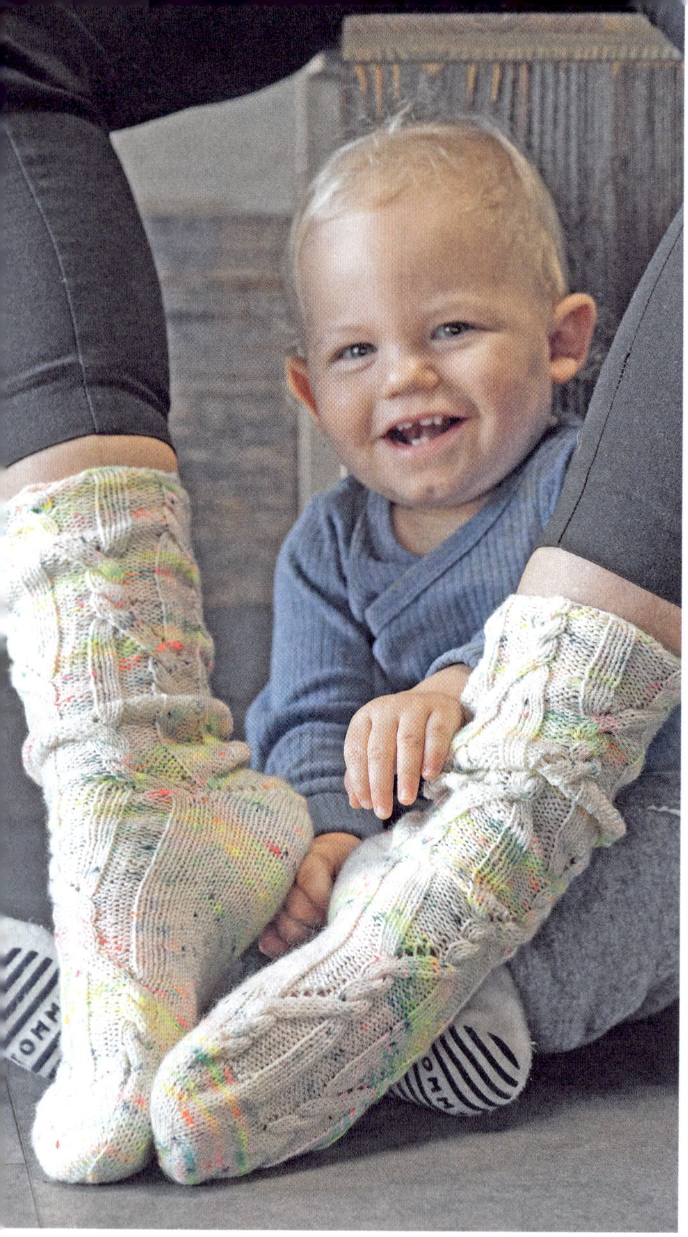

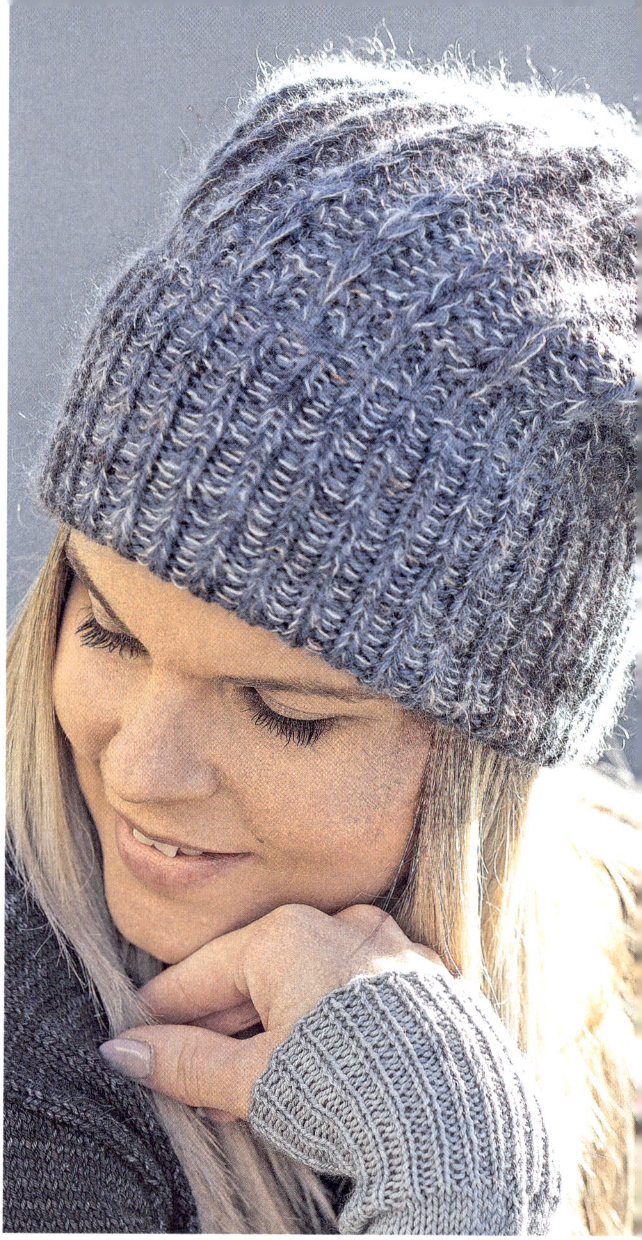

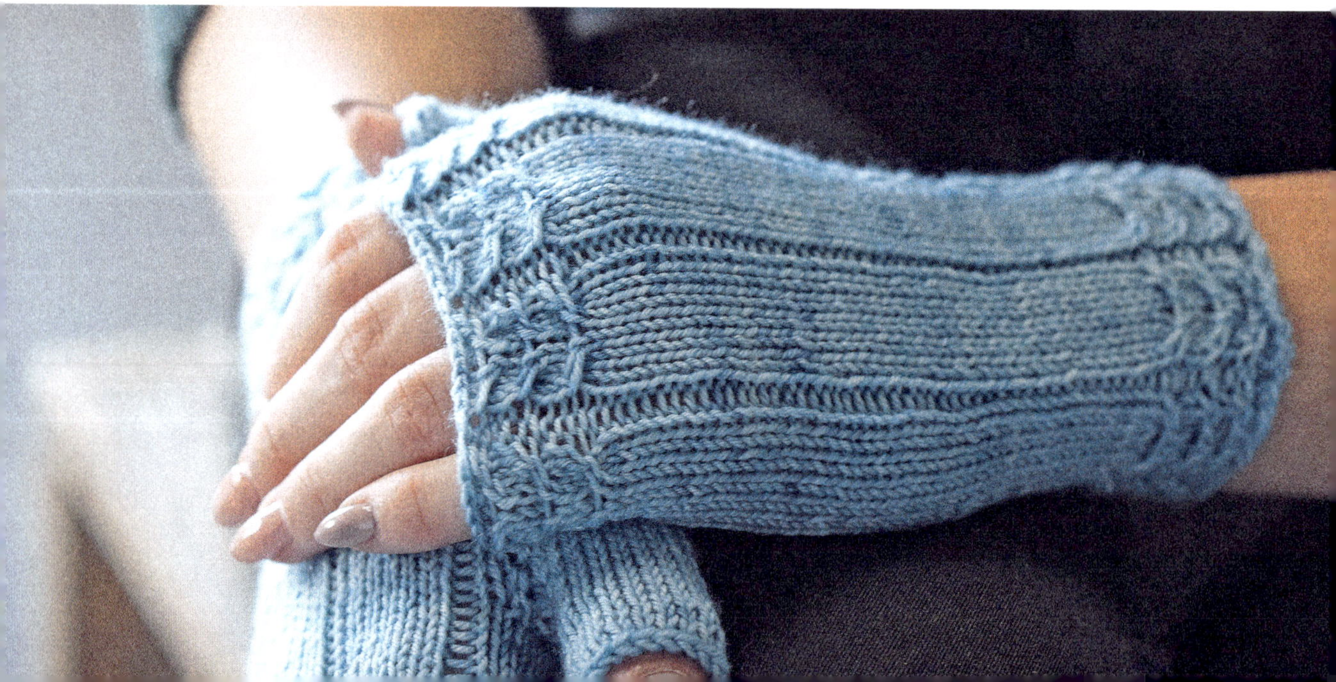

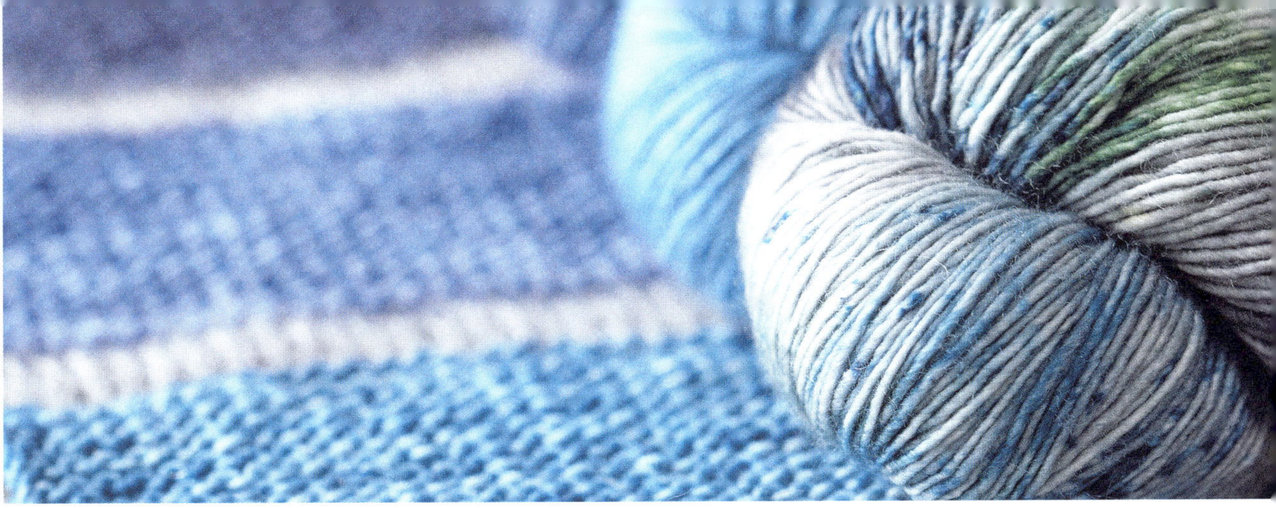

Accessoires

Schnell gestrickt: Stulpen, Mützen, Socken

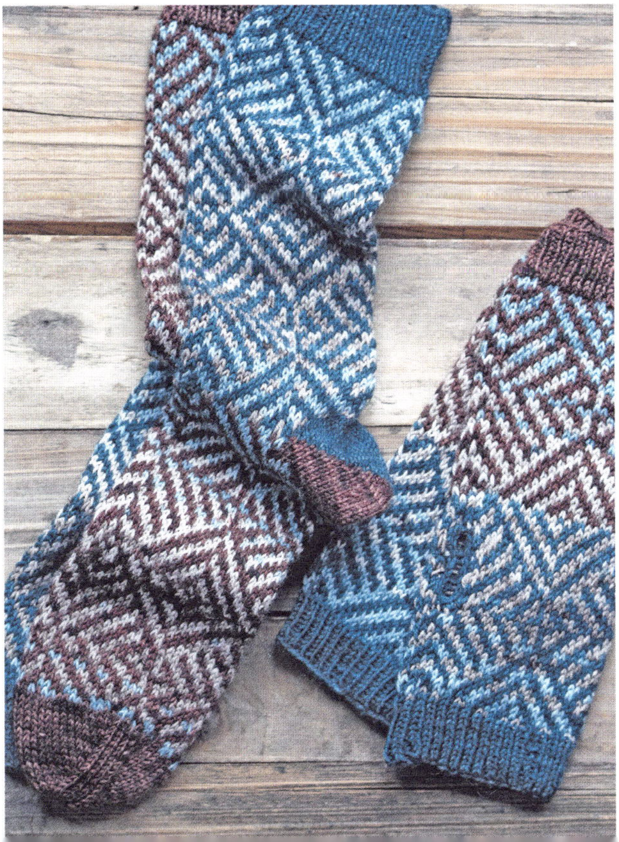

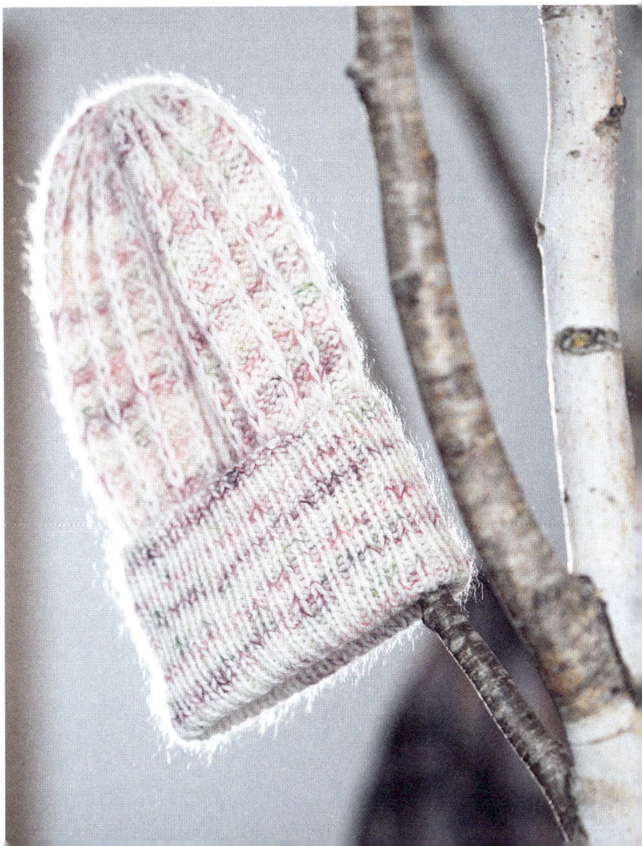

Mütze Nieves

Schwierigkeit **einfach/mittel**

GRÖẞE

52–54 cm (55–57 cm / 58–60 cm) Kopfumfang
Die Angaben für die größeren Größen stehen hintereinander in Klammern. Steht nur eine Angabe, so gilt diese für alle Größen.

MATERIAL

Weiße Mütze: Locoporella **Merino DK** (100 % Schurwolle, LL = 225 m/100 g): 100 g Natur und **Kid Silk Lace** (72 % Mohair, 28 % Seide, LL = 420 m/50 g): 50 g Fliederbusch; Nadelspiel 4,5 mm und 5 mm.
Blaue Mütze: Locoporella **Merino DK** (100 % Schurwolle, LL = 225 m/100 g) 100 g Marine und **Kid Silk Lace** (72 % Mohair, 28 % Seide, LL = 420 m/50 g): 50 g Tea Time; Nadelspiel 4,5 mm und 5 mm.

MASCHENPROBE

Muster mit tiefgestochenen M (zweifädig mit je 1 Faden beider Garne und Nadel 5 mm):
16 M und 22 Runden = 10 cm x 10 cm.
Die Nadelstärke so wählen, dass die angegebene Maschenprobe nach dem Waschen und Trocknen möglichst genau erreicht wird.

SO WIRD'S GEMACHT

76 (80/84) M mit Nadeln 4,5 mm zweifädig (= je 1 Faden Merino DK und Kid Silk Lace) anschlagen, die M gleichmäßig auf 4 Nadeln verteilen = 19 (20/21) M pro Nadel und zur Runde schließen.
Für den Bund 21 cm in Runden 1 M rechts und 1 M links im Wechsel stricken.
Dann mit Nadeln 5 mm im Muster mit tiefgestochenen M wie folgt weiterarbeiten: **1. Runde:** * 2 M links, 1 tiefgestochene M (= in die M 1 Runde tiefer einstechen und rechts stricken, dadurch löst sich die M auf), 1 M links, ab * stets wiederholen. **2. Runde:** * 2 M links, 1 M rechts, 1 M links, ab * stets wiederholen. Die 1. und 2. Runde stets wiederholen.

Nach 17 cm = 38 Runden ab Bund für die Abnahmen in jeder Linksrippe 2 M links zusammenstricken = 57 (60/63) M; nun 2 M links und 1 tiefgestochene M im Wechsel stricken. In der folgenden 2. Runde erneut in jeder Linksrippe 2 M links zusammenstricken = 38 (40/42) M; nun 1 M links und 1 tiefgestochene M im Wechsel stricken. Ab der folgenden Runde im Rippenmuster weiterarbeiten und in der folgenden 2. Runde stets 2 M rechts zusammenstricken = 19 (20/21) M. Die restlichen 19 (20/21) M mit dem Faden zusammenziehen.

FERTIGSTELLUNG

Den unteren Mützenrand ca. 10,5 cm nach außen umschlagen.

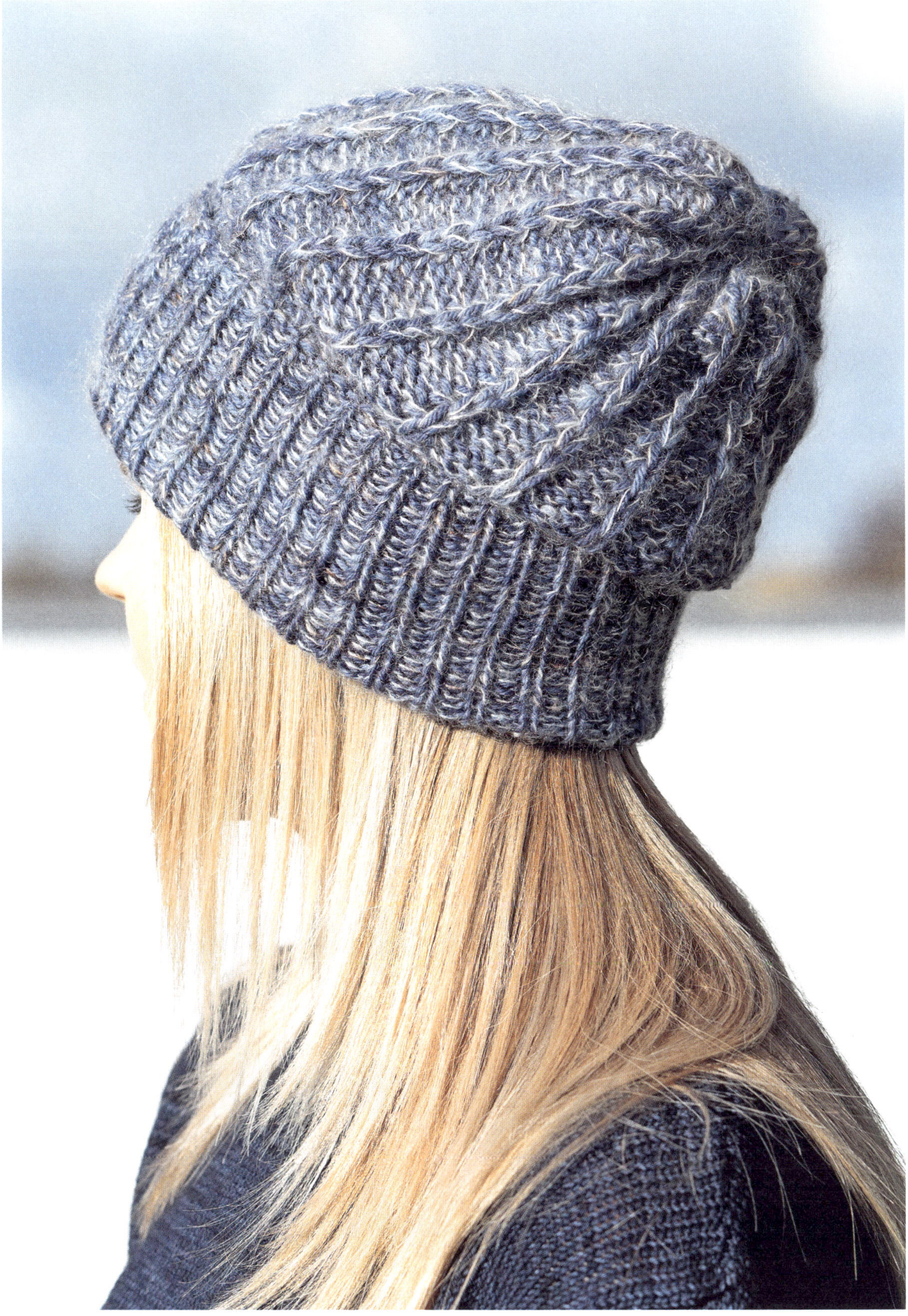

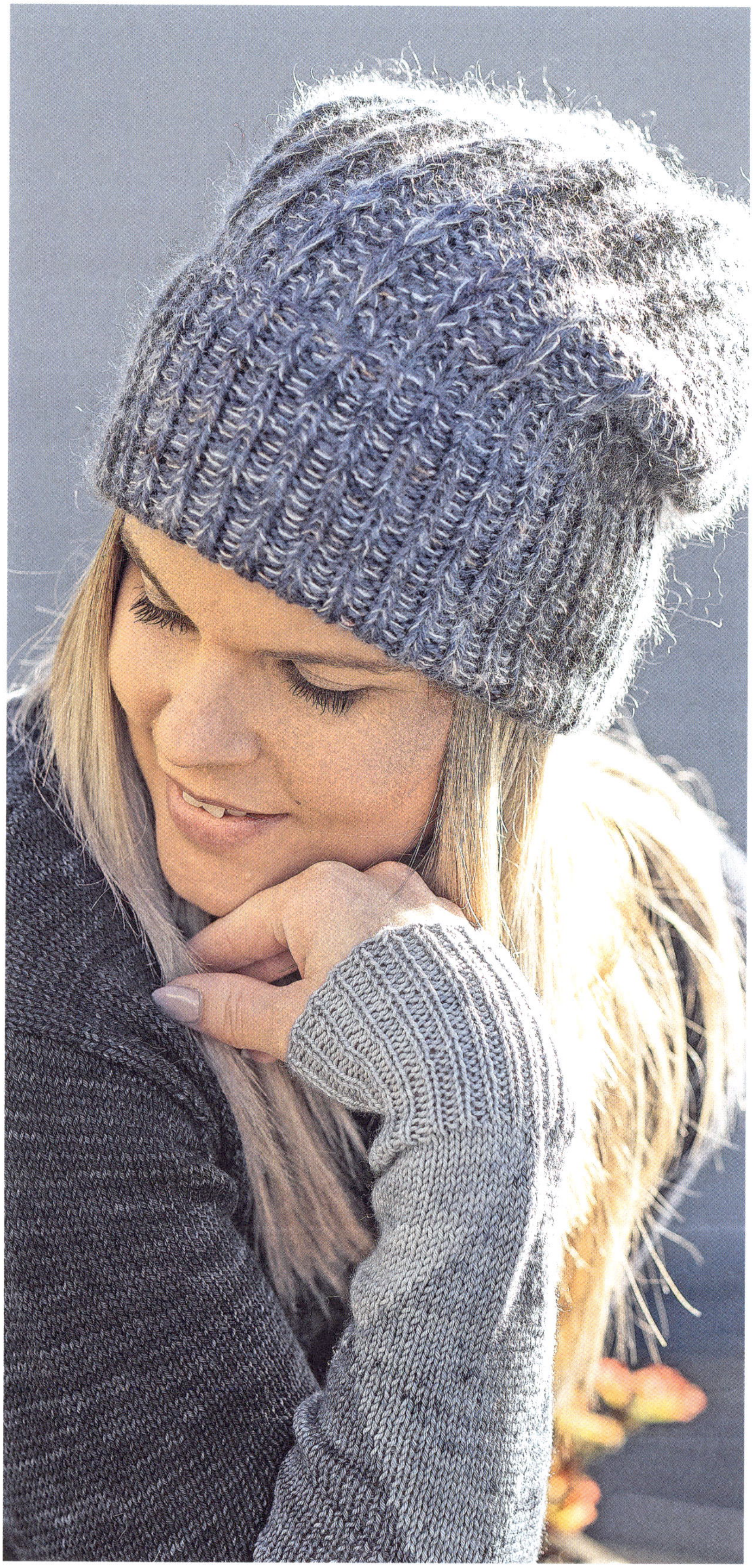

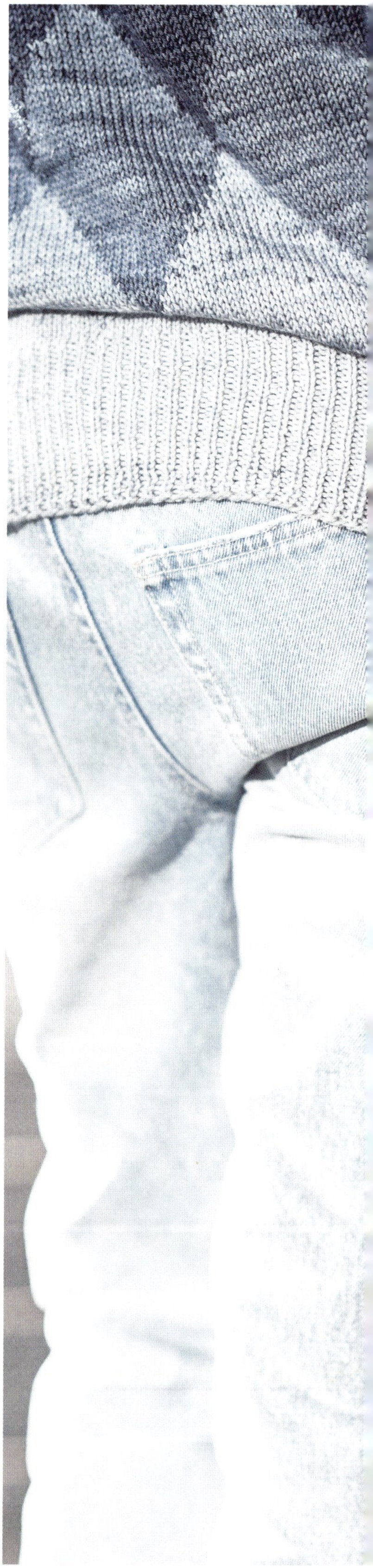

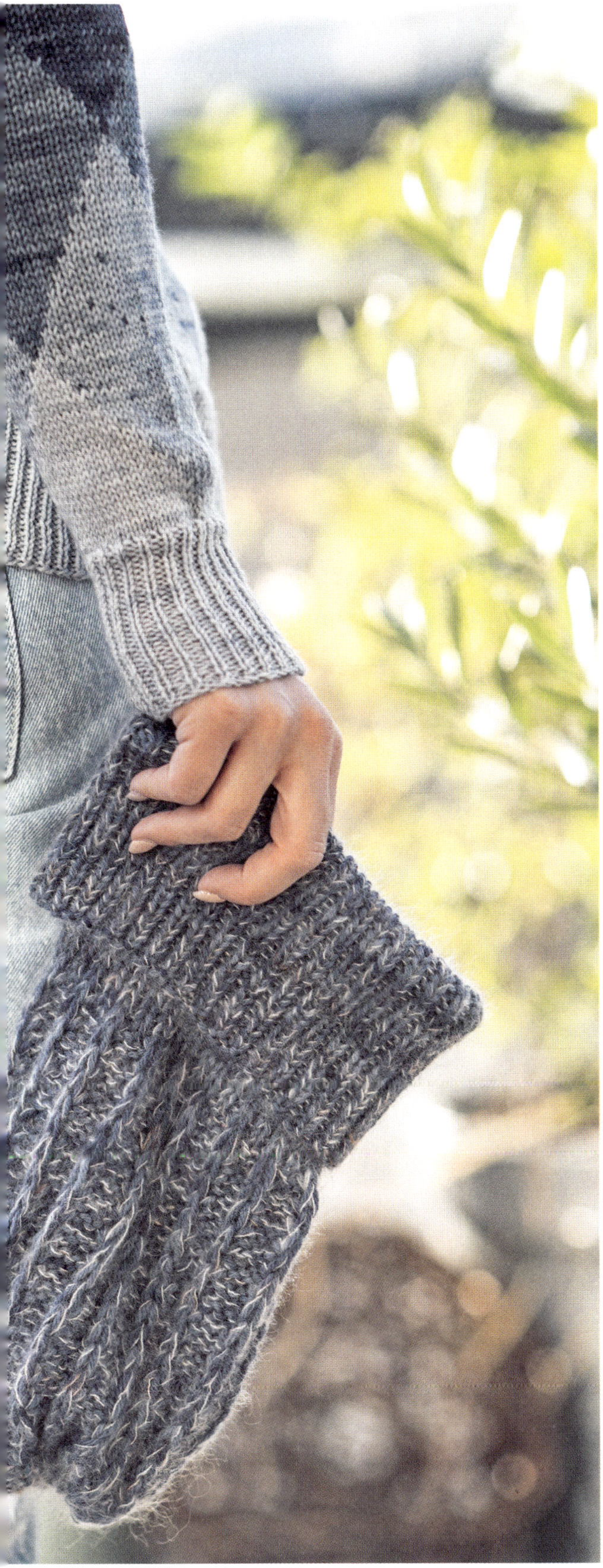
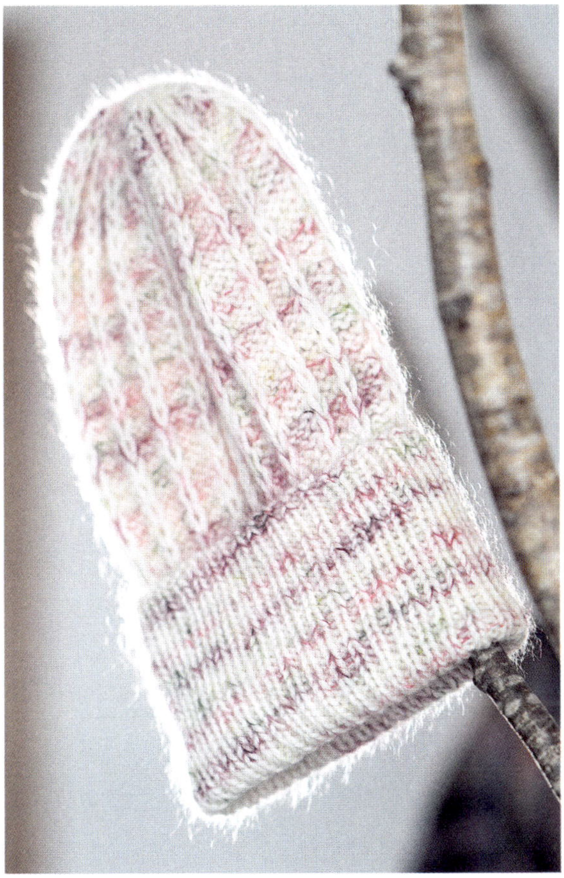
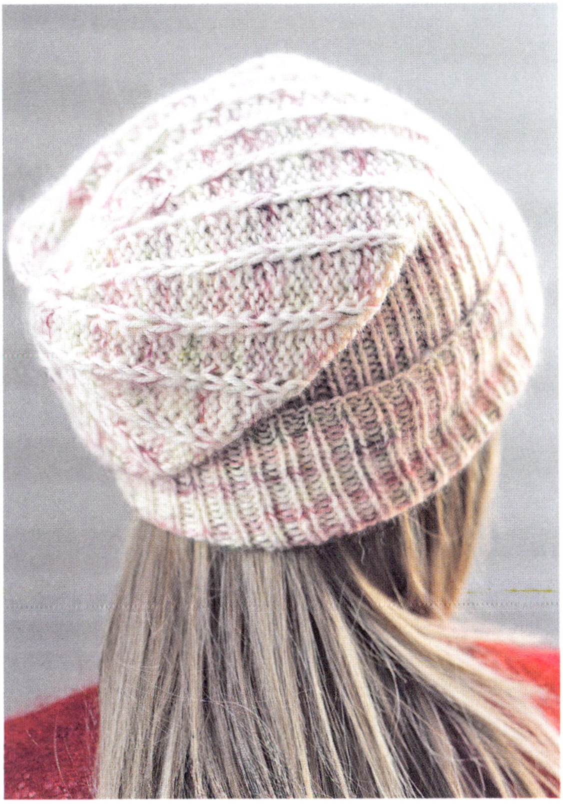

Stulpen Yuki

Schwierigkeit **einfach/mittel**

GRÖßE

7 (8/9)

Die Angaben für die größeren Größen stehen hintereinander in Klammern. Steht nur eine Angabe, so gilt diese für alle Größen.

MATERIAL

Locoporella **Merino 4ply** (100 % Schurwolle, LL = 400 m/100 g): 100 g Aqua; Nadelspiel 3,5 mm.

MUSTER

Zopfmuster (M-Zahl teilbar durch 7): Nach der Strickschrift arbeiten. Es sind nur die ungeraden Runden gezeichnet; in den geraden Runden die M stricken, wie sie erscheinen. Den Rapport von 7 M zwischen den Pfeilen stets wiederholen. Die 1.–4. Runde stets wiederholen.

Rippenmuster (M-Zahl teilbar durch 7): * 1 M links, 6 M rechts, ab * stets wiederholen.

MASCHENPROBE

Rippenmuster: 30 M und 36 Runden = 10 cm x 10 cm.

Die Nadelstärke so wählen, dass die angegebene Maschenprobe nach dem Waschen und Trocknen möglichst genau erreicht wird.

SO WIRD'S GEMACHT

Stulpe (2x): 49 (56/63) M anschlagen, die M gleichmäßig auf vier Nadeln verteilen = 12-12-12-13 (14/16-16-16-15) M pro Nadel und zur Runde schließen. 12 Runden im Zopfmuster stricken. Danach im Rippenmuster weiterarbeiten.

Nach 7 cm ab Anschlag für den Daumenkeil die 4. und 5. M der 1. Nadel markieren und beidseitig der markierten M (jeweils nach der 1. Markierung und vor der 2. Markierung) je 1 M aus dem Querfaden rechts verschränkt herausstricken = 4 M Daumenkeil. Die folgenden Zunahmen wie folgt stricken: * In der folgenden 3. Runde vor und nach den Daumenkeil-M (vor der 1. Markierung und nach der 2. Markierung) je 1 M aus dem Querfaden rechts verschränkt herausstricken, ab * 6x (7x/8x) arbeiten = 16 (18/20) Daumenkeil-M. Die Zahl der Daumenkeil-M erhöht sich bei jeder Zunahme um 2 M. Über die Daumenkeil-M glatt rechts stricken und diese anschließend stilllegen.

Dann über den stillgelegten Daumenkeil-M für den Daumensteg 6 M dazu anschlagen und 1 Runde stricken, dabei über die 6 M des Daumenstegs glatt rechts = nur rechte M stricken. In der folgenden Runde die 1. M des Stegs mit der M davor rechts überzogen zusammenstricken (= 1 M wie zum Rechtsstricken abheben, 1 M rechts stricken, dann die abgehobene M überziehen) und die letzte M des Stegs mit der M danach rechts zusammenstricken. Diese Abnahme in der folgenden Runde ebenso arbeiten, sodass noch 2 M des Stegs übrig sind = 49 (56/63) M.

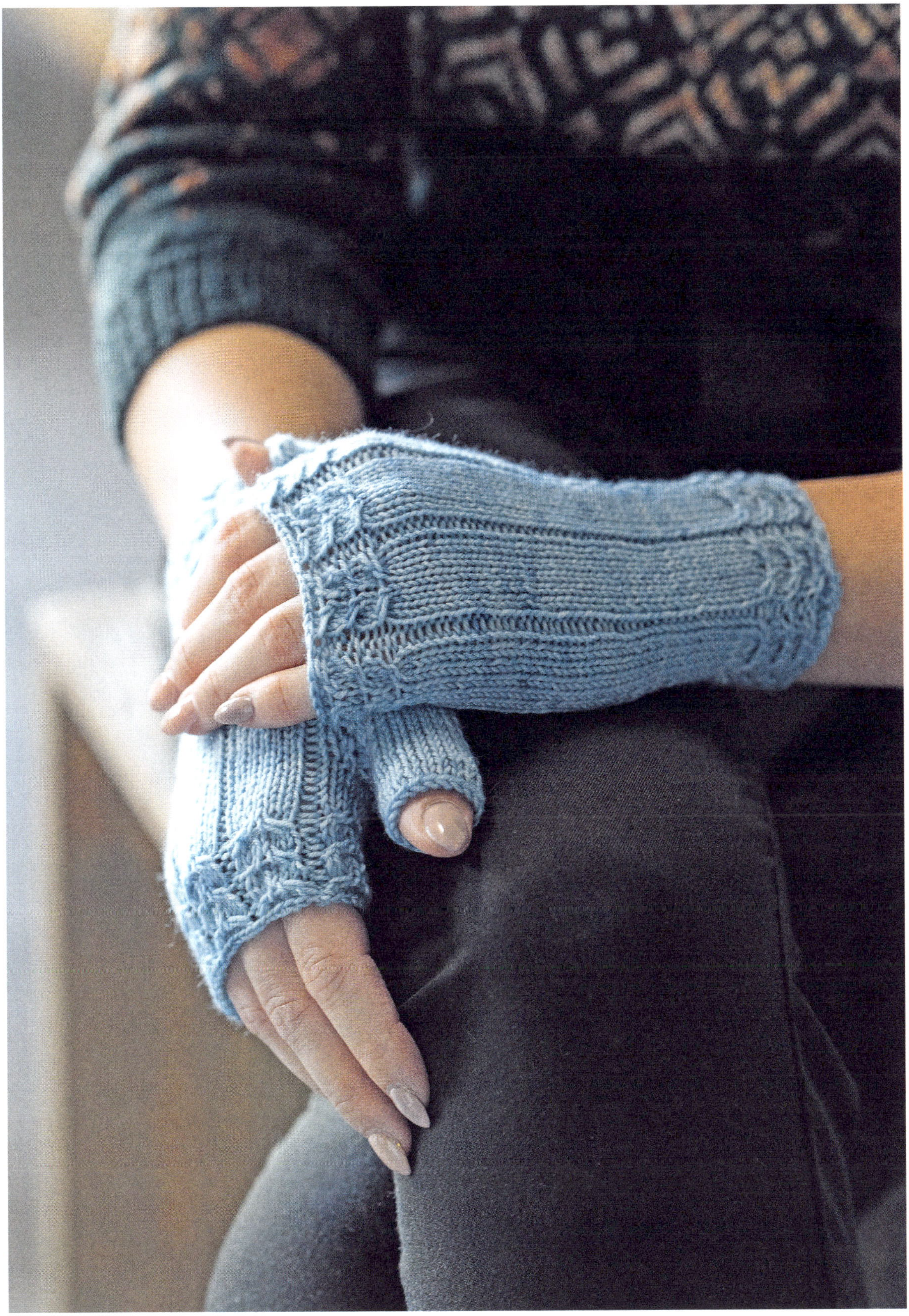

Nun wieder das Rippenmuster fortsetzen. Nach 15 (16/17) cm ab Anschlag wieder 12 Runden im Zopfmuster stricken, dabei mit einer 3. Runde beginnen. Anschließend die M abketten.

Für den **Daumen** die stillgelegten 16 (18/20) Keil-M auf eine Nadel nehmen, 6 M aus dem Steg auffassen = 22 (24/26) M. Die M gleichmäßig auf 3 Nadeln verteilen = 7-8-7 (8/9-8-9) M pro Nadel und zur Runde schließen. Glatt rechts = nur rechte M stricken. In der folgenden Runde die 1. M des Stegs mit der M davor rechts überzogen zusammenstricken und die letzte M des Stegs mit der M danach rechts zusammenstricken. Diese Abnahmen in der folgenden Runde ebenso arbeiten, sodass nur noch 2 M des Stegs übrig sind = 18 (20/22) M. Auf Höhe des Fingergelenks alle M abketten.

Strickschrift

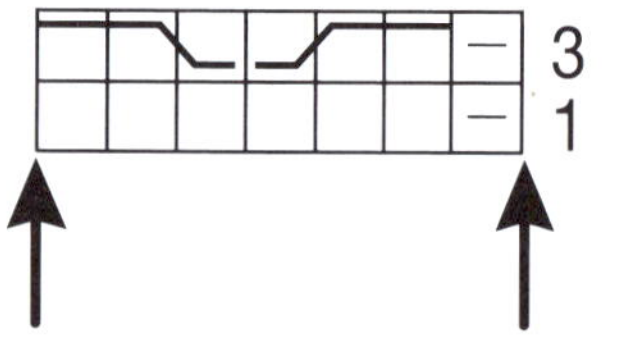

Zeichenerklärung

 = 1 M glatt rechts

 = 1 M links

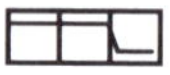 = 1 M auf eine Hilfsnadel vor die Arbeit legen, 2 M rechts, dann die M der Hilfsnadel rechts stricken

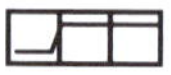 = 2 M auf eine Hilfsnadel hinter die Arbeit legen, 1 M rechts, dann die M der Hilfsnadel rechts stricken

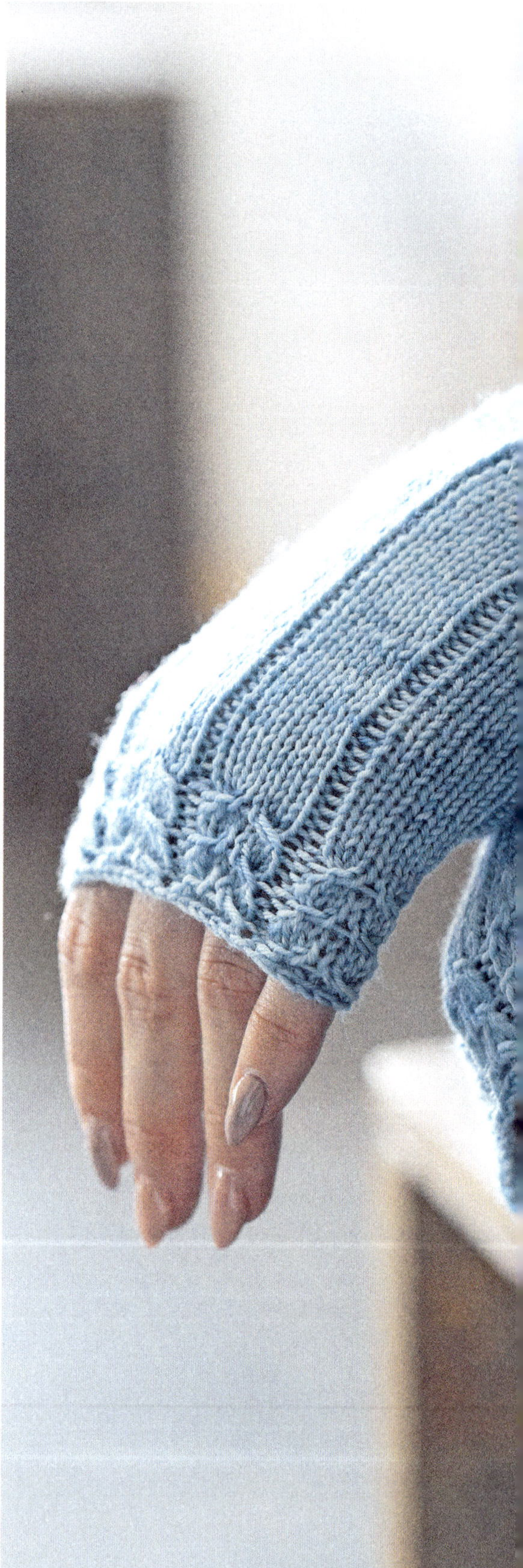

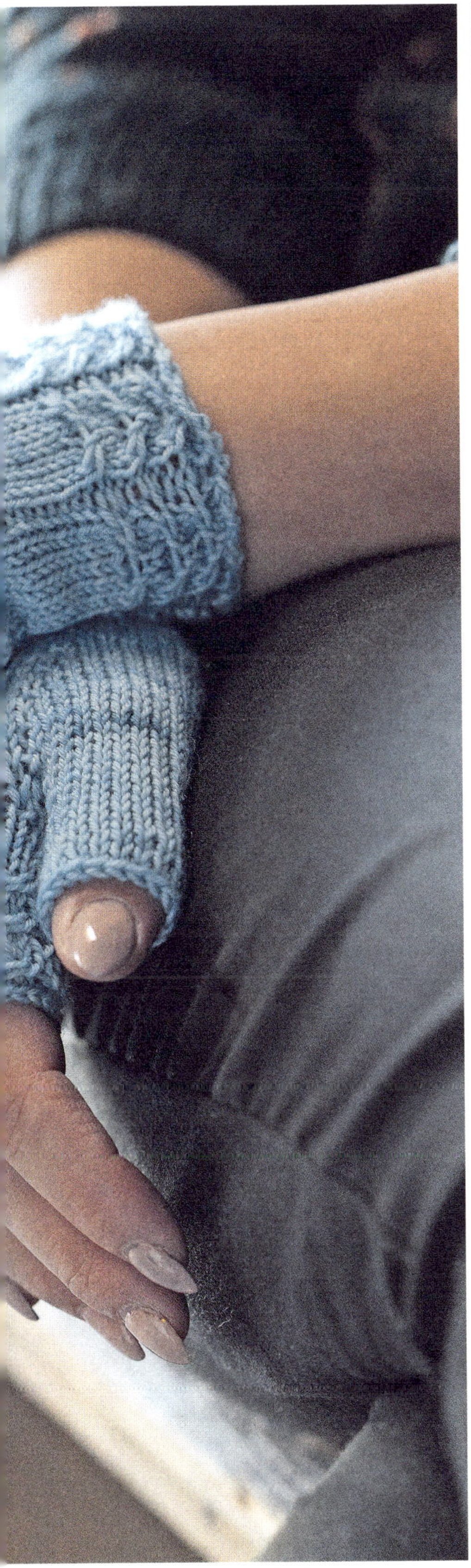

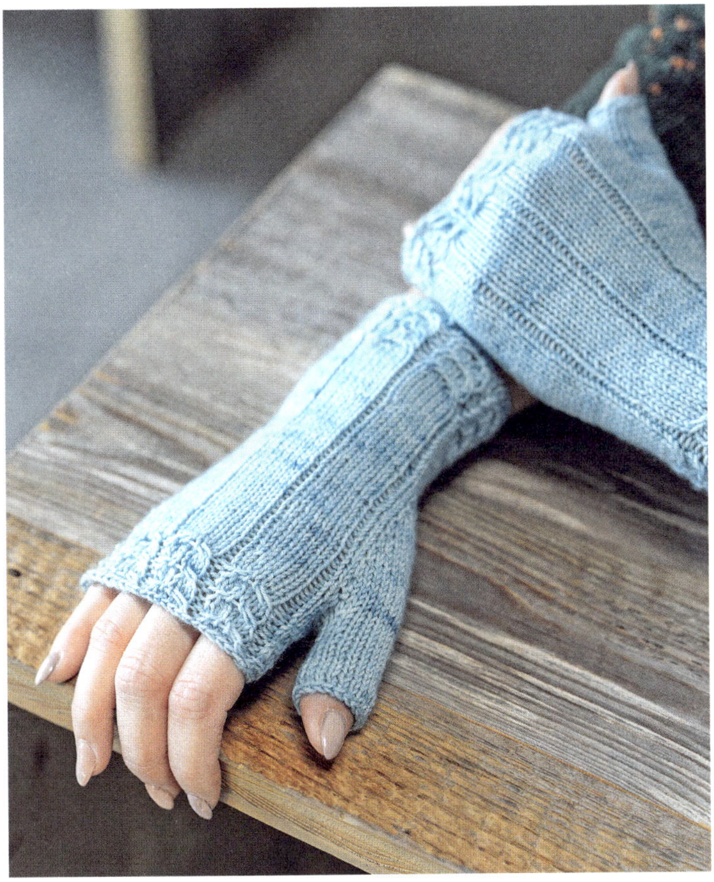

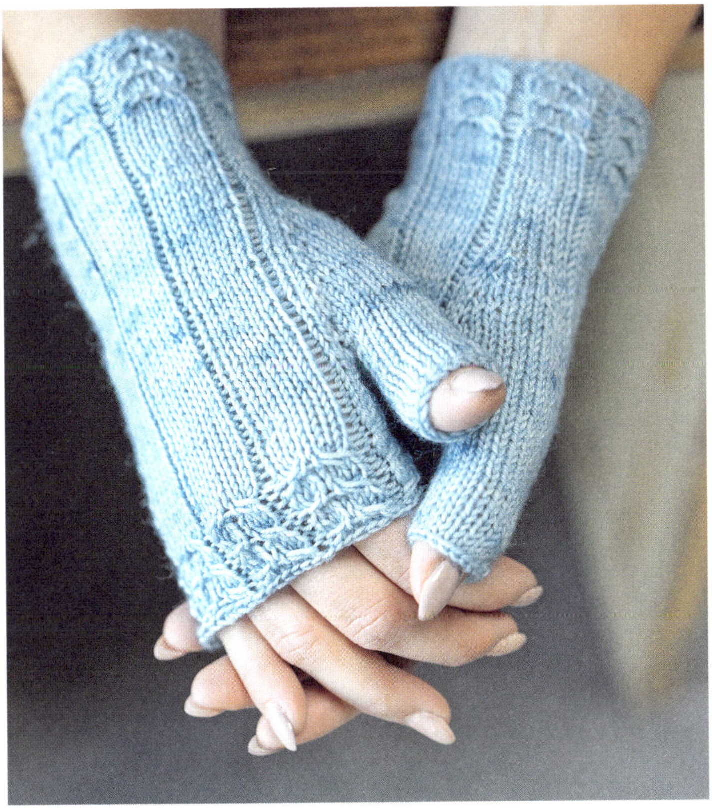

Stulpen und Mütze Dotties

Schwierigkeit **einfach/mittel**

GRÖßE

Handschuhgröße: 7 (8/9)
Mützengröße: 52–54 cm (55–57 cm / 58–60 cm) Kopfumfang
Die Angaben für die größeren Größen stehen hintereinander in Klammern. Steht nur eine Angabe, so gilt diese für alle Größen.

MATERIAL

Locoporella **Merino Silk** (60 % Schurwolle, 40 % Seide, LL = 425 m/100 g): 100 g Nebel; Nadelspiel 3,5 mm und Rundstricknadel 3,5 mm.

MUSTER

Rippenmuster (M-Zahl teilbar durch 4):
Nach der Strickschrift arbeiten. Es sind nur die Hinreihen/ungeraden Runden gezeichnet; in den geraden Reihen die M stricken, wie sie erscheinen und Umschläge links stricken bzw. in den geraden Runden die M stricken, wie sie erscheinen und Umschläge rechts stricken. Den Rapport von 4 M zwischen den Pfeilen stets wiederholen.
Die 1.–12. Reihe/Runde stets wiederholen.

MASCHENPROBE

Rippenmuster: 24 M und 40 Reihen/Runden = 10 cm x 10 cm.
Die Nadelstärke so wählen, dass die angegebene Maschenprobe nach dem Waschen und Trocknen möglichst genau erreicht wird.

SO WIRD'S GEMACHT

Stulpe (2x): 40 (44/48) M anschlagen, die M gleichmäßig auf vier Nadeln des Nadelspiels verteilen – 10 (11/12) M pro Nadel und zur Runde schließen und den Rundenanfang markieren. Im Rippenmuster stricken. Nach 11 cm ab Anschlag für den Daumenschlitz die Arbeit am Rundenanfang teilen und 3 cm in Reihen weiterarbeiten, dabei beidseitig je 1 Randm zunehmen = 42 (46/50) M. Danach wieder in Runden weiterarbeiten, dabei in der 1. Runde die Randm wieder abnehmen = 40 (44/48) M. Nach 18 cm ab Anschlag die M abketten.

Mütze: 108 (116/124) M mit der Rundstricknadel anschlagen, zur Runde schließen, den Rundenanfang markieren und im Rippenmuster stricken. Nach 22,5 cm ab Anschlag stets 2 M rechts zusammenstricken = 54 (58/62) M. Nun glatt rechts = stets rechte M weiterarbeiten und 2x in jeder 2. Runde stets 2 M rechts zusammenstricken = 14 (15/16) M. Die restlichen M mit dem Faden zusammenziehen.

Strickschrift

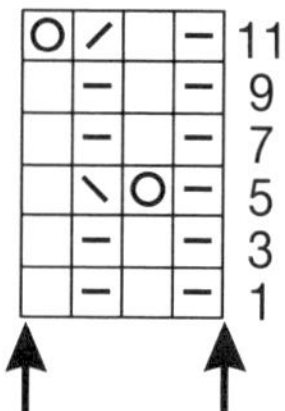

Zeichenerklärung

[ ] = 1 M rechts
[–] = 1 M links
[O] = 1 Umschlag
[/] = 2 M rechts zusammenstricken
[\] = 2 M rechts überzogen zusammenstricken (= 1 M wie zum Rechtsstricken abheben, 1 M rechts stricken, dann die abgehobene M überziehen)

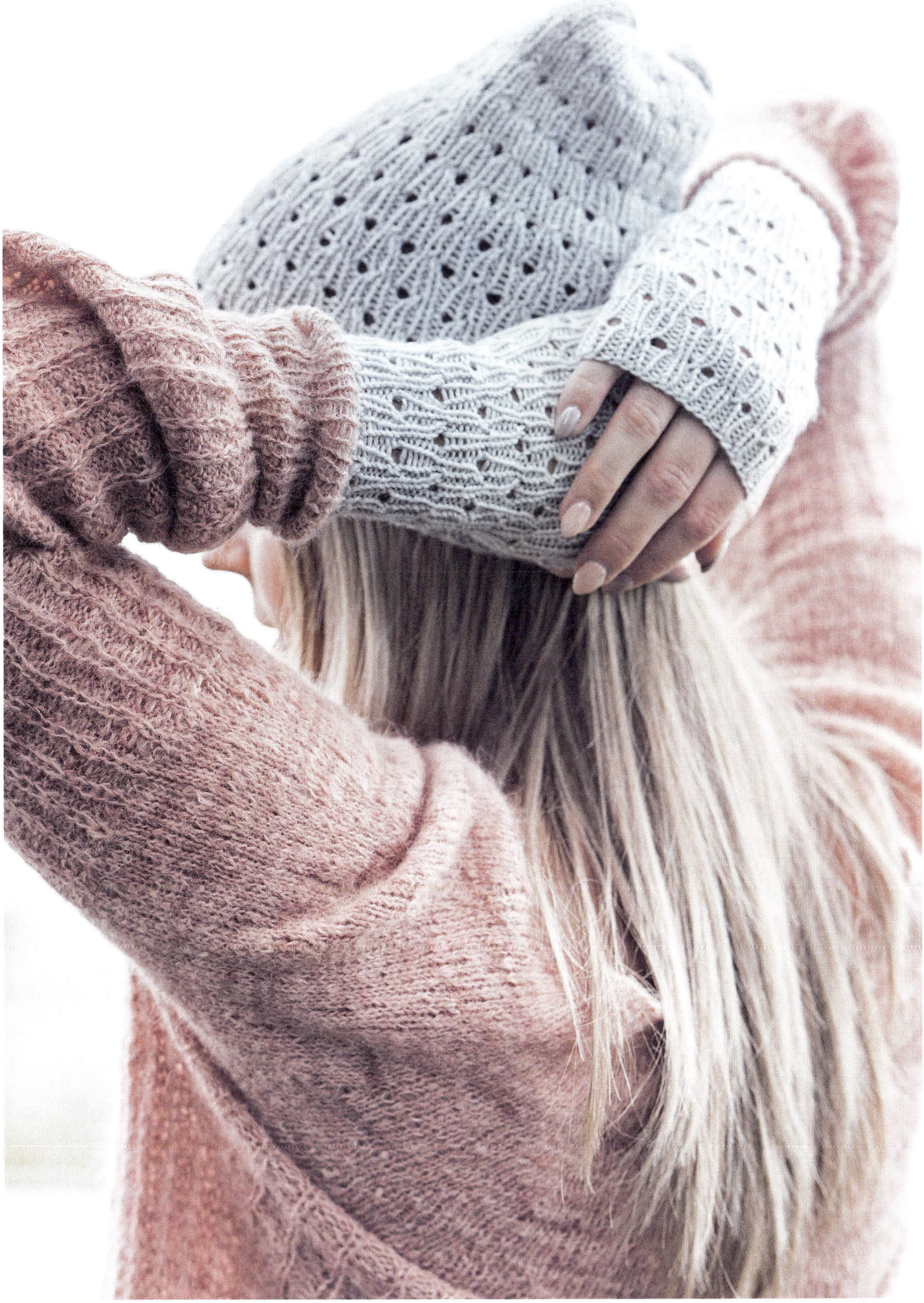

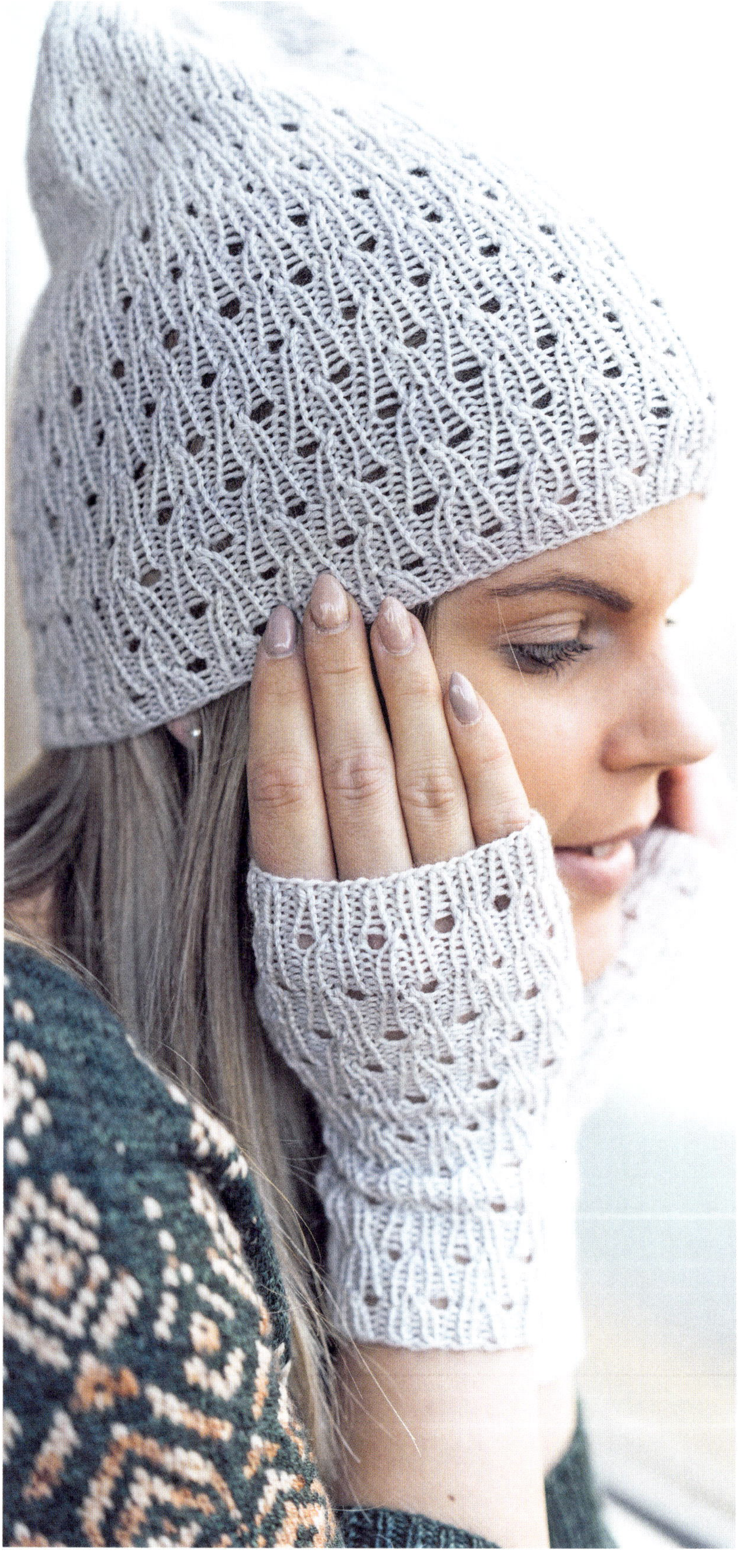
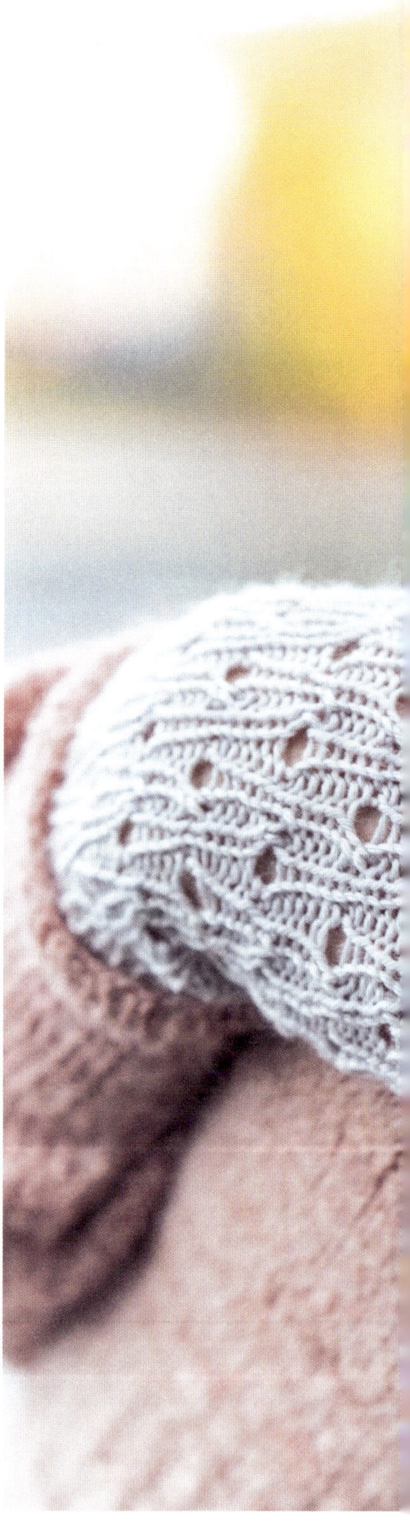

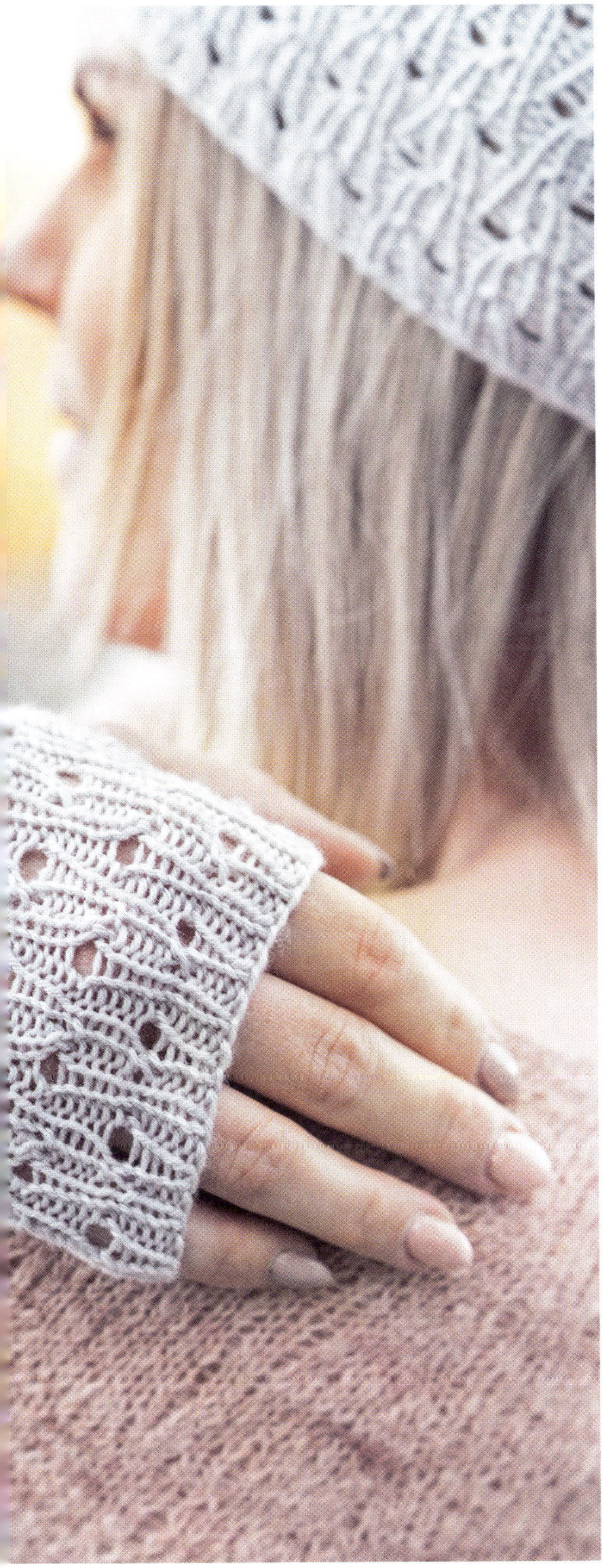

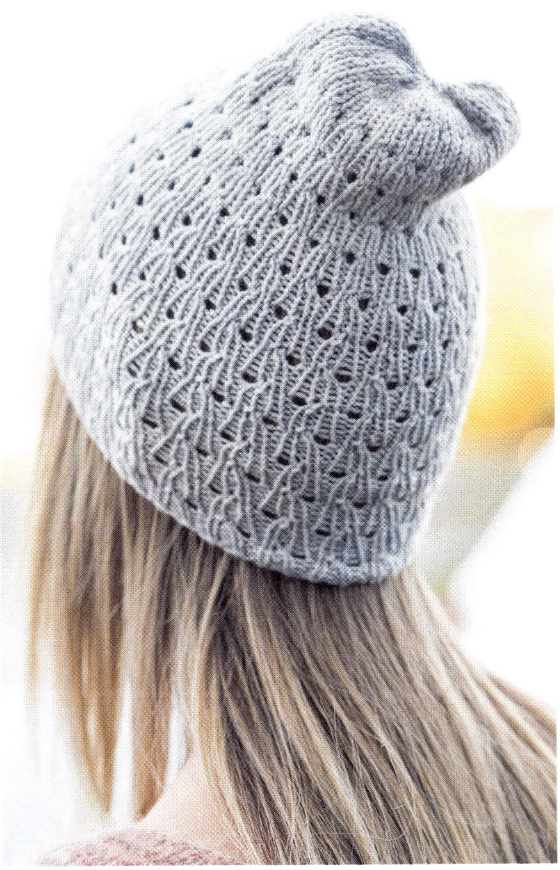

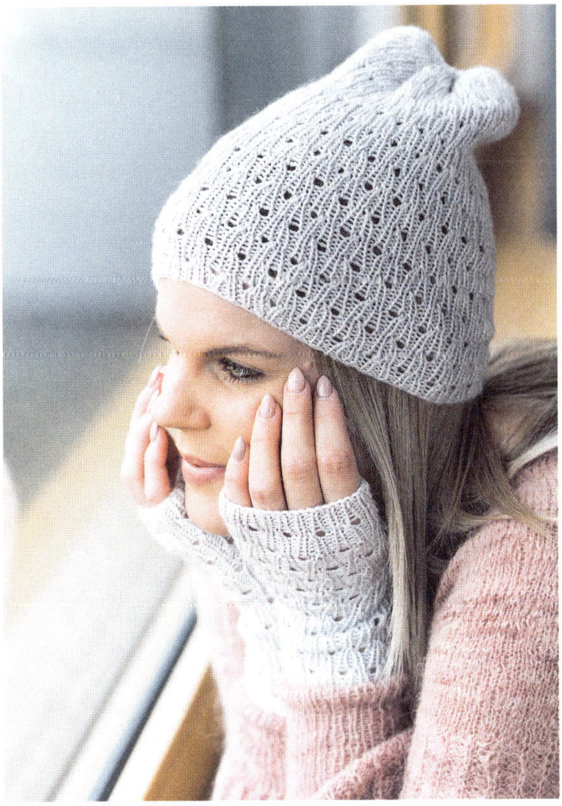

Set aus Socken und Stulpen Metamorphosis

Schwierigkeit **mittel**

GRÖßE

Sockengröße: 36/37
Stulpengröße: 7–8

MATERIAL

Locoporella **Merino Socks** (75 % Schurwolle, 25 % Polyamid, LL = 425 m/100 g): je 50 g Petrol, Vintage Blue, Nostalgie, Taupe und Chocolate; Nadelspiel 2,5 mm und Häkelnadel 2 mm.

MUSTER

Glatt rechts: In Hinreihen rechte M, in Rückreihen linke M stricken. In Runden immer rechte M stricken.

Jacquardmuster (M-Zahl teilbar durch 30): Nach dem Zählmuster glatt rechts in Norwegertechnik stricken, dabei den unbenutzten Faden stets locker auf der Rückseite der Arbeit mitführen. Es sind alle Runden/Reihen gezeichnet. Wird das Muster in Reihen gearbeitet, die Strickschrift in den Rückreihen von links nach rechts lesen. Den Rapport von 30 M zwischen den Pfeilen 2x arbeiten. Die 1.–30. Runde/Reihe stets wiederholen.

Doppel-M: Nach dem Wenden am Anfang der Reihe den Faden vor die Arbeit legen, von rechts in die 1. M einstechen, die M und den Faden zusammen abheben. Danach den Faden fest über die Nadel nach hinten ziehen. Dadurch wird die M über die Nadel gezogen und liegt doppelt. In der folgenden Reihe beide M-Teile zusammen erfassen und mustergemäß abstricken.

MASCHENPROBE

Glatt rechts: 32 M und 40 Runden = 10 cm x 10 cm. Die Nadelstärke so wählen, dass die angegebene Maschenprobe nach dem Waschen und Trocknen möglichst genau erreicht wird.

SO WIRD'S GEMACHT

1. Socke: 60 M in Petrol anschlagen, die M gleichmäßig auf 4 Nadeln verteilen = 15 M pro Nadel. Für den Bund 4 cm 1 M rechts, 1 M links im Wechsel in Runden stricken.
Dann für den **Schaft** im Jacquardmuster wie folgt weiterarbeiten: 60 Runden mit Petrol als Hauptfarbe, gleichzeitig wie folgt die Akzentfarben stricken: 8 Runden Vintage Blue, 1 Runde Nostalgie, 3 Runden Vintage Blue, 2 Runden Nostalgie, 2 Runden Vintage Blue, 3 Runden Nostalgie, 1 Runde Vintage Blue, 8 Runden Nostalgie, 1 Runde Taupe, 3 Runden Nostalgie, 2 Runden Taupe, 2 Runden Nostalgie, 3 Runden Taupe, 1 Runde Nostalgie, 8 Runden Taupe, 1 Runde Vintage Blue, 3 Runden Taupe, 2 Runden Vintage Blue, 2 Runden Taupe, 3 Runden Vintage Blue, 1 Runde Taupe.

Nach 60 Runden ab Bund mit der **Ferse** beginnen, dafür nur über die M der 1. und 2. Nadel glatt rechts in Petrol stricken. Die Fersen-M dritteln = 3x je 10 M. Dann verkürzte Reihen mit Doppel-M von außen nach innen stricken: **1. Reihe (= Hinreihe):** Alle M rechts stricken, wenden. **2. Reihe (= Rückreihe):** 1 Doppel-M, restliche M links stricken, wenden.

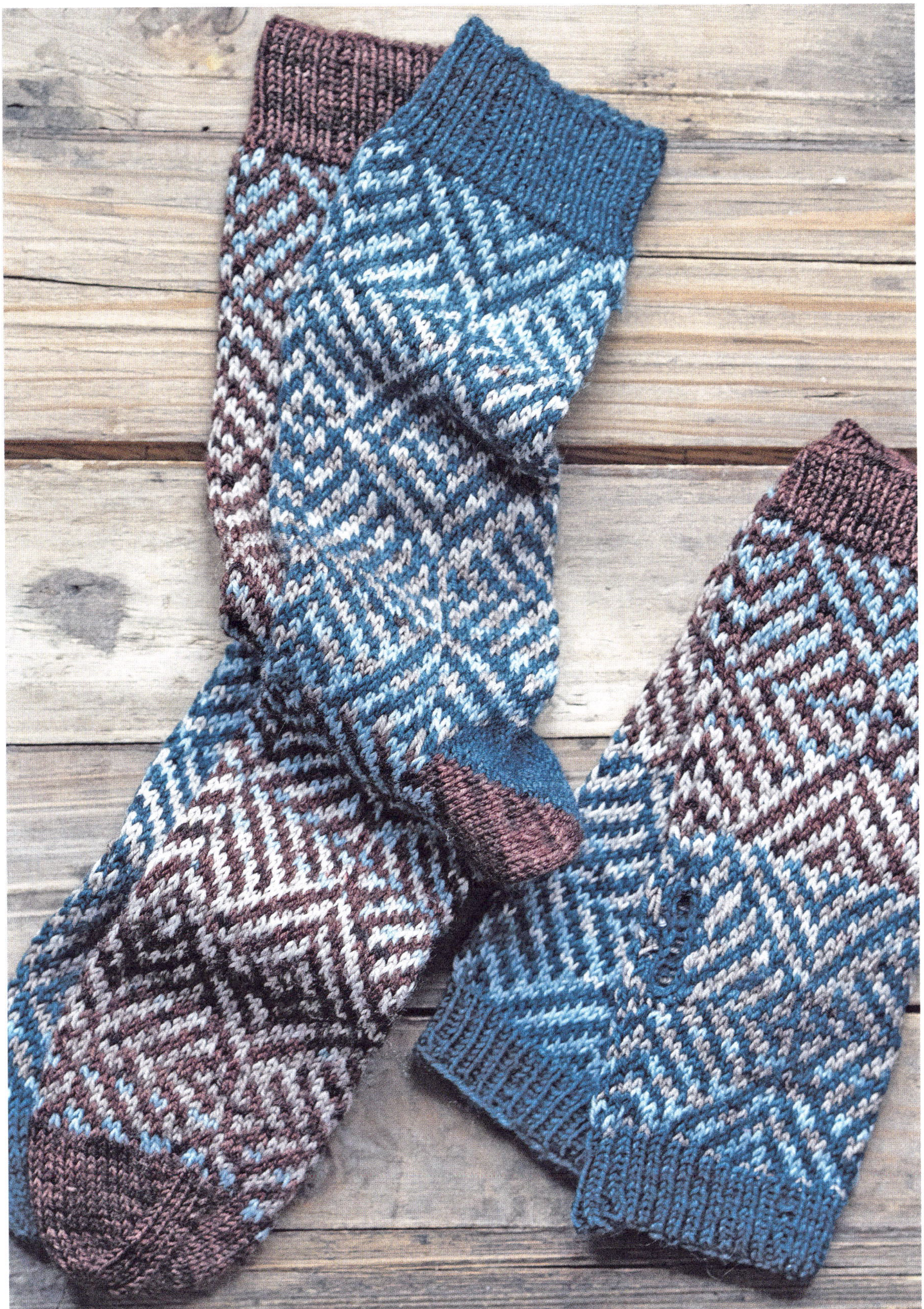

3. Reihe: 1 Doppel-M, alle M rechts stricken bis zur Doppel-M (diese nicht stricken), wenden. **4. Reihe:** 1 Doppel-M, alle M links stricken bis zur Doppel-M (diese nicht stricken), wenden. Die 3. und 4. Reihe so oft wiederholen, bis zwischen den Doppel-M nur noch 10 M übrig sind. Die letzte Reihe ist eine halbe Hinreihe und endet in der Fersenmitte.

Für die zweite Fersenhälfte nun mit Chocolate weiterarbeiten. Dabei mit einer Hinreihe beginnen und weiter mit verkürzten Reihen mit Doppel-M stricken, jedoch diesmal von innen nach außen: **1. Reihe (= Hinreihe):** 5 M rechts, die folgende Doppel-M rechts stricken, wenden. **2. Reihe (= Rückreihe):** 1 Doppel-M, alle M bis einschließlich der Doppel-M links stricken, wenden. **3. Reihe:** 1 Doppel-M, bis zur Doppel-M der Vorreihe rechts stricken, die 2 folgenden Doppel-M wie beschrieben rechts abstricken, wenden. **4. Reihe:** 1 Doppel-M, bis zur Doppel-M der Vorreihe links stricken, die 2 folgenden Doppel-M wie beschrieben links abstricken, wenden.
Die 3. und 4. Reihe so oft wiederholen, bis wieder über alle 30 Fersen-M gestrickt wird. Die letzte Reihe ist eine Hinreihe und gleichzeitig der Beginn der 1. Runde des Fußes.

Für den **Fuß** im Jacquardmuster wie folgt stricken: 60 Runden mit Chocolate als Hauptfarbe, gleichzeitig wie folgt die Akzentfarben stricken: 8 Runden Vintage Blue, 1 Runde Nostalgie, 3 Runden Vintage Blue, 2 Runden Nostalgie, 2 Runden Vintage Blue, 3 Runden Nostalgie, 1 Runde Vintage Blue, 8 Runden Nostalgie, 1 Runde Taupe, 3 Runden Nostalgie, 2 Runden Taupe, 2 Runden Nostalgie, 3 Runden Taupe, 1 Runde Nostalgie, 8 Runden Taupe, 1 Runde Vintage Blue, 3 Runden Taupe, 2 Runden Vintage Blue, 2 Runden Taupe, 3 Runden Vintage Blue, 1 Runde Taupe.

Dann für die **Spitze** glatt rechts in Chocolate stricken und die M wie folgt abnehmen: auf der 1. und 3. Nadel jeweils die zweit- und drittletzte M rechts zusammenstricken, sowie auf der 2. und 4. Nadel jeweils die 2. M rechts abheben, die 3. M rechts stricken, dann die abgehobene M überziehen. Diese Abnahmen nur in jeder 2. Runde arbeiten und so oft wiederholen bis nur noch die Hälfte der M vorhanden ist. Dann in jeder Runde auf diese Art abnehmen, bis auf jeder Nadel nur noch 2 M übrig sind. Die letzten 8 M mit doppeltem Faden fest zusammenziehen.

2. Socke: Wie die erste Socke arbeiten, jedoch zuerst mit Chocolate und dann mit Petrol als Hauptfarbe arbeiten.

SO WIRD'S GEMACHT

1. Stulpe: 60 M in Petrol anschlagen, die M gleichmäßig auf 4 Nadeln verteilen = 15 M pro Nadel und zur Runde schließen. Für den Bund 2,5 cm 1 M rechts, 1 M links im Wechsel in Runden stricken. Dann im Jacquardmuster wie folgt weiterarbeiten: Je 30 Runden mit Petrol und dann mit Chocolate als Hauptfarbe, gleichzeitig wie folgt die Akzentfarbe: 8 Runden Vintage Blue, 1 Runde Nostalgie, 3 Runden Vintage Blue, 2 Runden Nostalgie, 2 Runden Vintage Blue, 3 Runden Nostalgie, 1 Runde Vintage Blue, 8 Runden Nostalgie, 1 Runde Taupe, 3 Runden Nostalgie, 2 Runden Taupe, 2 Runden Nostalgie, 3 Runden Taupe, 1 Runde Nostalgie, 8 Runden Taupe, 1 Runde Vintage Blue, 3 Runden Taupe, 2 Runden Vintage Blue, 2 Runden Taupe, 3 Runden Vintage Blue, 1 Runde Taupe.
Gleichzeitig nach 11,5 cm ab Bund für den Daumenschlitz die Arbeit am Rundenbeginn teilen und 3 cm in Reihen weiterarbeiten. Danach wieder in Runden stricken.
Nach 60 Runden ab Bund für die Blende 2,5 cm 1 M rechts, 1 M links im Wechsel in Runden in Chocolate stricken. Dann die M abketten.

2. Stulpe: Wie die erste Stulpe arbeiten, jedoch zuerst mit Chocolate und dann mit Petrol als Hauptfarbe arbeiten.

FERTIGSTELLUNG

Den Daumenschlitz mit 1 Runde feste Maschen in Petrol bzw. Chocolate umhäkeln.

Hinweis: Die Garnreste reichen noch für ein zweites Paar Socken und Stulpen, wenn dafür die Akzent- und Hauptfarben getauscht werden.

Strickschrift

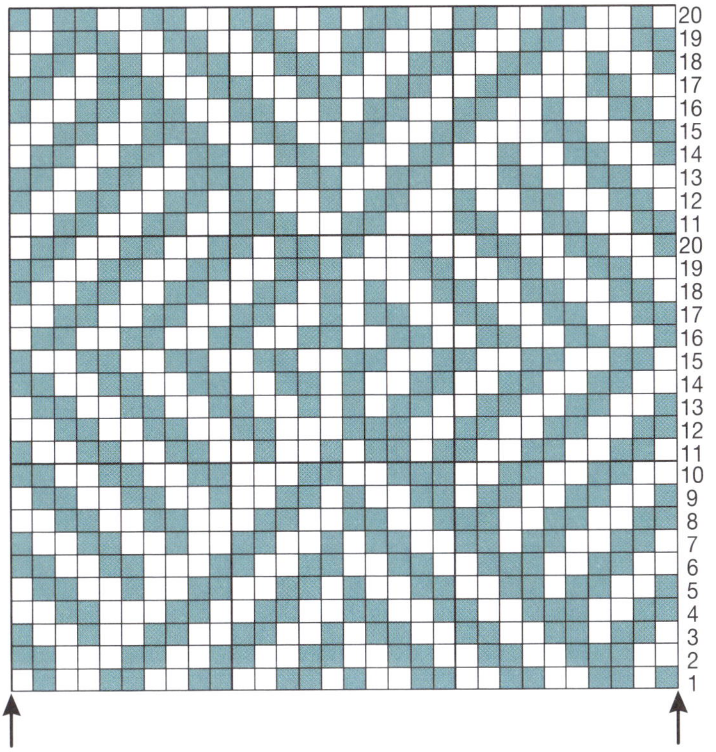

Zeichenerklärung

- ▪ = Hauptfarbe
- □ = Akzentfarbe

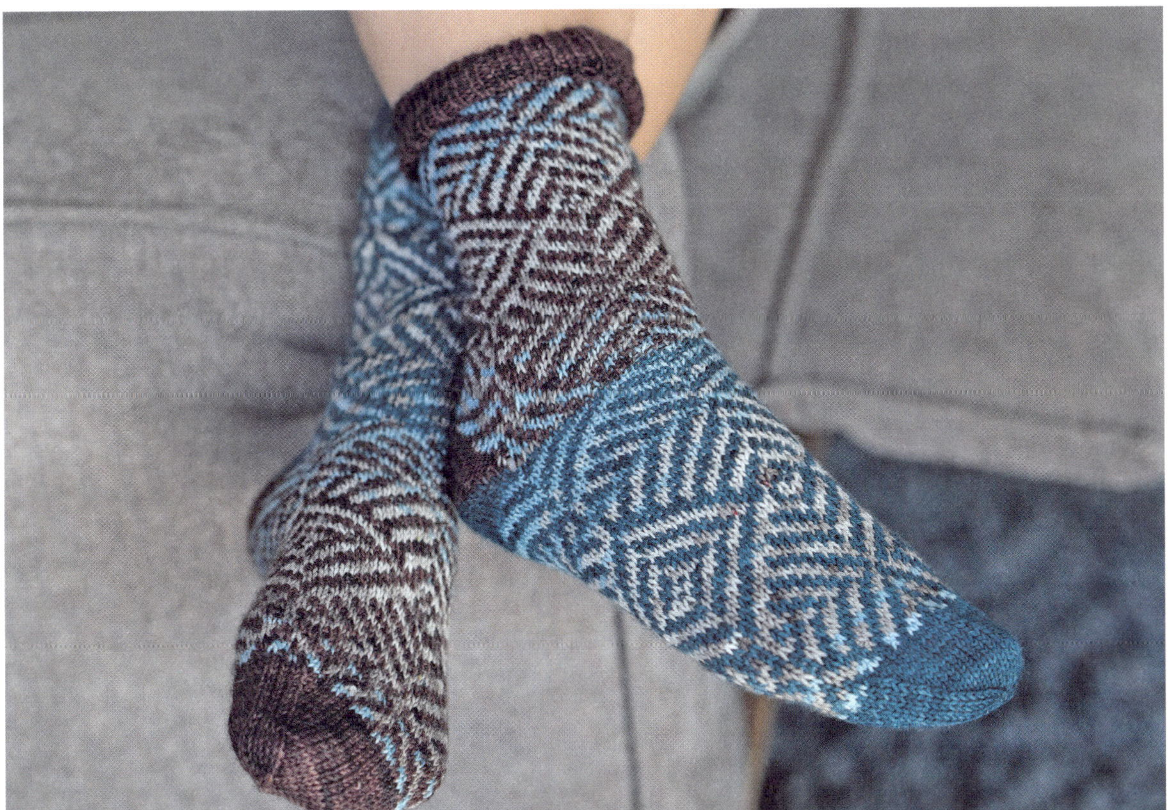

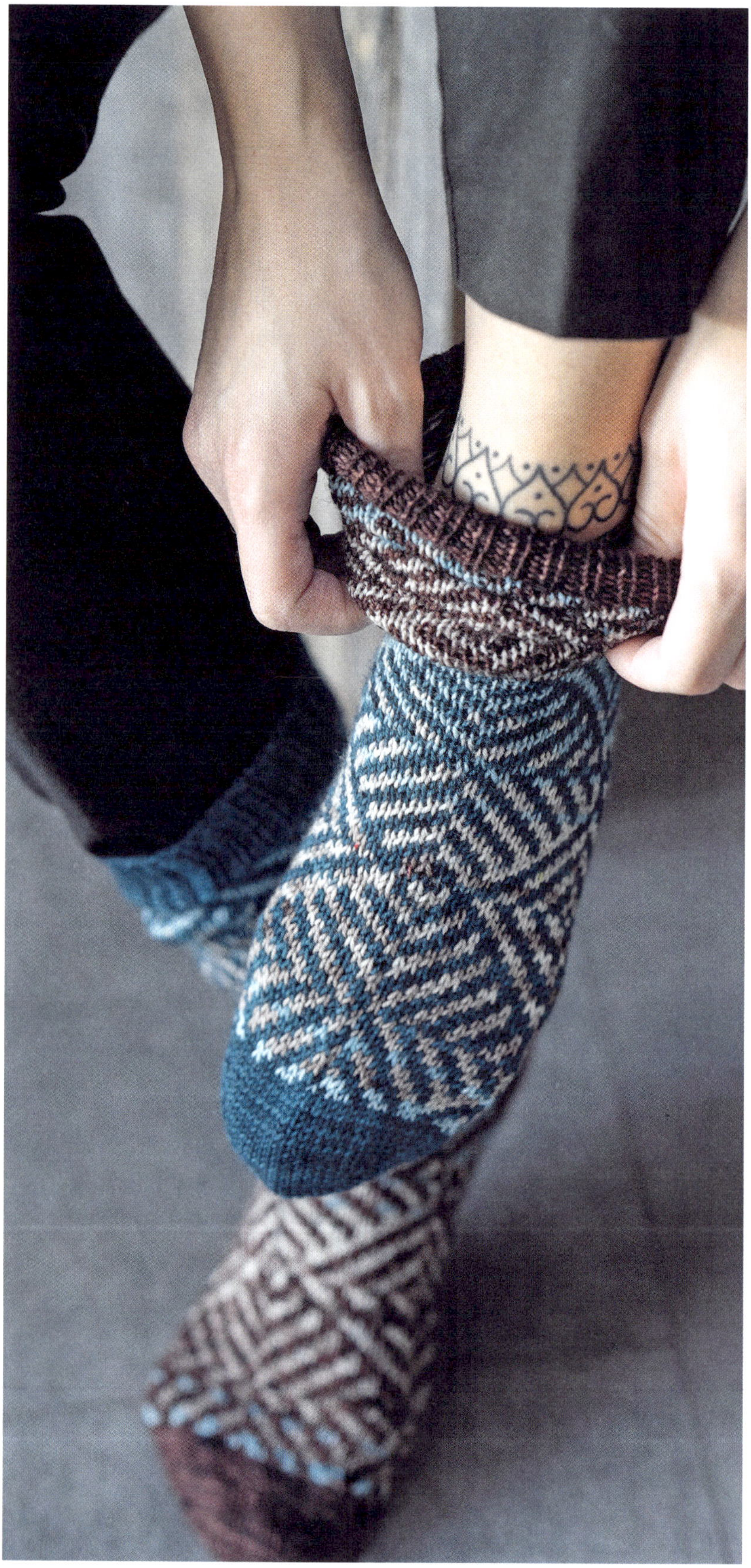

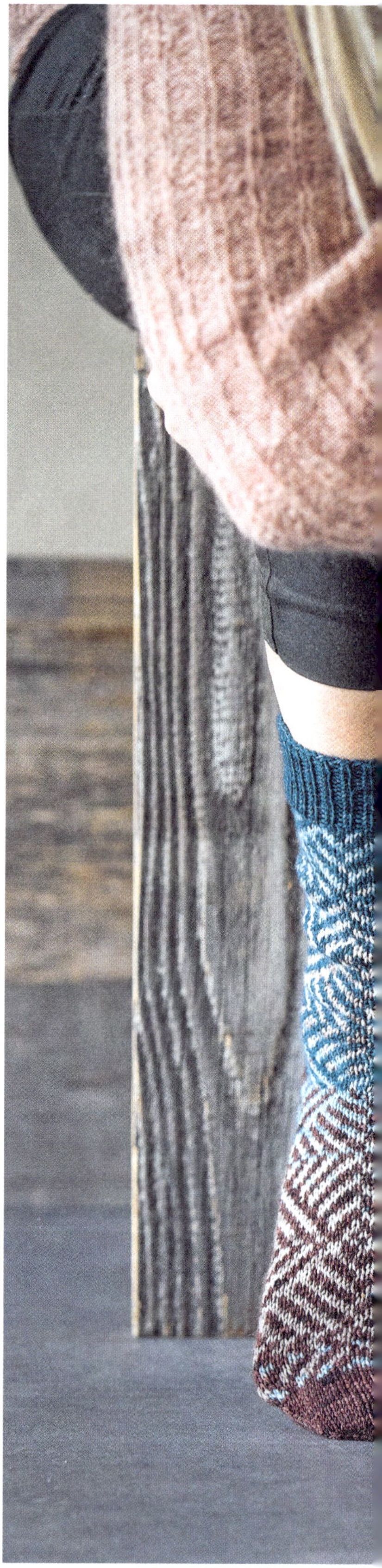

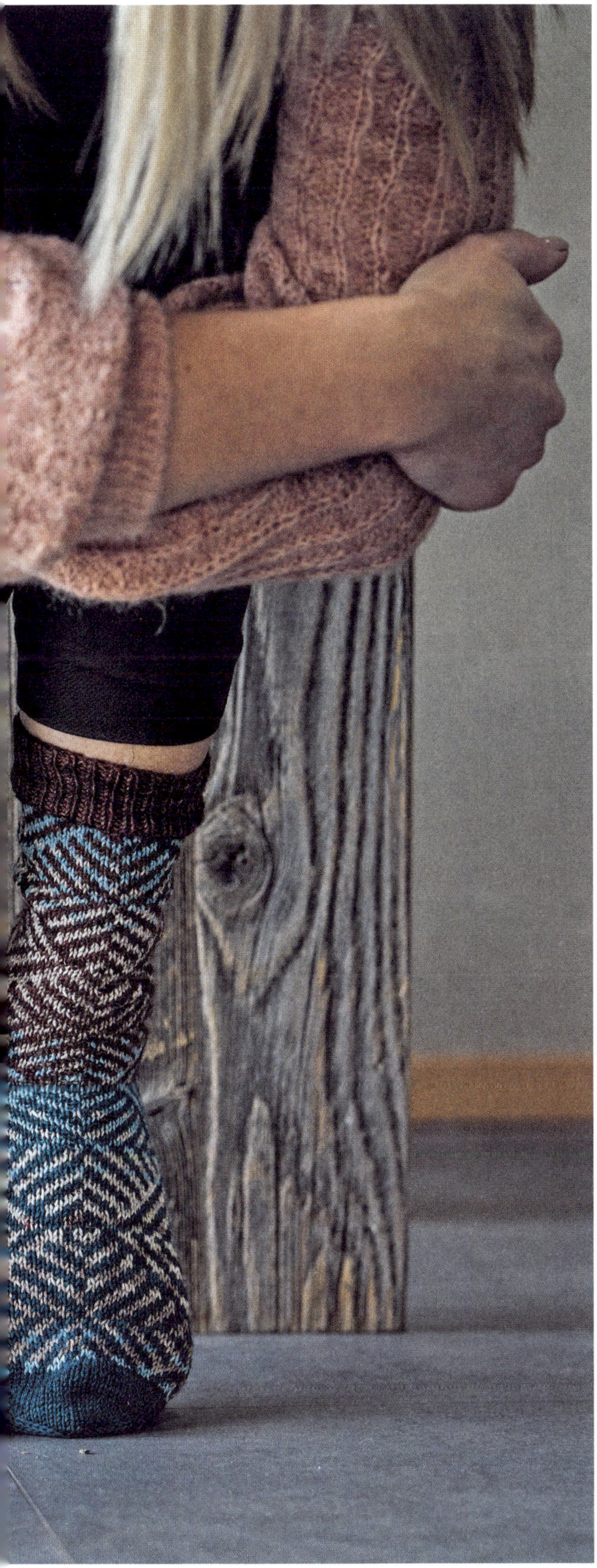

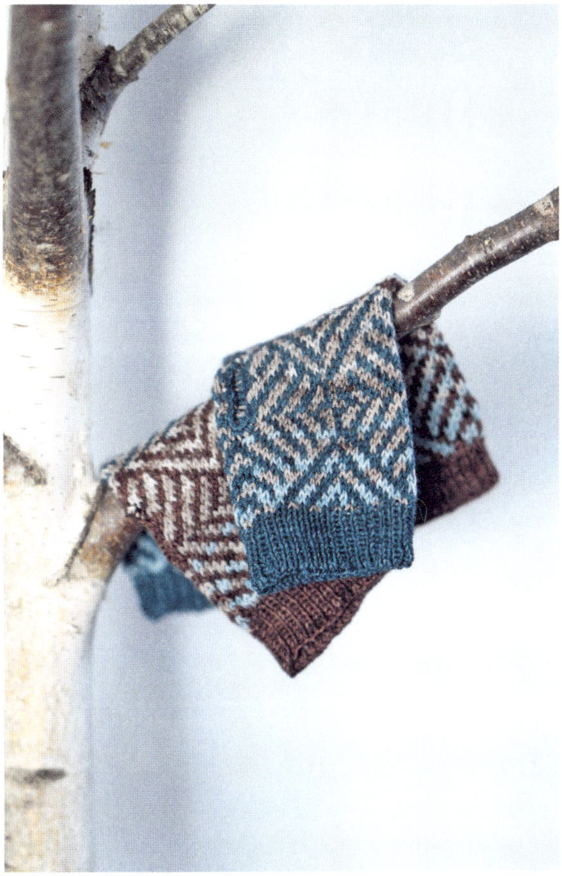

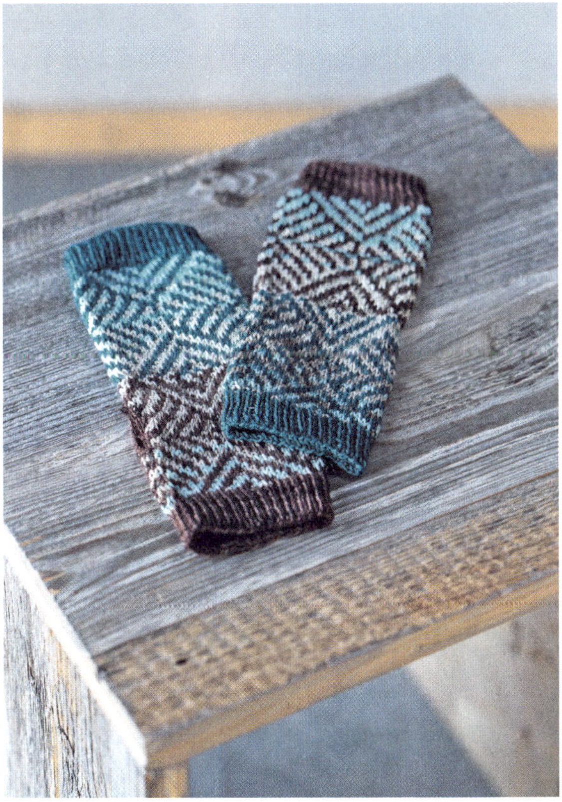

Socken Zweierlei

Schwierigkeit **mittel**

GRÖSSE

36/37, 38/39 und 40/41
Die Angaben für die größere Größe stehen in Klammern. Steht nur eine Angabe, so gilt diese für alle Größen.

MATERIAL

Locoporella **Merino Socks** (75 % Schurwolle, 25 % Polyamid, LL = 425 m/100 g): 100 g Pixie Dust; Nadelspiel 2,5 mm.

MUSTER

Ajourzopfmuster A (linke Socke, M-Zahl teilbar durch 17): Nach Strickschrift A arbeiten. Es sind nur ungerade Runden gezeichnet; in den geraden Runden die M stricken, wie sie erscheinen und Umschläge links stricken. Den Rapport von 17 M zwischen den Pfeilen stets wiederholen. Die 1.–48. Runde stets wiederholen.

Ajourzopfmuster B (rechte Socke, M-Zahl teilbar durch 17): Nach Strickschrift B arbeiten. Es sind nur ungerade Runden gezeichnet; in den geraden Runden die M stricken, wie sie erscheinen und Umschläge links stricken. Den Rapport von 17 M zwischen den Pfeilen stets wiederholen. Die 1.–48. Runde stets wiederholen.

Glatt rechts: In Hinreihen rechte M, in Rückreihen linke M stricken; in Runden immer rechte M stricken.

Doppel-M: Nach dem Wenden am Anfang der Reihe den Faden vor die Arbeit legen, von rechts in die 1. M einstechen, die M und den Faden zusammen abheben. Danach den Faden fest über die Nadel nach hinten ziehen. Dadurch wird die M über die Nadel gezogen und liegt doppelt. In der folgenden Reihe beide M-Teile zusammen erfassen und mustergemäß abstricken.

MASCHENPROBE

Glatt rechts: 30 M und 40 Runden = 10 cm x 10 cm. Die Nadelstärke so wählen, dass die angegebene Maschenprobe nach dem Waschen und Trocknen möglichst genau erreicht wird.

SO WIRD'S GEMACHT

Die linke Socke von unten nach oben in einem Stück in Runden stricken. Mit der Spitze beginnen: 8 M anschlagen, die M gleichmäßig auf 4 Nadeln verteilen = 2 M pro Nadel. In der 2. Runde auf jeder Nadel mittig je 1 M aus dem Querfaden rechts verschränkt herausstricken = 12 M bzw. 3 M pro Nadel. In der folgenden Runde auf jeder Nadel wie folgt stricken: * 1 M rechts, 1 M aus dem Querfaden rechts verschränkt herausstricken, ab * 2x arbeiten, 1 M rechts = 20 M bzw. 5 M pro Nadel. Nun 5x in jeder Runde auf der 1. und 3. Nadel nach den ersten 2 M je eine linksgeneigte Zunahme (= mit der linken Nadel von vorne nach hinten unter den Querfaden der letzten Runde einstechen und rechts verschränkt stricken) und auf der 2. und 4. Nadel vor den letzten 2 M je eine rechtsgeneigte Zunahme (= mit der linken Nadel von hinten nach vorne unter den Querfaden der letzten Runde einstechen und rechts verschränkt stricken) arbeiten = 40 M bzw. 10 M pro Nadel. Diese Zunahmen in jeder 2. Runde

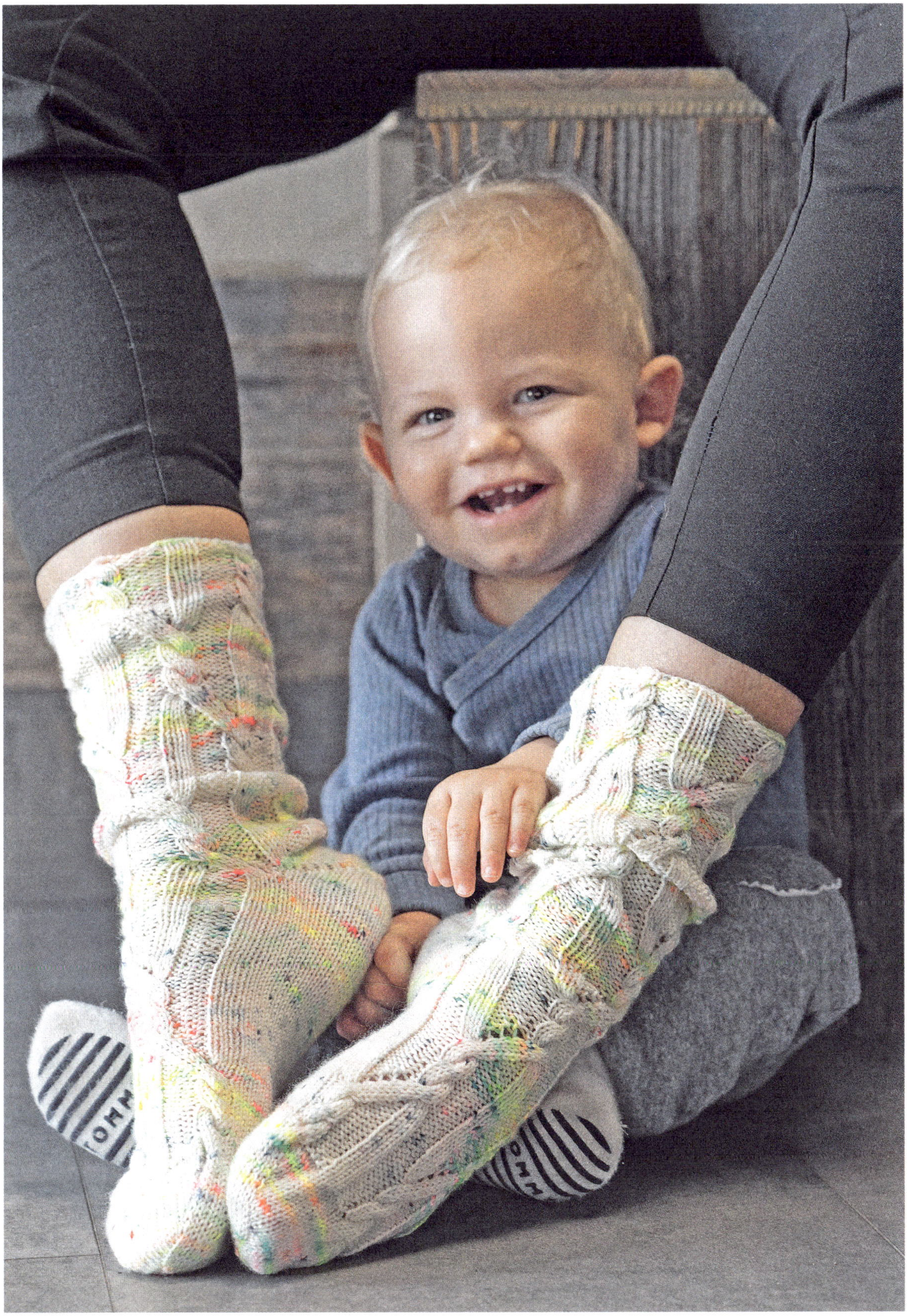

noch 5x (5x/6x) ebenso arbeiten = 60 (60/64) M bzw. 15 (15/16) M pro Nadel. Dann 2x in jeder 2. Runde diese Zunahmen nur noch auf der 1. und 2. Nadel arbeiten = 64 (64/66) M bzw. 17-17-15-15 (17-17-15-15/17-17-16-16) M pro Nadel. Die 34 M der 1. und 2. Nadel bilden den Rist und die 30 (30/32) M der 3. und 4. Nadel bilden die Sohle des Sockens.

Nun für den **Fuß** die M wie folgt einteilen: 34 M Ajourzopfmuster A, 30 (30/32) M glatt rechts.

Nach 58 (62/66) Runden in dieser M-Einteilung mit der **Ferse** beginnen, dafür nur über die M der 3. und 4. Nadel glatt rechts stricken. Die Fersen-M dritteln = 3x je 10 (10/11-10-11) M. Dann verkürzte Reihen mit Doppel-M von außen nach innen stricken. 1. Reihe (= Hinreihe): Alle M rechts stricken, wenden. 2. Reihe (= Rückreihe): 1 Doppel-M, die restlichen M links stricken, wenden. 3. Reihe: 1 Doppel-M, bis zur Doppel-M alle M rechts stricken (die Doppel-M selbst nicht mehr stricken), wenden. 4. Reihe: 1 Doppel-M, bis zur Doppel-M alle M links stricken (die Doppel-M selbst nicht mehr stricken), wenden. Die 3. und 4. Reihe so oft wiederholen, bis zwischen den Doppel-M nur noch 10 M übrig sind. Die letzte Reihe ist eine Hinreihe und gleichzeitig der Beginn von 2 Runden über alle M, dabei die M der 1. und 2. Nadel im Ajourzopfmuster A und die M der 3. und 4. Nadel glatt rechts stricken. Die letzte Runde endet wieder in der Fersenmitte.

Danach für die **zweite Fersenhälfte** weiter mit verkürzten Reihen mit Doppel-M stricken, jedoch diesmal von innen nach außen. 1. Reihe (= Hinreihe): 6 M rechts stricken, wenden. 2. Reihe (= Rückreihe): 1 Doppel-M, 11 M links stricken, wenden. 3. Reihe: 1 Doppel-M, bis zur Doppel-M der Vorreihe rechts stricken, diese wie beschrieben rechts abstricken, die folgende M rechts stricken, wenden. 4. Reihe: 1 Doppel-M, bis zur Doppel-M der Vorreihe links stricken, diese wie beschrieben links abstricken, die folgende M links stricken, wenden. Die 3. und 4. Reihe so oft wiederholen bis wieder über alle 30 (30/32) Fersen-M gestrickt wird. Die letzte Reihe ist eine Hinreihe und gleichzeitig der Beginn der 1. Runde des **Schaftes**, dabei in der 1. Runde über den M der 3. und 4. Nadel gleichmäßig verteilt 4 (4/2) M zunehmen = 68 M bzw. 17 M pro Nadel.

Nun über alle M das Ajourzopfmuster A fortsetzen. Nach 20 cm ab Schaftbeginn alle M elastisch abketten, dafür 2 M rechts stricken, beide M wieder auf die linke Nadel zurücklegen (die rechte Nadel bleibt ebenfalls in den M), beide M rechts verschränkt zusammenstricken, * 1 M rechts, die beiden M der rechten Nadel wieder zurück auf die linke Nadel schieben (beide Nadeln sind in den M), beide M rechts verschränkt zusammenstricken, ab * stets wiederholen.

Rechte Socke: Ebenso arbeiten, jedoch mit dem Ajourzopfmuster B.

Strickschrift A

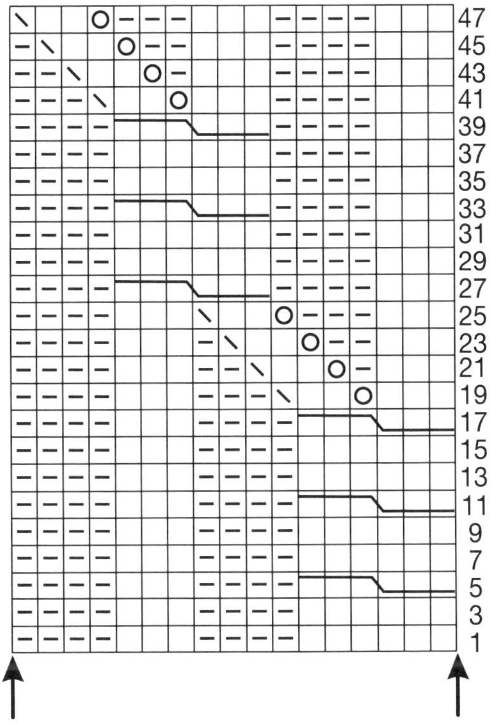

Strickschrift B

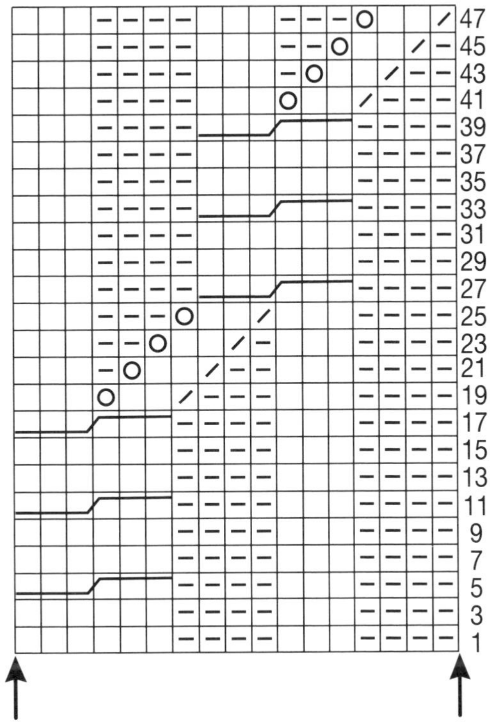

Zeichenerklärung

☐ = 1 M rechts

⊟ = 1 M links

◯ = 1 Umschlag

/ = 2 M rechts zusammenstricken

\ = 2 M rechts überzogen zusammenstricken (= 1 M wie zum Rechtsstricken abheben, 1 M rechts stricken, dann die abgehobene M überziehen)

= 3 M auf eine Hilfsnadel vor die Arbeit legen, 3 M rechts, dann die M der Hilfsnadel rechts stricken

= 3 M auf eine Hilfsnadel hinter die Arbeit legen, 3 M rechts, dann die M der Hilfsnadel rechts stricken

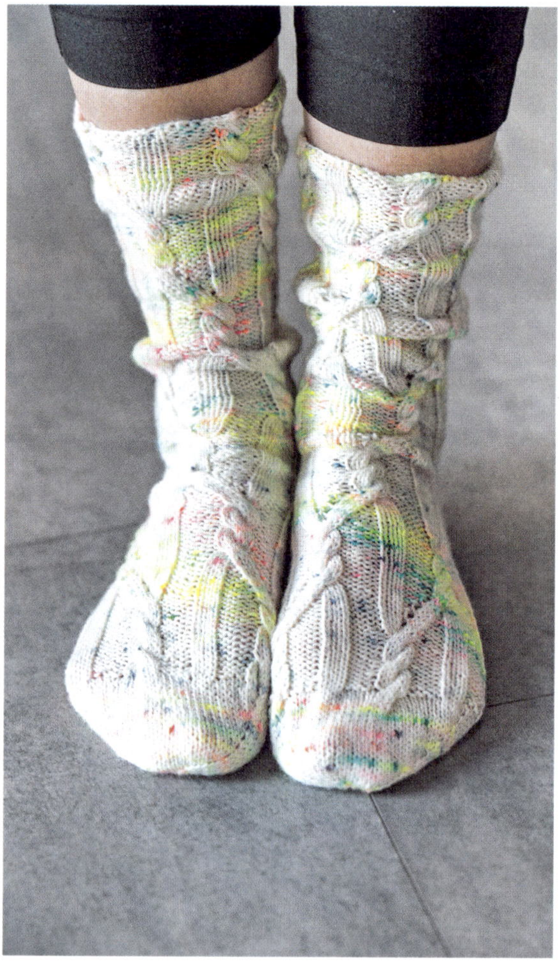

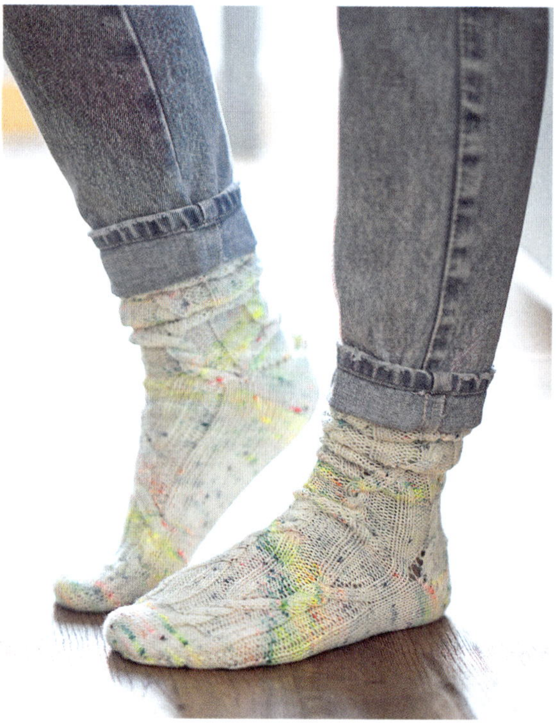

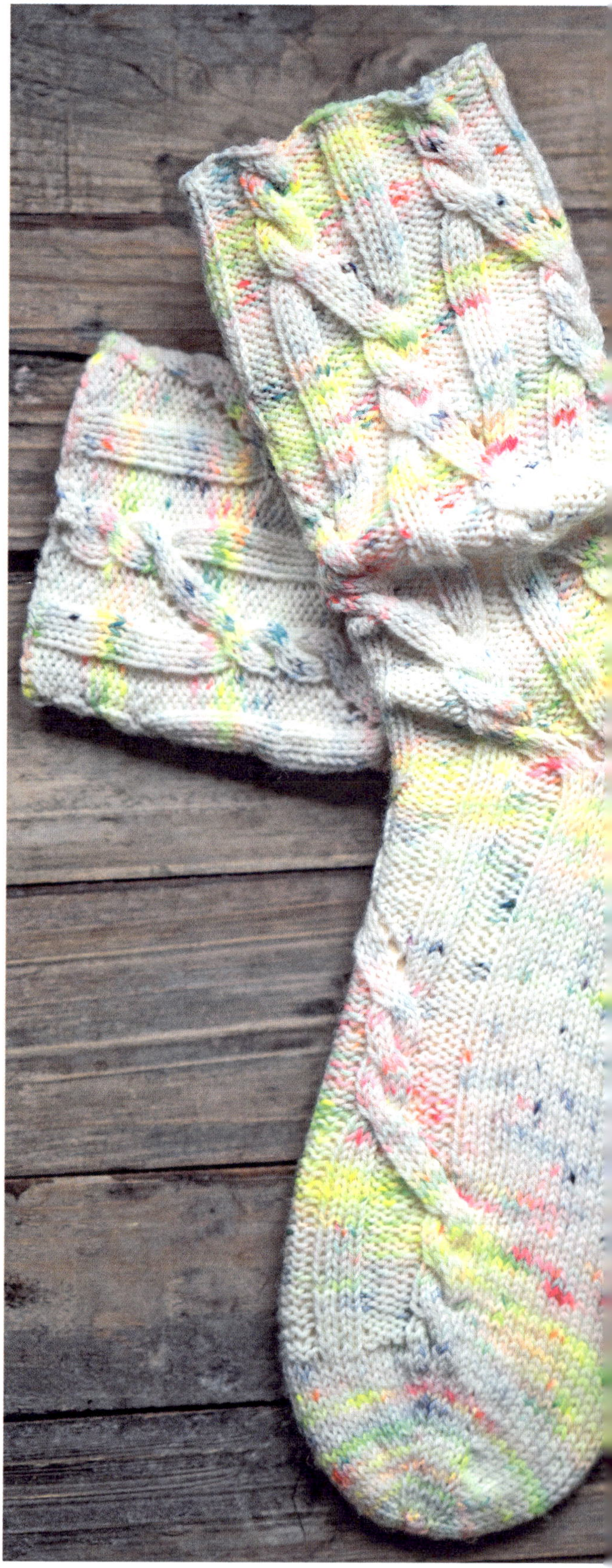

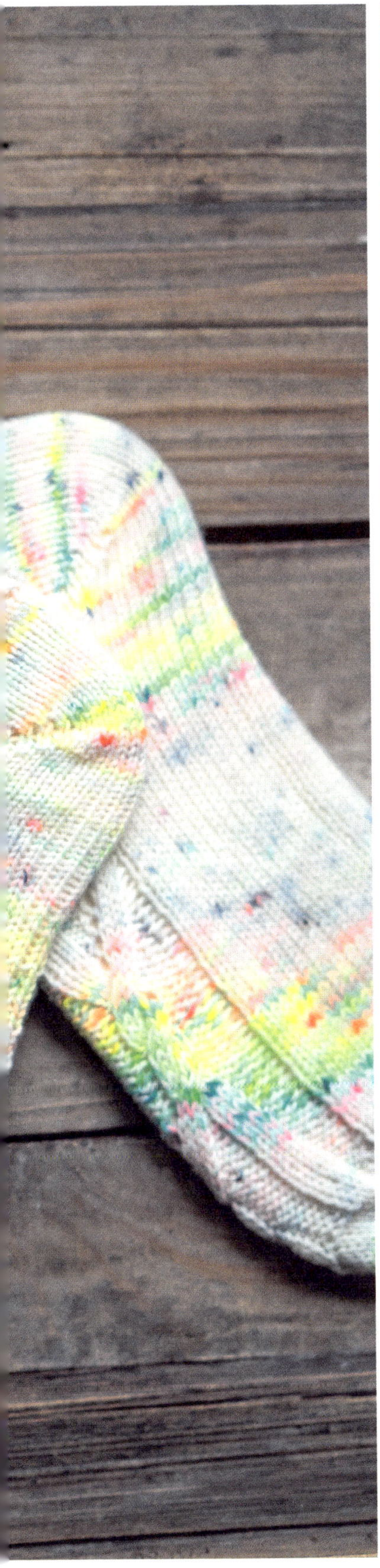

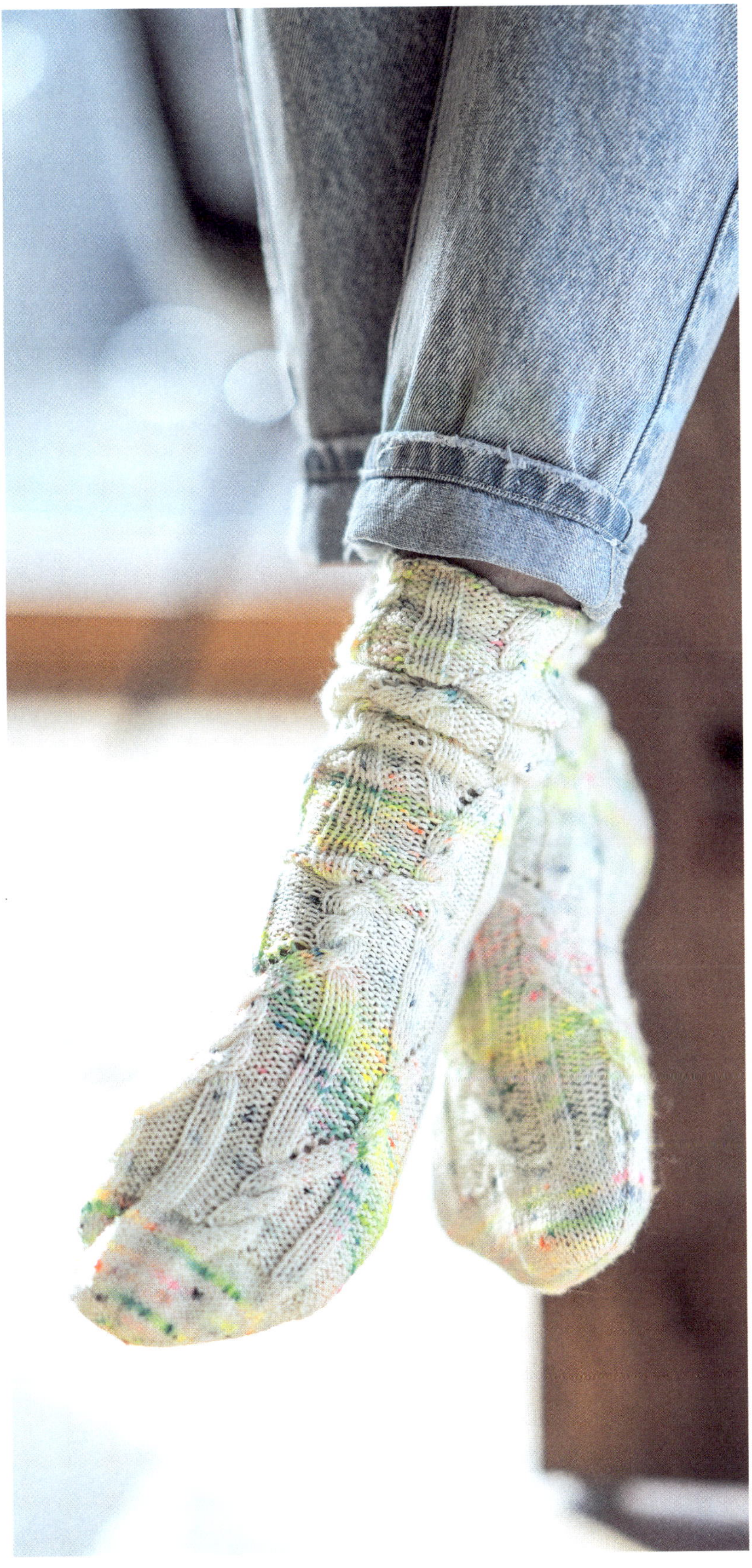

Stricktechniken

Spannfäden einweben

Bei Spannfäden über mehr als 4–5 M diese von Zeit zu Zeit einweben. Damit die Farben der Web- bzw. Spannfäden nach vorn nicht durchscheinen, muss der Webfaden stets ziemlich fest angezogen werden. Dabei beim Stricken immer dieselbe Farbe vorn am Zeigefinger führen, nur dann lassen sich die Schritte nach den Zeichnungen genau nachvollziehen. Hier liegt jeweils der hellere Faden vorne, der dunklere hinten.

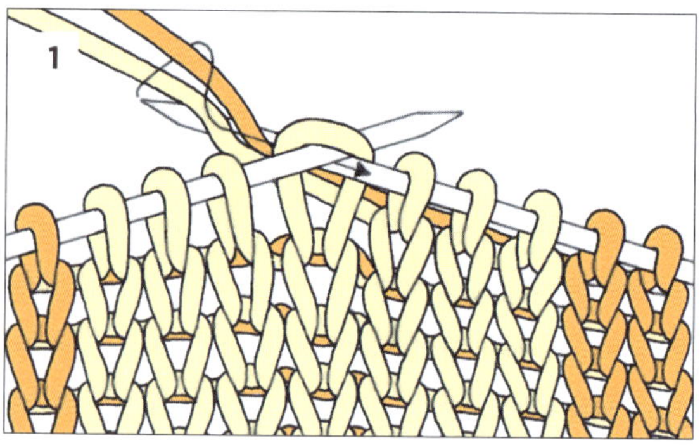

In der Hinreihe den vorderen Faden zunächst einmal wie gewohnt stricken, dann die rechte Nadel in die M einstechen, die Nadelspitze über beide Fäden nach hinten führen, von unten nach oben den vorderen Faden erfassen und über den hinteren Faden hinweg nach vorn und durch die M ziehen.

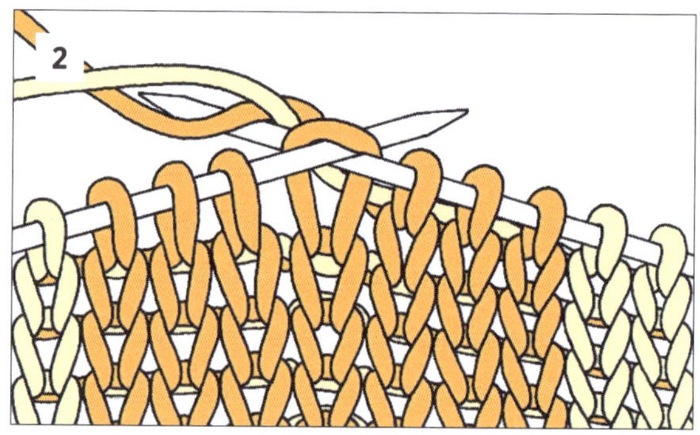

Den hinteren Faden einmal wie gewohnt stricken und einmal den Faden unter dem vorderen Faden hinweg erfassen.

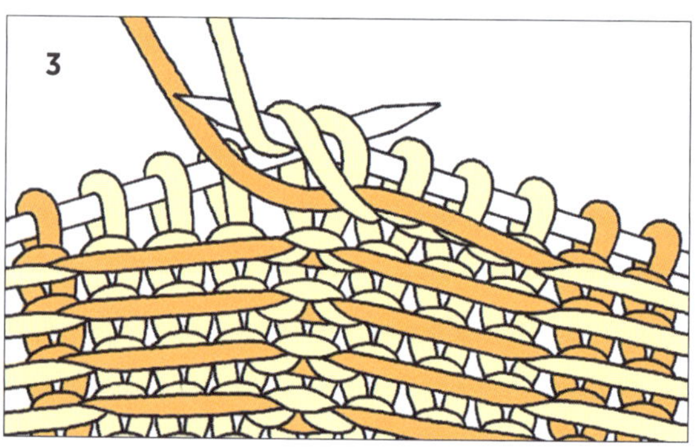

In der Rückreihe den vorderen Faden einmal wie gewohnt stricken und einmal über den hinteren Faden hinweg erfassen.

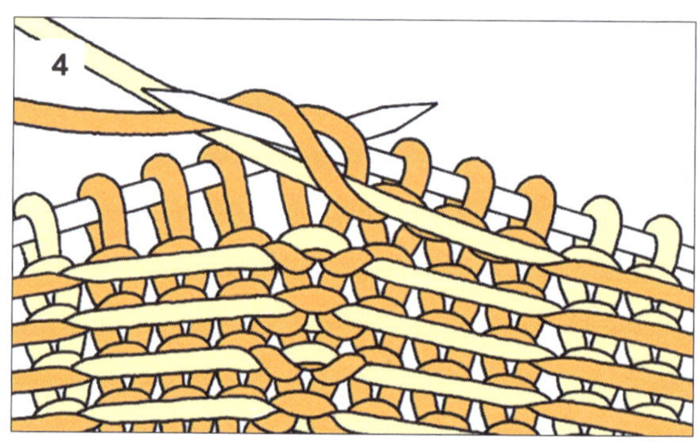

Den hinteren Faden einmal wie gewohnt stricken und einmal mit der rechten Nadel in die M einstechen, mit der Nadelspitze von vorn über den vorderen Faden hinweg von oben nach unten den hinteren Faden erfassen und über den vorderen Faden nach vorn und durch die M ziehen.

Dreiseitiger Maschenanschlag

Der dreiseitige Maschenanschlag kann mit verschiedenen Mustern gestrickt werden, zum Beispiel kraus rechts oder im Rippenmuster. In diesem Beispiel wird ein I-Cord gearbeitet.

Mit zwei Nadeln eines Nadelspiels oder mit einer Rundstricknadel arbeiten.

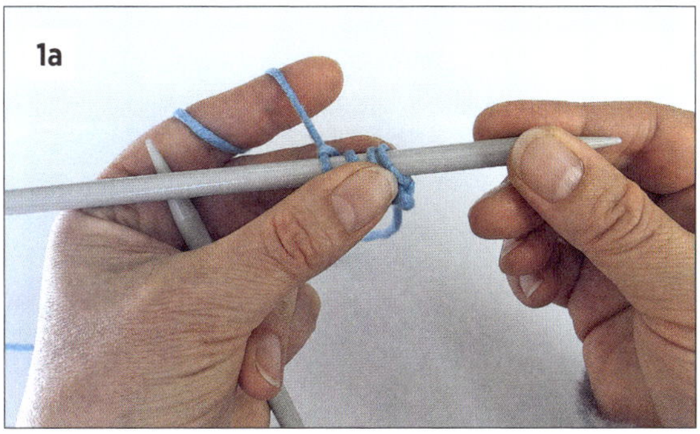

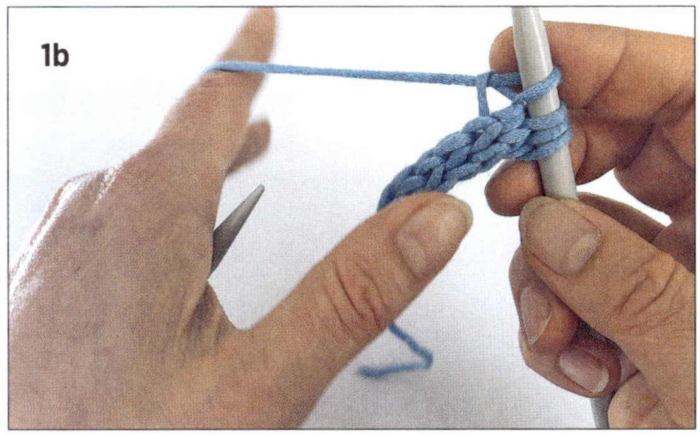

3 M anschlagen. Für den I-Cord * 3 M rechts stricken, die Arbeit nicht wenden, sondern die M wieder zurück auf die linke Nadel legen, ab * so oft wiederholen, wie in der Anleitung beschrieben.

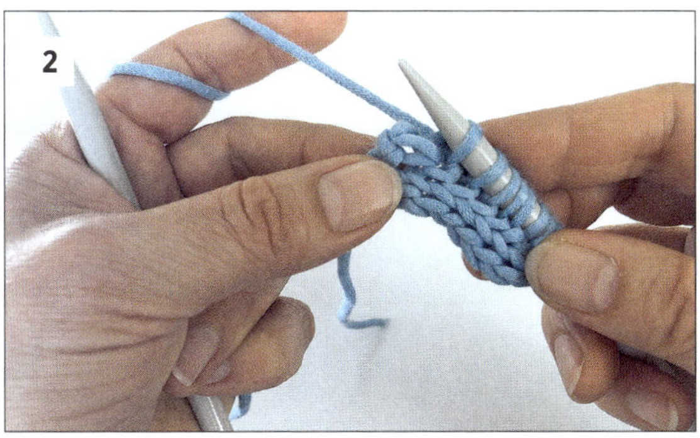

In der folgenden R 3 M rechts stricken, dann die Arbeit um 90° drehen und aus jeder Reihe der I-Cord-Seite nun je 1 M auffassen, dabei die M der letzten Reihe auslassen.

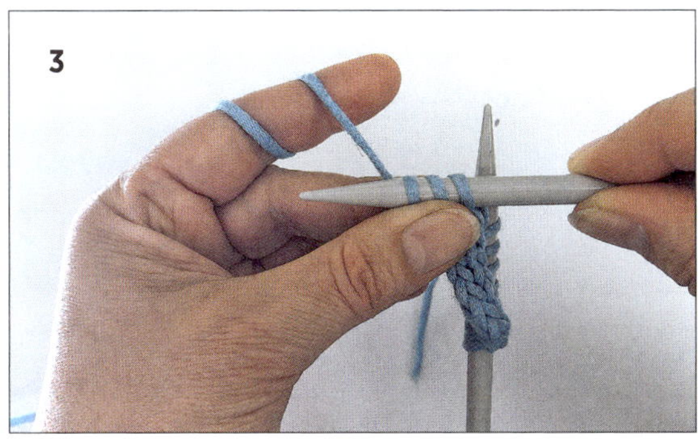

Nun mit der 2. Nadel aus der Anschlagreihe noch zusätzlich 3 M auffassen.

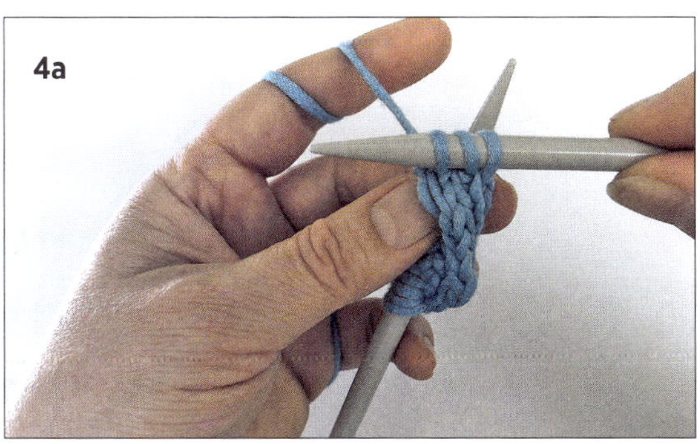

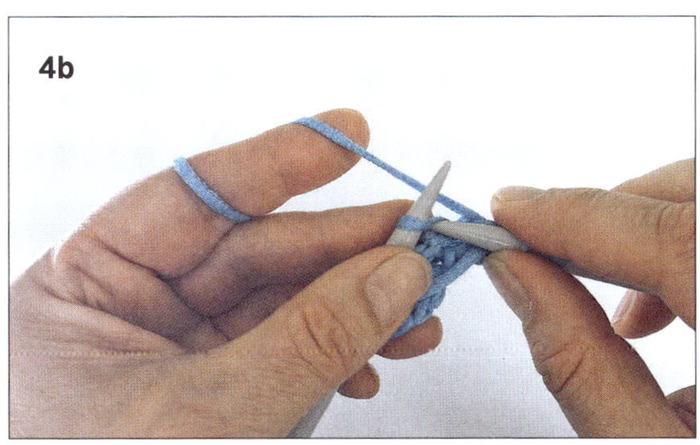

Die Arbeit für die Rückreihe wenden, dadurch verdrehen sich die 3 aufgefassten Maschen. Den Faden zwischen den Nadeln nach hinten nehmen und wie in der Anleitung beschrieben weiterarbeiten.

Farbwechsel beim I-Cord

Auf diese Weise wird ein unsichtbarer Farbwechsel auf der Rückseite des I-Cords erreicht.

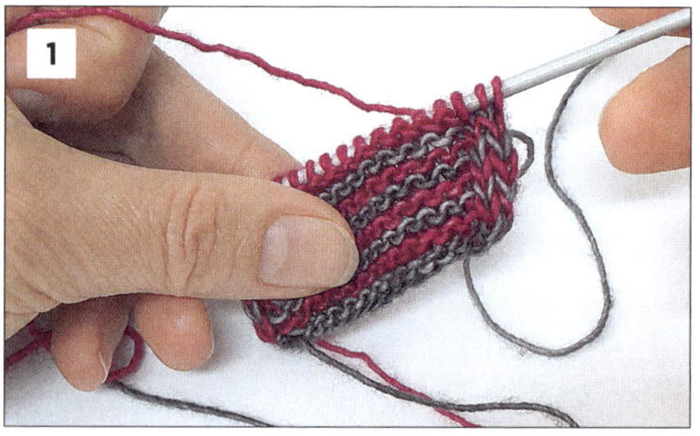

Nach 2 Reihen in Pink soll in diesem Beispiel ein Farbwechsel zu Grau vorgenommen werden.

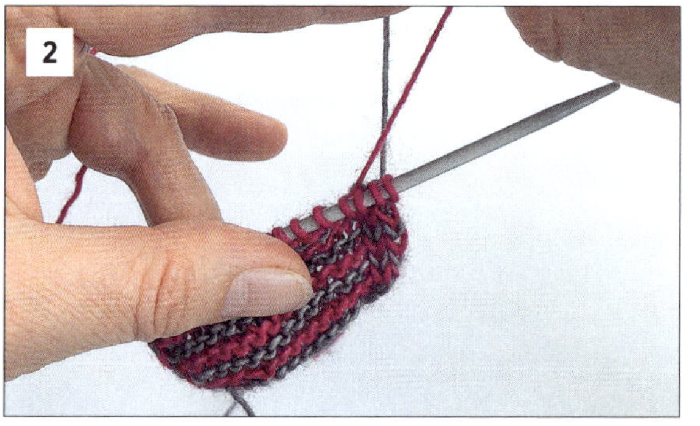

Dazu den Faden der neuen Farbe (Grau) auf der Rückseite der Arbeit hinter dem Faden der alten Farbe (Pink) hochführen. Den Faden der alten Farbe nach rechts zur Seite legen und bis zum nächsten Farbwechsel hängenlassen.

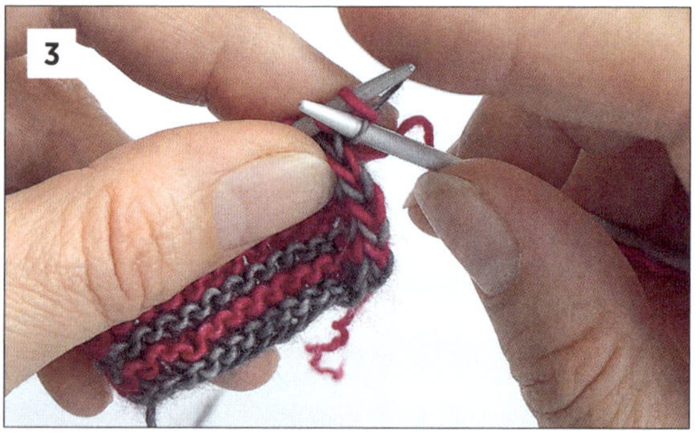

Nun den I-Cord in der neuen Farbe weiterarbeiten.

Dank

Ein besonderes Dankeschön unseren Strickerinnen für das Anfertigen der abgebildeten Modelle: Birgit Schwer, Claudia Kritzer, Gisela Jäger, Michaela Weier, Gaby Scharpf, Maria Böhly, Eva Huber, Tina Muhr, Sabine Langguth-Heinze und Brigitte Möller!

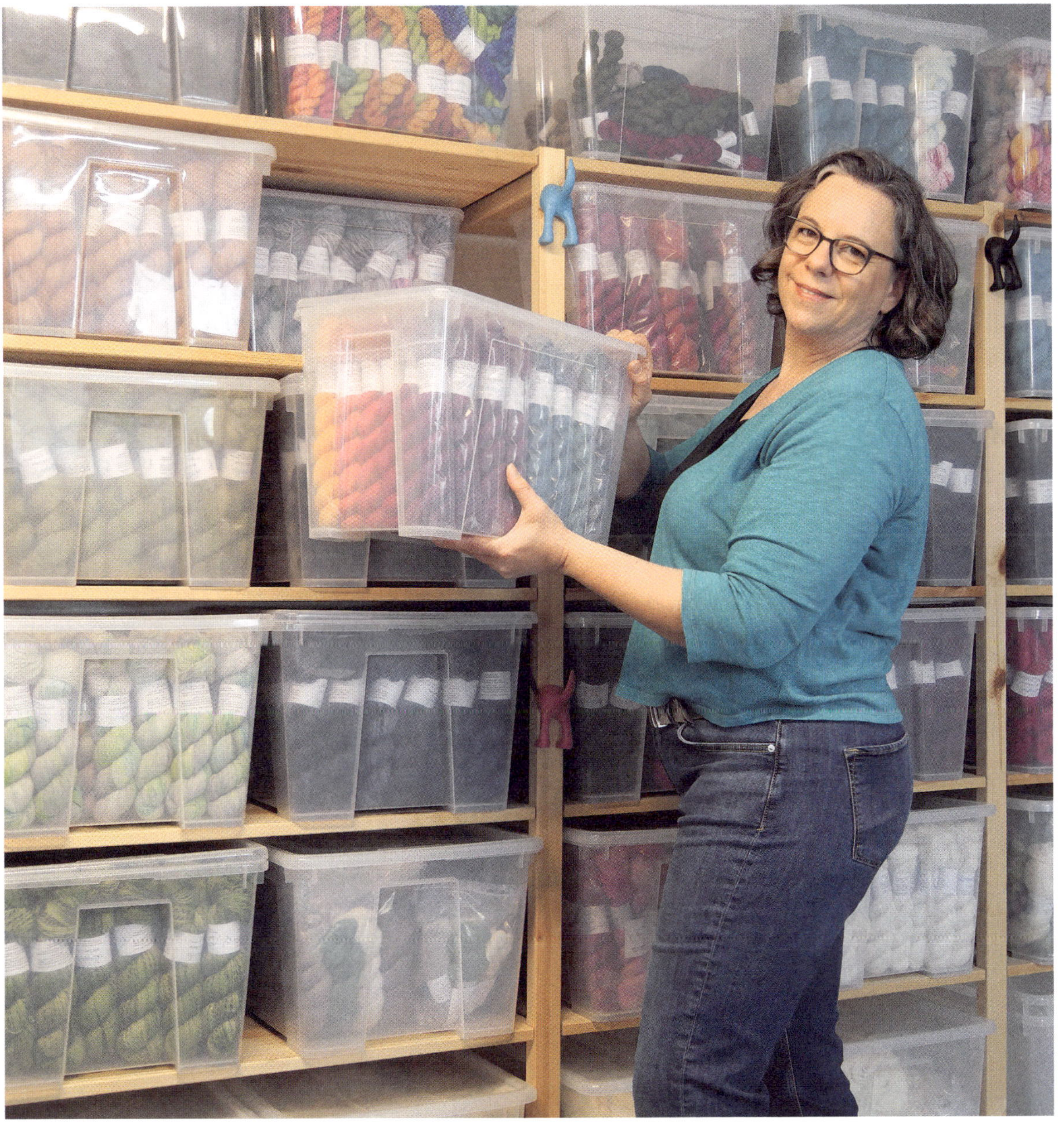

Impressum

Verantwortlich: Maria Möllenkamp
Fotos & Styling: Anne Schulz
Fotos zu den Stricktechniken: Annette Krupka
Projektmanagement: Stephanie van der Linden
Lektorat: Stephanie van der Linden
Korrektorat: Manuela Burkhardt
Umschlaggestaltung: Ina Zimmermann
Layout: Elke Mader
Repro: LUDWIG:media
Herstellung: Julia Hegele
Printed in Slovakia by Neografia

★★★★★

Sind Sie mit diesem Titel zufrieden? Dann würden wir uns über Ihre Weiterempfehlung freuen. Erzählen Sie es im Freundeskreis, berichten Sie Ihrem Buchhändler oder bewerten Sie bei Onlinekauf. Und wenn Sie Kritik, Korrekturen oder Aktualisierungen haben, freuen wir uns über Ihre Nachricht an: Christian Verlag, Postfach 40 02 09, 80702 München oder per E-Mail an lektorat@verlagshaus.de.

Unser komplettes Programm finden Sie unter

www.christophorus-verlag.de

In diesem Buch wird aus Gründen der besseren Lesbarkeit das generische Maskulinum verwendet. Weibliche und anderweitige Geschlechteridentitäten werden dabei ausdrücklich mitgemeint, soweit es für die Aussage erforderlich ist.

Herstellerverzeichnis
Alle Garne von Locoporella, Annette Krupka, www.locoporella.de

Die Deutsche Nationalbibliothek verzeichnet diese Publikation in der Deutschen Nationalbibliografie; detaillierte bibliografische Daten sind im Internet über http://dnb.d-nb.de abrufbar.

ISBN 978-3-8410-6735-7

Kreativ-Service

Sie haben Fragen zu unseren Büchern und Materialien? Wir beraten Sie gern rund um alle Kreativthemen. Rufen Sie uns einfach an. Wir interessieren uns auch für Ihre eigenen Ideen und Anregungen. Sie erreichen uns per E-Mail kreativ-service@c-verlag.de oder unter der Telefonnummer 0049-89-1306 99 577.

Besuchen Sie uns im Internet: www.christophorus-verlag.de & www.selbstgemacht.de

Ebenfalls erhältlich ...

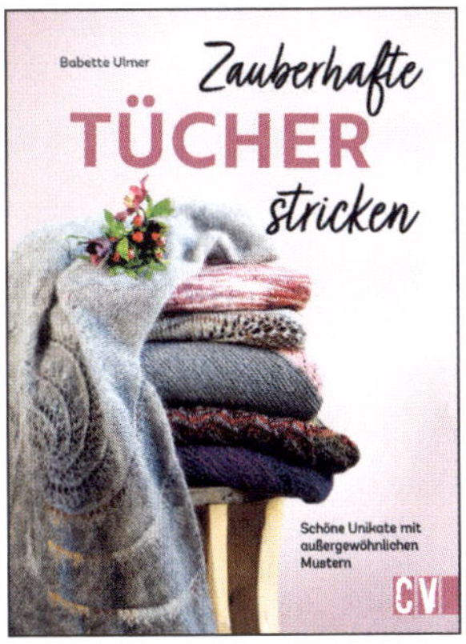

ISBN 978-3-8410-6642-8

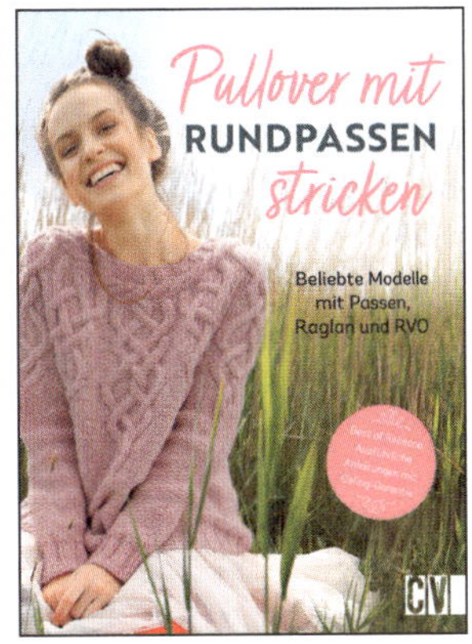

ISBN 978-3-8410-6662-6

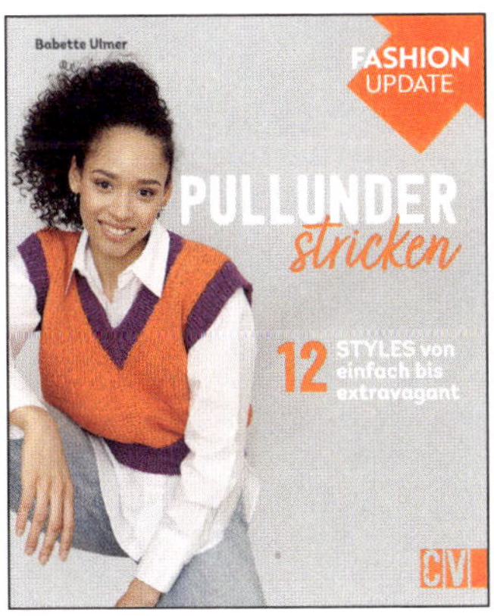

ISBN 978-3-8410-6656-5

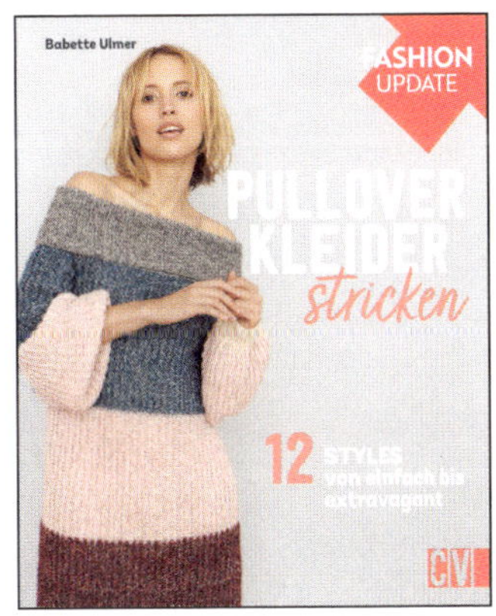

ISBN 978-3-8410-6657-2

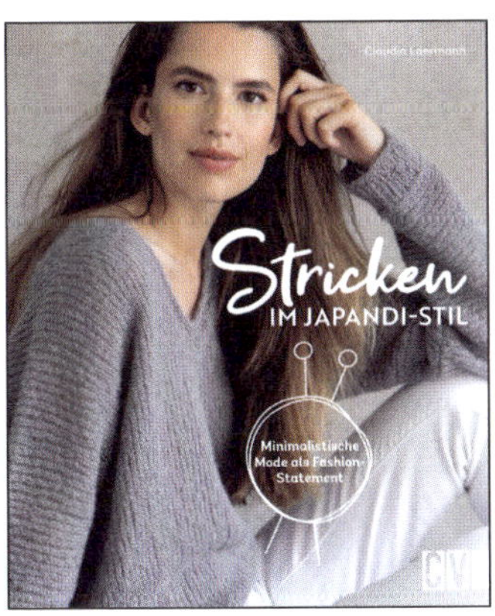

ISBN 978-3-8410-6679-4

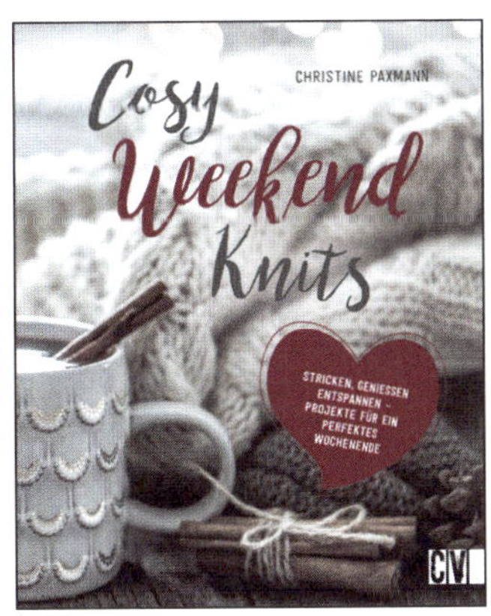

ISBN 978-3-8410-6731-9

www.christophorus-verlag.de

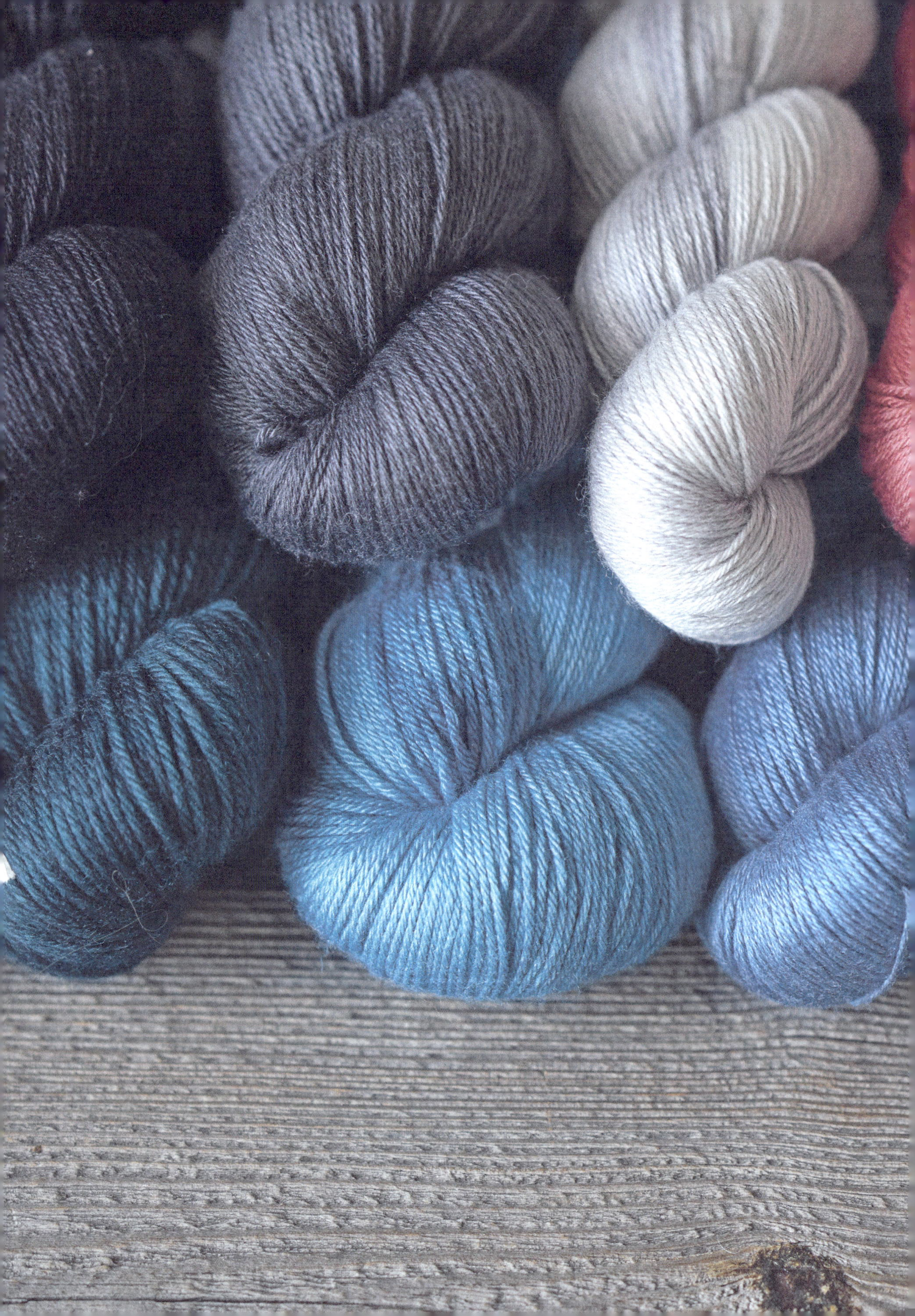